U0336147

双重冲击

大国博弈的未来与
未来的世界经济

李晓◎著

DOUBLE SHOCK

The Future of Power Games &
The Future of The World Economy

机械工业出版社
China Machine Press

图书在版编目（CIP）数据

双重冲击：大国博弈的未来与未来的世界经济 / 李晓著 . -- 北京：机械工业出版社，
2022.1
ISBN 978-7-111-70154-5

Ⅰ. ①双⋯ Ⅱ. ①李⋯ Ⅲ. ①世界经济 - 文集 ②国际经济关系 - 文集 Ⅳ. ① F11-53
② F114-53

中国版本图书馆 CIP 数据核字（2022）第 006594 号

双重冲击
大国博弈的未来与未来的世界经济

出版发行：机械工业出版社（北京市西城区百万庄大街 22 号　邮政编码：100037）

责任编辑：章集香　　　　　　　　　　　　　责任校对：陈立辉　　殷　虹
印　　刷：文畅阁印刷有限公司　　　　　　　版　　次：2022 年 2 月第 1 版第 1 次印刷
开　　本：170mm×230mm　1/16　　　　　　印　　张：23
书　　号：ISBN 978-7-111-70154-5　　　　　定　　价：99.00 元

客服电话：（010）88361066　88379833　68326294　　　投稿热线：（010）88379007
华章网站：www.hzbook.com　　　　　　　　　　　　　读者信箱：hzjg@hzbook.com

Double Shock
The Future of Power Games &
The Future of The World Economy

李晓教授作为中国世界经济学界的领军人物和资深学者，在《双重冲击》中对当下世界经济格局及其动态演变进行了全面论述，视野宏大、思想深邃、理由翔实、判断精准，且富有前瞻性和建设性，对于认识当下全球政治与经济形势和制定合宜的大国博弈策略，乃至对理解未来中国如何进一步改革开放，都具有十分重要的理论和现实意义。

韦森

复旦大学经济学教授

《双重冲击》讨论的主题是各界近年来高度关注的大事态，并非局限于经济和金融领域。本人特别提请读者用心阅读和思考本书的几个论点：第一，美国决策层不再仅仅从经济利益的角度来看待和处理两国之间的经贸交往，而是转向以政治和战略为重的立场。第二，全球化不再是同质、同趋势的整合过程，而是走向区域化，甚至呈现出分裂的势头，至少是分裂成由不同的政治价值体系及其实践社会所引领的两大潮流。它们之间的完全脱钩虽然难以做成，但它们的趋同更不可能。第三，美国决策层应对此前的全球化猛烈冲击的调整思路，是力求提倡和构建一个"高素质、高指标、高要求"的全球化治理体系。尽管目前远未成型，但美国及其核心盟邦朝这个方向努力的迹象已经陆续不绝地出场。

丁学良

哈佛大学博士

深圳大学特聘教授兼"中国海外利益研究院"学术主导

《双重冲击》收录的李晓教授近年来的 20 篇讲演从大国博弈的理论与现实切入，条分缕析地描摹了新冠肺炎疫情冲击下的世界经济与全球化分裂，并给出了双重冲击下中国的战略对策。严谨且理性的论证分析彰显了作者深厚的理论功底和对问题的透彻理解，字里行间渗透着作者深沉的家国情怀。未来，中美大国关系、全球新冠肺炎疫情如何发展演变，决定着世界格局的变迁走向。如何在不确定性中寻找并把握具有本质意义的确定性，本书做了一些有益的尝试和预判，相信读者会从阅读中有所启发、收获！

田国强

上海财经大学高等研究院院长

美国得州农工大学讲席教授

百年未有之大变局的一个突出特征是，大国博弈的加剧尤其是主要大国之间的博弈日趋复杂、多变且合作竞争并存，其另一个特征便是大国间力量对比的消长。李晓教授在《双重冲击》一书中集中讨论的，正是当下及今后一段时期人类面临的这两个问题。阅读此书，无疑有助于我们对上述问题的理解与把握。

张宇燕

中国社会科学院大学国际关系学院教授

中国社会科学院学部委员

《双重冲击》是李晓教授近年来关于大国竞争相关问题的思考的文字记录，我强烈推荐。这部著作是他数十年来在世界经济、政治、金融领域厚重的学术研究以及针对世界局势剧烈变革的思考凝结。通读全书，令我印象特别深刻的是有关美元与大国竞争的讨论、在大国竞争中经济学与政治经济学之间不同视角的分析。李晓教授在这些方面的深刻洞见不仅会使普通读者获益匪浅，也对该领域的专家学者们取得理论突破大有裨益。

鞠建东

清华大学五道口金融学院紫光讲席教授

国际金融与经济研究中心主任

中国经济如何在中美大国博弈和新冠肺炎疫情的双重冲击下开新局、树新机？李晓教授作为中国世界经济学界的著名经济学家，在《双重冲击》这部大作中高屋建瓴、大开大合，从新的战略高度对中国经济如何在新发展阶段构建新发展格局提出了独到而深刻的见解。相信所有关心这一问题的读者都能从中获益良多！

余淼杰

北京大学博雅特聘教授

国家级人才称号获得者、国家杰青

商务部经贸政策咨询委员

无论是宏观经济学思想还是国际政治理论，在李晓教授阐释的双重冲击下，都遭遇到了前所未有的挑战。传统宏观经济学并不排斥"直升飞机撒钱"的做法，但对于货币洪水之结果及治理，并无把握，也无先例可循。

贸易争端开启了"全球化分裂"，自由贸易出现了各自的表达，不同国家应对现实社会问题的政策，使得全球治理难题成为无解之局。但传统的国际政治理论也从未提供一种解决当今世界"脱钩悖论"的方案，有人试图脱钩但又无法脱钩。

所谓"修昔底德陷阱"，如何能切开业已高度融合的全球经济体系？今后的世界经济来到一片"未来水世界"，没有"桥和船"，没有现成答案，理论上需要创新，实践中需要"摸着石头过河"，而中国需要在这"无人之境"实现"惊险的一跃"。很难，但也必须跨过去。

管清友

如是金融研究院院长

"双重冲击"的说法提出了一个很好的问题，即如何构建读懂中国与理解世界的方法论，尤其是在出现不确定性及重大变革时，如何进行科学的判断与决策，来缓冲种种冲击带来的风险、恐惧与影响。穿越迷雾阵，看清灰犀牛，不会惊慌失措，不会泯然众人，保持清醒，葆有定力——这是疫情大流行、世界大变局背景下的"必修课"。从这个角度来看，相信李晓教授的相关研究（问题分析、误解分析、趋势分析等）在提供诸多专业思考之外，能给人一种坚定的力量，使我们不会轻易迷惑于喧嚣，张皇于变革。

高明勇

政邦智库理事长、资深评论人

百年未有之大变局下，中美双方的博弈左右着未来数十年的世界格局，甚至人类的命运。李晓教授的《双重冲击》系统而深刻地解剖了当前世界主要矛盾的根源所在，举重若轻，宛如庖丁解牛。通读此书，有助于每个人在碎片化的信息时代，构建一个完整的分析框架。开卷有益，此之谓也。

张涛

凤凰网财经总监

李晓教授的《双重冲击》一书，从美国霸权、美国经济金融化和美元体系等角度揭示了美国"控制"世界的方式。书中详解了美国的"国际救赎"情结、美国自由市场控制的"奴役之路"和美元体系的核心利益与全球性权力，为读者展现了一幅美国霸权尤其是美元霸权的图景。

从"经济全球化"到"全球化分裂"，后疫情时代的全球治理尤其是全球金融治理面临哪些挑战？未来世界经济格局如何演变？书中也给出了思考。书中"货币翻弄的世界"一讲，李晓教授对比了元朝以后的中国与

1500 年以来的欧洲,从货币制度的视角,阐释了中西方大分流更多地源于双方的金融大分流,值得读者品味。

王冠

央视国际频道主持人、前驻美首席记者

李晓先生是一位理性主义派学者、清醒犀利的观察家,这一特点贯穿《双重冲击》全书。书中观点和立论基于历史发展脉络,立足当前中美之间的现实问题,剖析入木三分、精准有力。作者深挖并遵循世界经济、美国金融体系、中美博弈之动态发展的内在规律及脉络,栩栩如生地向我们展示了一张战略图谱。关于问题的根源、本质和机理,作者阐释透彻,颇多灼见和亮点;理论上引经据典,问题的底层逻辑阐释得可谓精准。

李晓先生将经济学和政治学融会贯通,其博大精深的国际政治经济学造诣在书中得到了充分体现。书中剖析的全球及中美关系问题,以及"债务人逻辑""全球货币超发""全球化分裂"、美国"去中国化的国际战略联盟"倡议、"人民币国际化"等问题,均为重建未来世界格局的重要议题。作为理性主义派学者,李晓先生均对这些议题给出了务实的建言献策。这是一本值得各行业领军者、政府官员、外交人员等通读、学习的著作。

正如美国长期秉持的威尔逊观念,基辛格先生曾描述"美国尚未准备好承担全球化的角色",追本溯源,显性或隐性的"美国优先"基调,其实一直贯穿美国金融和世界经济发展史。

中美领导力发展基金会联席主席约翰·拉特利奇(John Rutledge)博士,是美国三任总统(里根、老布什、小布什)经济顾问;其家族直系前辈老拉特利奇先生正是美国《美利坚合众国宪法》起草和签署人之一。我作为中美领导力发展基金会创始人、主席,接受机械工业出版社华章分社的荐书邀请,是缘分也是荣幸。

李红

中美领导力发展基金会创始人、主席

Double Shock

The Future of Power Games &
The Future of The World Economy

序
言

当今世界面临着大国博弈日趋升级和新冠肺炎疫情全球暴发的双重冲击，这不仅使迅猛发展的全球化进程正在改变既有的方向和轨迹，更使得未来的世界格局变得扑朔迷离。

自 1492 年大航海时代开启迄今，全球化经历了五百年的缓慢发展直至 20 世纪 90 年代方达高潮。这一规模宏大却又动荡曲折的历史进程，得益于一波又一波的科技浪潮、全球性的人口膨胀与城镇化发展，"冷战"结束与全球市场及其规则的日趋统一，以及金融创新源源不断的活力。

2008 年，全球金融危机爆发，世界经济增长陷入困境，全球化进程也遭遇重大挫折。英国脱欧、特朗普当选美国总统、中美贸易争端……一连串的"黑天鹅"事件打破了人们对全球化的幻想。究其根源，世界经济尤其是美国经济结构的历史性变化发挥着重要的内生性作用。一方面，20 世纪 80 年代美国开启的经济金融化进程，是近五百年来资本主义发展的重大结构性变化。它使美国经济超越了 16 世纪以来形成的"地理－实体经济空间"，开辟了一个新的"电子－金融经济空间"，进而使美国成为依靠发达的金融服务业和资本流动来掠夺全球资源的"金融国家"。相应地，具有广度和深度的发达的金融市场支撑的美元体系，则成为美国控制世界的居于核心地位的结构性权力，这种权力使美国成为异于既往帝国的"超级帝国主义国家"。另一方面，这一进程在美国国内外形成了双重的"中心－外围"结构，即在国内造成贫富两极分化、中产阶级破产、社会分裂和政治极化的同时，国际上也发生了"金融国家"与"贸易国家"的严重分化，双方的协调、合作成本日益提升，摩擦不断增多。正是在此进程中，当中国经历四十多年的改革开放逐渐走近世界舞台中央的时候，中美两国惊讶地发现，彼此间竟然如此陌生。

莎士比亚曾经说过：头戴王冠的脑袋总是感到不安。历史经验证明，霸权国家总是像猫科动物一样，对快速移动的物体充满警惕与关注。四十多年来，在彼此经济实力差距较大且经济繁荣的时期，中美双方尚能达成共识，顺利开展分工合作，然而当中国经济实力快速崛起、日益接近美国，且美国国内经济、社会和政治发展遭遇诸多困境之时，美国俨然已将中国视为自身霸权的最大威胁，彼此间的关系从正和博弈的经济逻辑，转向零和博弈的政治逻辑，各领域的差异被急剧放大，不同的历史叙事、文化传统、发展模式以及价值观似乎变成一道难以跨越的深壑。相应地，中美两国对全球化的认知及其道路选择也开始发生明显分化。

2020年新冠肺炎疫情的全球暴发，作为一个"黑天鹅"事件为全球化发展道路的分化按下了加速键。这场突如其来的外生性冲击，不仅使世界经济陷入第二次世界大战（以下简称"二战"）以来最严重的衰退，更使得世界各国彼此间陷入隔离、脱钩的状态。一方面，疫情使得自20世纪90年代以来蓬勃发展的全球价值链突然中断，跨国公司全球投资和贸易中的安全性因素陡然提升，以往价值链分工、布局的全球化趋势正在为本土化、区域化趋势所取代，相应地，世界经济格局正在发生重大调整；

另一方面，原本应该共同应对的全球疫情，不仅未能成为主要国家之间通力合作的黏合剂，反而成为某些大国"甩锅"甚至将疫情"政治化"的契机。新冠肺炎疫情叠加大国博弈，使得迄今为止支撑世界经济发展的国际经济秩序遭受重大冲击，"供应安全""收入平等""政治正确"以及价值观等因素决定的政治选择，越来越成为大国对外关系决策的重要前提。其结果是，业已十分严重的"全球治理赤字"转化为更为危险的"全球治理分裂"。

正因为如此，同"逆全球化""反全球化"等提法相比，我更愿意将上述过程或现象称为"全球化分裂"，即世界上第一、第二大经济体之间，在有关什么是全球化以及全球化的内涵、模式、规则和发展路径等方面的共识发生了分裂，两者不是相向而行，而是背道而驰。更有甚者，美国正在试图构建一个新的所谓更高规则和制度水准的"去中国化"的全球化进程，借以遏制中国崛起。

历史经验告诉我们，全球化发展既有高潮亦有低潮，其发展趋势难以被长久阻挡。然而，如此规模巨大的全球化分裂在人类历史上尚属首次，足以引起人们的高度关注。因为，这不是一个如过往那样可以正常应对的新一轮的社会经济周期，而是到达了一个关键的十字路口：人类历史进程是走向至暗时刻，还是走向光明未来。

显然，面对严峻的双重冲击，中国的应对策略不仅决定着自身未来的发展方向和命运，而且很大程度上也决定着世界格局乃至人类历史的未来。在这样一个浪潮汹涌的历史关头，每一位学者都应该做出理性、深入的思考。答案不可能一蹴而就，更不可能一致，但思考本身即为责任。

　　本书阐述的观点，大多是我在 2018 年以来中美贸易争端升级为大国博弈的过程中，以及新冠肺炎疫情暴发后，针对一些相关问题的思考与发言，正文共计十九讲，主要分为三篇：第一篇为大国博弈：理论与现实，第二篇为未来的世界经济与全球化分裂，第三篇为双重冲击下中国的战略对策。最后一讲，在附录部分，首次以文字形式收录我于 2018 年 6 月底在吉林大学经济学院、金融学院毕业典礼上所做的题为"国家命运与个人命运"的讲话。这篇讲话迄今为止在国内外的点击量超过千万。当时正值特朗普发动中美贸易争端不久，有些人不赞同我对中美关系性质及其走势的判断，但三年多来中美关系发展的现实表明，这些判断基本上是准确的。

2021 年 10 月 2 日于长春净月家中

Double Shock

The Future of Power Games &
The Future of The World Economy

目 录

赞　誉
序　言

| 第二篇 |

未来的世界经济与全球化分裂

| 第三篇 |

双重冲击下中国的战略对策

第一篇

大国博弈：理论与现实

对美国而言，它首次面对一个古老的异质文明国家的强势崛起，而且这个国家已经深深嵌入它所构建并主导的全球体系当中，同自身有着千丝万缕的联系；对中国而言，它同样是第一次以崛起的姿态与世界上最强大的国家形成全方位的竞争关系，甚至是被迫与其迎面相撞，而且其背后是一个强大的西方国家集团。

从傲慢到焦虑与从屈辱到自豪一样，仅有一步之遥。未来中美之间将有一场世纪性博弈，这无疑是对双方智识、意志、价值观、体制、制度及其定力或耐力的一场终极考验，也是对双方知识积累、储备和理论创新及其能力的检验。

美国是一个以美元体系控制世界的"超级帝国主义金融国家"。它将人类的金融逻辑由传统的以债权人利益为核心的、要求债务人做出紧缩措施并欠债还钱的"债权人逻辑",更改为以债务人为核心的、欠债不还且将其根源归咎于债权人的"债务人逻辑",并通过布雷顿森林体系崩溃后建立的美元体系予以实施。

——李晓

《双重冲击:大国博弈的未来与未来的世界经济》

| 第一讲 |

美国的霸权地位评估与新兴大国的应对[⊖]

导　读 》》》

　　美国霸权的特点和结构、美国对国际权力的精心设计、美国的霸权战略，是评估美国霸权地位的三个重要方面。历史地看，美国与既往帝国有着诸多不同，尤其是它不是依靠控制殖民地及其资源的方式统治世界，而是凭借发达的具有深度、广度的金融市场，以美元体系控制世界的资源配置，进而获取统治世界的能量。

　　对于这样一个前所未有的新型霸权国家，本讲试图回答以下三个问题：一是美国是一个怎样的霸权国家，它同历史上的大国或霸权国家相比有着哪些重大区别？二是已有的大国兴衰理论或霸权更替理论能否有效地解释当今美国的霸权地位？三是面对这样一个霸权国家，新兴大国特别是中国应做出怎样的战略应对，以避免重蹈历史上新兴大国的覆辙？

　⊖　作者曾于 2013 年 10 月 19 日在由广东外语外贸大学主办的第四届国际政治经济学论坛暨"新型大国关系与全球治理"学术研讨会上，围绕本文主题做了大会发言。后作者与吉林大学经济学院李俊久教授合作，将发言整理成文，发表于《世界经济与政治》2014 年第 1 期，本书收录时略有删改。

问题的提出

对美国霸权地位的认知是贯穿二战后国际关系学及国际政治经济学研究的一条重要主线。总体上看，二战后几乎每隔十年就会出现一波有关美国霸权衰退的讨论。在经历 20 世纪 90 年代的"新经济繁荣"后，2001 年的"9·11"事件、2008 年的国际金融危机以及近年来金砖国家的快速崛起，让美国霸权衰退论再次浮出水面。

历史地看，衰退论者的每一次预言都没有成为现实。无论在军事还是在生产、贸易、货币和金融乃至在知识、观念和制度领域，美国都保持着持久、强大的全球竞争力。相反，在美国主导的国际体系之外，持续向美国霸权发起挑战的苏联终因"过度扩张"走向了解体。在美国主导的国际体系内成功崛起并尝试挑战美国经济霸权的日本，则在 20 世纪 80 年代中期后陷入长期的经济低迷。

需要指出的是，首先，1971 年"黄金窗口"的关闭虽然终结了美元与黄金之间的自由兑换，但并没有终结美元作为全球主导性储备货币的地位；相反，经过多年的努力，特别是在"冷战"结束后，美国在全球范围内构建起一个几乎将所有国家和地区都纳入其中的"美元本位制"或"美元体系"：一方面，通过将美元用于对外国债权人的债务支付，美国的全球货币霸权得到了进一步强化；另一方面，不断累积的"双赤字"并未从根本上危及美国的政治、经济和军事霸权，相反，美国源源不断地得到石油输出国组织的"石油美元"和日本、中国等贸易国家"商品美元"回流的巨额资助。

其次，肇始于美国并蔓延至全球的金融危机没有动摇美国的霸权根基。通过向各国央行提供美元流动性支持，美联储充当了国际金融市场

"最后贷款人"（lender of last resort）的角色，[1]美元在危机中的地位不降反升；同时，借助美联储实施的多轮"量化宽松"政策，美国不仅为国内经济的快速复苏创造了有利条件，而且得以经由贸易渠道和金融渠道向他国转嫁危机，使得"美元体系"内的广大外围国家不仅受到严重冲击，还要为美国引发的危机埋单。

最后，崛起中的新兴大国是否实现了真正"崛起"尚需做进一步的考察；而且，相异的文化背景、错落的地理位置、不同的增长水平、有别的发展模式也考验着新兴大国集体一致行动的意愿。更重要的是，新兴大国尤其是金砖国家对"美元体系"的依赖依旧很深，甚至其本身就是该体系的重要组成部分，它们是在美国主导的国际体系内快速崛起的，这种崛起的可持续性尚需时间检验，其挑战美国霸权地位的意愿和能力也有待进一步考证。

上述事实迫切需要我们回答三个关键问题：第一，美国是一个怎样的霸权国家，它同历史上的大国或霸权国家相比有着哪些重大区别？第二，已有的大国兴衰理论或霸权更替理论能否有效地解释当今美国的霸权地位？第三，面对这样一个霸权国家，新兴大国特别是中国应做出怎样的战略应对，以避免重蹈历史上新兴大国的覆辙？

现阶段美国霸权地位的评估

正确评估一国的霸权地位，首要前提是厘清"霸权"的概念。罗伯特·基欧汉（Robert O. Keohane）认为，霸权是"一国有足够的能力来维持治理国家间关系的必要规则，并且有意愿这样做"的情形。[2]该定义强调"实施领导权的决定是'激活'权力能力和结果之间既定关系的必需"，³这实际上触及了"权力转化"（power conversion）的问题，从而在潜在权力和现实权力之间搭建了一座桥梁。从这一概念出发，笔者认为，对现阶段美国霸权地位的评估涉及三个重要问题：第一，现阶段美国霸权的特点和结构是怎样的？第二，美国是如何精心设计自己的国际权力的？第三，美国运用何种权力战略维护和巩固其霸权地位？

美国霸权的特点和结构

同以往的霸权国家相比，就霸权的特点而言，美国是一个"例外的"新型霸权国家，主要体现在以下八个方面。

1. 美国是一个经过人为的精心设计而在短期内迅速崛起为世界强国的国家

与世界上绝大多数拥有悠久历史的大国不同，美国自 1775 年独立战争以来的历史很短，但其优势在于承载着自由、平等、天赋人权等内涵的欧洲文明，能够在一块新大陆上进行前所未有的国家建设实践，美国的《独立宣言》和宪法中无处不体现着孟德斯鸠、卢梭和洛克等人的思想；更重要的是，我们从美国 1787 年宪法的制定过程可以看到，美国开国先哲们基于人类文明的理念，以人性恶为出发点，经过激辩、讨价还价和互相攻讦，历时四个月，人为设计出了一套构建国家的宪法体系和政府架构，⁴进而为美国的迅速崛起奠定了基础。

2. 美国是一个拥有广泛权力资源的国家

这一点既表现在它的军事、经济、技术、领土、人口、自然资源等传统权力资源上，也体现在其教育、文化、理念和制度等新型权力资源方面。这些权力资源赋予了美国在应对复杂多变的国际问题时更大的选择性和灵活性。

3. 美国是一个"大且富有"的国家

相较而言，以往的霸权国家要么小而富有，要么大但富裕程度较低。西班牙、荷兰、英国的本土面积不大，但都在海外掠夺和贸易活动中变得十分富有。法国、普鲁士以及后来成立的德意志虽然本土面积较大，但富裕程度较低，甚至在与在位霸权国家的争霸战争中受到了削弱。沙俄及后来的苏联虽国土面积庞大，但国民财富不仅总量低而且创造能力较弱，属于典型的"大而富裕程度较低"的国家。

4. 美国是一个在第一、第二、第三产业中均拔得头筹的国家，其与非霸权国家间的综合实力差距远超既往霸权国家，是一个真正的"超级帝国"

美国是一个农业生产和出口大国，同时在高新技术的制造业领域长期保持着国际竞争优势，这一优势更是借助其跨国公司的全球化生产和国际分工得到增强。此外，美国自20世纪50年代以来在第三产业特别是金融服务业具有日益增强的国际竞争力，它不仅拥有众多实力雄厚的金融机构，更具有在广度和深度上令他国难以匹敌的国内金融市场，并掌握着全球金融市场的规则制定权。

5. 美国是一个兼具强大的商业、海（空）军实力和陆军实力的国家

历史上的西班牙（海军）、荷兰（商业和海军）、法国（陆军）、普鲁士及后来的德国（陆军）、英国（商业和海军）、沙俄（陆军）及后来的苏联在陆军、海军、空军实力方面都无法与美国相提并论。

6. 美国是一个打破"霸权更替逻辑"的国家

美国没有通过与在位霸权国家展开争霸战争而成功获取霸权地位，

以至于有学者认为，"霸权更替理论难以解释战争在美国取代英国成为主导性世界大国过程中的缺失"。[5]

7. 美国是最接近全球性霸权地位的国家

在"英国治下的和平"（Pax Britannica）时期，英国的霸权范围是区域性的，它要随时准备应对来自其他老牌殖民强国（如法国）和后起殖民国家（如德国）的竞争和挑战。在美苏争霸时期，"美国治下的和平"（Pax Americana）所覆盖的范围也是区域性的。直到1991年苏联解体，美国霸权的影响力才第一次真正延伸到世界上几乎每一个角落，成为人类有史以来"第一个全球性大国"。

8. 美国是一个有着极佳战略位置的国家⊖

这赋予了美国两方面的重要优势。一是有条件成为陆权和海权的双料强国。二是能做到对外战略的收放自如，当预期走向海外能为其带来巨大利益时，它就会坚定不移地推行"扩张主义"；当认定海外活动可能使其造成重大的风险和损失时，它又会毫不迟疑地退回到"孤立主义"。

从结构来看，学术界就美国的权力资源给出了翔实的清单。斯蒂芬·布鲁克斯（Stephen G. Brooks）和威廉·沃尔福思（William C. Wohlforth）强调，美国的国家权力来自其强大的军事力、经济力和技术力。[6]兹比格纽·布热津斯基（Zbigniew Brzezinski）则指出，美国力量的源头来自它无可匹敌的军事、对全球经济增长的拉动、在开创

⊖ 用1902～1925年法国驻美大使朱尔斯·朱瑟兰（Jules Jusserand）的话说，美国是"一个受到眷顾的国家。美国北部邻国很弱小，南部邻国同样弱小；东部是海洋，西部也是海洋"。参见Stephen M. Walt, "Taming American Power", New York: W. W. Norton & Company, 2005, p.39。

性尖端技术领域的全面领先、文化的无比吸引力。[7]塞缪尔·亨廷顿（Samuel P. Huntington）认为，美国力量的核心源泉来自其社会的竞争性、流动性和移民性，并得到三方面的重要补充：第一，美国在几乎所有主要的国家权力来源方面具有他国没有的超强实力；第二，美国在世界政治中的结构性地位，即美国在地理上远离世界冲突的主要区域，无须发展海外帝国主义、反政府主义的经济与政治哲学、历史上独一无二的结盟网络及对普适的国际制度的认同感；第三，不存在能取代其位置的霸权国家。[8]

罗伯特·列伯（Robert J. Lieber）将美国的权力资源归结为在世界国内生产总值中的占比、金融市场的深度和规模、技术、人口、军力投放、大学与科研机构、全球竞争力排名、对外国人才的吸引力、政治体制、灵活性、适应性、创新性等方面的优势。[9]约瑟夫·奈（Joseph S. Nye）提出"软权力"（soft power）的概念，在他看来，美国不仅比历史上的西班牙、荷兰、法国、英国拥有更广泛的权力资源，而且在软权力资源方面有着显著的优势。[10]沃尔特·米德（Walter R. Mead）在沿用"软权力"概念的同时，首创了"锋利权力"（sharp power）和"黏性权力"（sticky power），前者指代美国的军事力量，后者对应着吸引他国向其靠拢并对其产生严重依赖的美国经济政策和制度，它不以军事强制或意愿一致为基础。[11]

上述观点为我们研判美国的霸权结构提供了重要思路，但需要做进一步的修正和补充。

首先，现有认识停留于对美国权力资源的简单罗列，缺乏结构性思考。其后果是，某种权力资源优势的衰减或暂时下降经常被误读为美国霸权的衰退，忽视了其他权力资源优势的强化及各权力资源间的相互支持和相互强化。

其次，现有认识重点关注美国实体经济蕴含的权力资源，而对货币金融这一虚拟经济中的权力资源缺乏应有的重视。[⊖]

再次，现有认识中存在着混淆权力运用[⊜]和权力资源的现象，例如，有学者将联盟 [12]、经济政策 [13]、外交 [14] 等权力运用层面的因素归入权力资源的范畴，忽视了权力资源作为权力基础与权力运用作为权力转化过程的本质区别。

最后，现有认识存在着划分权力资源归属的混乱局面。例如，米德把经济制度划归黏性权力，[15] 奈将跨国公司视为软权力的一个来源。[16]基于上述分析，笔者给出分析美国权力结构的基本框架。

美国的权力资源由锋利权力、黏性权力和软权力三个关键部分组成，它们分别对应着安全结构，生产、贸易和金融结构以及知识、观念和制度结构，[⊜]各权力结构之间相互支持、相互拱卫和相互强化，如图 1-1 所示。[⊕]

⊖ 罗伯特·吉尔平（Robert Gilpin）是一个显著的例外。他认为，跨国公司与美元的国际地位、核优势一起构成了美国霸权的支柱，并且美国权力的这三根支柱相互交织、相互强化。参见罗伯特·吉尔平著，钟飞腾译：《跨国公司与美国霸权》，北京：东方出版社 2011 年版，第四章、第六章。

⊜ "权力运用"是一国的权力对别国产生影响的过程，也就是一国运用其掌握的"权力资源"将"权力资源"所孕育或暗含的权力最终转化为针对他国的现实权力的过程。可见，权力资源是权力的基础，权力运用是权力的转化过程。

⊜ 与大部分学者将"技术"划归软权力的做法不同，笔者认为，"技术"最终将物化为在生产环节中制造出来的产品，它与软权力中能够影响甚至同化人们思维和行为方式的"知识"有着本质的区别。形象地说，相对而言，"技术"属于自然科学的范畴，是形而下的；"知识"则更多地具有人文社会科学的属性，是形而上的。

⊕ Susan Strange, States and Markets, London: Pinter Publishers, 1988. 笔者认为，苏珊·斯特兰奇将"贸易结构"置于"次级权力结构"(secondary power structure) 的位置，用这一点分析美国并不恰当。

图 1-1　美国的三维权力结构

安全结构：美国的锋利权力

"政治经济学中的安全结构是由一些人向其他人提供安全而创造的一种权力框架。保护者即那些提供安全的人获得某种权力，使他们得以决定或限制其他人的选择范围。"[17] 在当今的国际体系中，美国把持着安全方面的结构性权力，这种权力锋利与否，取决于美国的军事力量、核优势、海外军事部署和军费开支。

从军事力量看，美国拥有独一无二的全球军事能力。近现代史上，从来没有一个大国的军力像美国一样远远领先于其同时代的国家。[18] 特别是，美国拥有显著的核优势，这对直接的军事冲突产生了压倒性威慑。有数据显示，除俄罗斯外，没有任何其他国家能在核武方面与美国抗衡。[19] 从海外军事部署看，美国在全球大棋局的各个战略要点都有军事存在，部署的内容包括换防、永久驻军、军事基地及确保海外存在的军事协定；部署的军事人员遍布 169 个国家和地区，人数达 164 253 人，[20] 活动涵盖与盟国一起训练、保障航海自由、执行作战活动等方方面面。从军事开支看，美国每年的军事开支比其他主要大国的总和还多。2012年美国的军事开支为 6 820 亿美元，占全球军事开支总额的 38.8%；其他 10 个军事开支大国（俄罗斯、英国、日本、法国、沙特阿拉伯、印

度、德国、意大利、巴西、中国）的军事开支共计 6 520 亿美元，占比
37.1%。[21]

锋利权力对美国霸权的意义在于：首先，无论对跨国公司的海外经
济扩张和政治渗透，还是对金融机构和金融市场的发展壮大而言，美国
强大的军事力量都是一个有力的保障。[22] 其次，对重要海上通道的军事
保护和在重点战略区域的军事存在，是维护美国石油利益及最终的军事
霸权所必需的。[23] 再次，美国提供的安全保护降低了盟友的防卫支出，
促进了它们在战后的长期经济繁荣，由此得到了盟友在政治和外交上的
追随。这在军事上收到了类似黏性权力的效果，提升了美国在盟友心目
中的威望，也增加了它们摆脱美国控制的难度。⊖最后，对盟友的安全
保护，既赋予了美国胁迫盟友以经济和货币政策调整、协助或追随换取
安全保障的货币权力，⊜又换取了美国跨国公司在"冷战"期间对盟友
劳动力市场和产品市场的大举进入。⊜

生产、贸易和金融结构：美国的黏性权力

美国的黏性权力体现于它在生产、贸易和金融结构上的竞争优势。
"生产结构"可被定义为决定生产什么、由谁生产、为谁生产、用什么方

⊖　吉尔平指出，犹如权威是国内社会命令中心这一特征一样，威望是国际关系中的日常
　　货币，它构成了对国际体系实行统治的第二要素，而威望来自国际体系内的其他国家
　　对一个国家行使其权力的潜力、能力和意愿的看法和认识。参见罗伯特·吉尔平著，
　　宋新宁、杜建平译：《世界政治中的战争与变革》，上海：上海人民出版社 2007 年版，
　　第 36 ～ 37 页。
⊜　美国对联邦德国就采取了这种做法。参见弗朗西斯·加文著，严荣译：《黄金、美元与
　　权力：国际货币关系的政治（1958 ～ 1971）》，北京：社会科学文献出版社 2011 年版。
⊜　战后初期，美国之所以能够改变早期承诺的全球多边主义和非歧视原则，极力促成歧
　　视美国货物的西欧签订《罗马条约》，其中一项主要条件就是欧洲国家保证对美国跨国
　　公司在欧洲的子公司采取"国民待遇"。参见罗伯特·吉尔平著：《跨国公司与美国霸
　　权》，第 86 ～ 87 页。

法生产及按什么条件生产等所有安排的总和。[24] 美国在这方面的黏性权力主要源于三个因素：跨国公司的实力、技术研发的水平和制造业的附加值。

美国跨国公司的实力可以从三方面衡量：一是跻身全球最大的 500 家公司（世界 500 强）的数量。截至 2013 年 3 月 31 日，美国有 132 家跨国公司入围世界 500 强，比排名第二的中国（含中国香港和中国台湾）多出 37 家。[25] 二是进入世界 500 强的美国跨国公司的产业分布。与他国相对集中的产业分布相比，美国跨国公司的竞争优势广布于各产业部门。[26] 三是美国跨国公司在全球价值链中的地位。为节约成本、提升利润空间，美国跨国公司将产品设计和研发这些附加值高的活动留在国内，把附加值稍低的零部件生产外包给其他发达国家，附加值更低的加工组装外包给发展中国家或地区。⊖

技术研发的水平是影响美国黏性权力的第二个要素。除在汽车和其他机动车领域略逊于德国和日本、在环保领域不及德国外，美国在农业和食品生产、商用航天器、军事航天器、化学、能源、生命科学、信息通信、仪器设备等八大领域均处于世界领先地位。[27] 这一现象与美国的高研发投入密不可分。据估计，2013 年美国的研发经费仍高居世界第一，总额将达 4 237 亿美元，既高于欧洲 34 国的总量，也与中国、日本和印度三国的总量相当。从具体来源看，民间企业尤其是跨国公司是资助研发活动的主体，累计金额为 2 617 亿美元，增速 2.3%，占全部经

⊖ 以苹果公司的 iPhone 手机为例，除软件和产品设计外，iPhone 的零部件主要由日本、韩国、德国和美国的公司生产，最后的组装和出口由中国的富士康公司负责。在 2009 年中国出口到美国的价值 20 亿美元的 iPhone 手机中，中国工人得到的附加值仅占 3.6%，其余 96.4% 由各国零部件生产商获得。参见 Yuqing Xing and Neal Detert,"How the iPhone Widens the United States Trade Deficit with the People's Republic of China", ADBI Working Paper No.257, December 2010。

费来源的 61.8%。[⊖]

跨国公司的雄厚实力和高水平的技术研发为美国制造业贡献了高附加值，这是美国黏性权力的另一个重要保障。1970～2011 年，美国制造业附加值的世界占比始终在 20% 以上。长期排名第二的日本在 1991 年达到 17.95% 的峰值后几乎一路下滑。中国的制造业附加值在超越德国、日本后，2011 年的世界占比为 16.87%，较美国少 3.65 个百分点。[28] 但由于科技水平仍与美国有很大差距，中国制造业附加值的实现方式和领域目前仍难以与美国同日而语。

"贸易结构"是指国际贸易的流向、内容和条件。[29] 贸易内容涉及美国与他国贸易的商品和服务构成。贸易条件主要是贸易品的进出口价格指数，它既取决于美国与他国的贸易内容，又与美国对国际贸易规则的垄断程度有关。具体而言，美国对发展水平相近的国家以产业内贸易为主，贸易条件较为公平；对发展中国家以产业间贸易为主，并且垄断着国际贸易规则的话语权，甚至能将本国贸易法凌驾于国际法之上，因而贸易条件对美国更为有利。

贸易流向对美国的黏性权力具有特殊意义。衡量美国的黏性权力主要不是看美国向世界出口了多少，而是看它从世界进口了多少。1948～2012 年，美国商品出口的世界占比几乎一路下跌，从 21.7% 降至 8.4%；而同期，美国的商品进口相对平稳，从 13.0% 微降至 12.6%。[30] 在这些数字的背后，有两个现象特别值得注意：一是二战后美国的低关

⊖ 从研发活动的实施者来看，有两个特点引人关注：第一，产业界是联邦政府和同业经费资助的主要接受者，所得资助估计达 2 936 亿美元，占总额的 69.3%。第二，学术机构是美国科研创新的另一个主要承担者，是除联邦资助的研发中心外另一个接受所有方面经费资助的客体，所获资助估计将达 666 亿美元，占总额的 15.7%，仅次于产业界。参见 Battelle, 2013 Global R&D Funding Forecast, December 2012, http://www.rdmag.com/sites/rdmag.com/files/GFF2013Final2013_reduced.pdf，登录时间：2013 年 12 月 3 日。

税和零关税政策为处在经济复苏阶段的日本和西欧提供了工业制成品的主要市场；二是当更多发展中国家加入后发工业化的浪潮后，来自美国的外部需求为它们提供了强劲的市场动力。直至目前，美国作为他国最终消费品"市场提供者"的角色仍未改变。

在此，比较英美国际贸易模式的差异有助于我们进一步理解美国的黏性权力。历史上，"经常账户顺差＋资本账户逆差"是维系英国霸权的一个重要机制。它对英国经济的短期繁荣有益，却不利于其霸权地位的长期稳固：英国经常账户的长期顺差既压抑了殖民地经济的发展，又招致了后发工业化强国的不满；资本账户的长期逆差在给英国带来丰厚投资收益的同时，也加重了殖民地的负担，更加剧了后发工业化强国与英国围绕殖民地投资市场的争夺。

在"领土国家"和殖民地体系的时代，这种矛盾的最终解决要靠争霸战争来完成，结果必然是对英国霸权造成极大损害。当今的美国霸权倚重的是"经常账户逆差＋资本与金融账户顺差"。在"经济主义"时代，⊖这种机制对他国的吸引力在于：通过向美国大量出口，它们能克服内需不足的发展约束，实现外需导向型经济增长，并将出口所得（外汇储备）回流至美国以赚取投资收益。该机制带给美国的战略利益是：一方面，经常账户的逆差能将广大外围国家有效地聚拢在以美国为中心的国际经济体系中，并且回流美元在压低美国利率水平、刺激美国经济增长的同时，也通过刺激国民的消费需求进一步拉动外围国家对美国的出口；另一方面，资本与金融账户顺差为美国金融市场注入了丰裕的外部融资，巩固了美元霸权和美国作为世界金融中心的地位，进一步强化了美国

⊖　关于"领土主义"与"经济主义"时代的重大差异，参见李晓："'经济主义'时代的中日关系"，载《国际经济评论》，2006 年第 2 期，第 55 ～ 60 页。

与外围国家之间业已形成的"金融国家对贸易国家"⊖的国际分工格局。

"金融结构"可被定义为支配信贷可获得性的各种安排及决定各国货币之间交换条件的所有要素。[31]美国在这方面的黏性权力源于两种关键的权力资源：美元的国际地位和美国金融市场的发达程度。

美元是主导性国际货币，这可以从四个方面得到体现：其一，美元是世界主要的外汇储备资产。截至 2013 年第二季度，美元在各国已分配的外汇储备中占比 61.9%，且地位稳定。排名第二的欧元自 2009 年的最高值（27.7%）一路走弱，已降至 23.8% 的水平。处在第三的日元仅占比 3.8%。[32]其二，美元是主要的"锚"货币。1995 年以来，把本币和美元建立联系的国家数量一直保持平稳。截至 2010 年，有 8 个国家采用美元化或挂靠美元的货币局制，90 个国家采用盯住美元的汇率制，9 个国家维持以美元为参考货币的管理浮动汇率制。[33]其三，美元是主要的国际交易货币，截至 2013 年 10 月，美元是国际贸易中的第一大支付货币，占比为 38.12%；欧元、英镑和日元分列第二、三、四位，占比分别为 34.69%、9.92%、2.56%；人民币则位居第十二位，占比仅为 0.84%。此外，美元还是世界第一大贸易融资货币，占比为 81.08%，人民币、欧元和日元分列第二、三、四位，占比分别为 8.66%、6.64%、1.36%，其实力显然无法与美元相提并论。[34]在国际金融中，美元在外

⊖ 所谓"金融国家"，是指掌握着"金融霸权"的国家，其本币就是世界货币，其金融市场具备调控全球金融资源、制定相应的市场规则的能力。在一定意义上讲，近代的霸权国家都是"金融国家"。所谓"贸易国家"，有两个方面的含义：一方面是指国内金融市场封闭且不发达，无法引领国际金融市场发展潮流并制定其规则的国家；另一方面是指那些主要依靠出口拉动经济增长，而且本币尚未成为世界货币，不得不依赖出口贸易赚取外汇收入的国家。当然，也可泛指那些没有掌控"金融霸权"的国家。参见李晓、丁一兵著：《亚洲的超越：构建东亚区域货币体系与"人民币亚洲化"》，北京：当代中国出版社 2006 年版，第 14 ~ 18 页；李晓、冯永琦："国际货币体系改革的集体行动与二十国集团的作用"，载《世界经济与政治》，2012 年第 2 期，第 130 页。

汇市场交易、外汇衍生品场外交易、国际债券、国际存款、国际贷款等几个指标上的占比相当高，其他货币难以望其项背。[35] 其四，美元是关键的救市（世）货币。在国际金融危机的早期、货币互换协议未扩展之前，国际市场上能获取和使用的美元少于 700 亿；到 2008 年年初，随着央行间美元互换协议的展开及美国境外融资需求的激增，各国央行的可用流动性达到 5 600 亿美元。[36]

美元对广大外围国家的吸引力还源于美国发达的金融市场。世界银行曾就深度、准入度、效率、稳定性四个指标对比了 2008～2010 年各国金融市场的发展状况。除稳定性较低（28.8%）外，美国金融市场在深度（219.7%）、准入度（72.6%）、效率（342.7%）三项指标上明显优于其他金融市场。[37] 特别是，美国资本市场的发展大大领先于其他国家或地区。从股票市场看，没有任何一个金融市场能在规模、流动性和选择性方面接近美国。截至 2012 年，纽约泛欧证交所的交易值是东京证交所的 3.9 倍、伦敦证交所的 6 倍、德意志交易所集团的 10.5 倍；纽约纳斯达克的交易值则分别是这三家证交所的 2.8 倍、4.5 倍、7.7 倍。[38] 从债券市场看，美国的债券发行量远超其他国家，即便日本、英国等主要发达国家的债券发行量加在一起（32.41 万亿美元）也不及美国（35.68 万亿美元）。[39] 从证券持有者角度看，截至 2012 年 6 月，外来投资者持有的美国证券高达 13.26 万亿美元，其中，长期证券 12.45 万亿美元，短期债务证券 0.81 万亿美元。[40]

黏性权力对美国霸权的意义在于以下三个方面。

1. 生产、贸易和金融三大结构之间相互支持、相互拱卫和相互强化

首先，美国在生产结构上的优势强化了它在贸易和金融结构方面的黏性权力。通过技术研发提升国际竞争力并强化全球价值链，美国跨国公司将更多国家、更多资源组合进公司内贸易中；其海外直接投资也会诱发对美元的强烈需求，为扩大美元的境外流通创造条件。[⊖]

其次，美国在贸易结构上的优势巩固了它在生产和金融结构方面的黏性权力。从广大外围国家的进口压低了产业工人的工资，为美国跨国公司从利润中提取研发资金创造了条件；通过进口他国的低附加值产品，美国跨国公司将发展中国家拖入了"比较优势陷阱"；通过出口高附加值产品和服务，美国跨国公司可将出口所得的部分利润投入到新技术和新产品的研发中去，以维持其在关键技术领域的竞争优势。外围国家对美出口越多，回流到美国金融市场的美元就越多，美国金融市场的活力就越强，其信用创造的能力就越大。

最后，美国在金融结构上的优势维护了它在生产和贸易结构方面的黏性权力。美元的国际地位和美国金融市场的广度、深度为美国跨国公司的技术研发和海外直接投资提供了大量廉价的资金；美国政府可左右美元汇率，[⊜]为本国跨国公司的海外并购或其他形式的直接投资提供支持。美国可直接用美元进行对外贸易支付，甚至通过升值美元进行低成本的支付，这对保持美国市场对他国吸引力的意义是不言而喻的。

⊖　在高恩看来，"美国需要把其统治地位构筑在对全球经济生产环节的控制之上，而且，如果无法做到这一点的话，那么美国对国际货币金融的控制最终都会是十分脆弱的"。参见彼得·高恩著，顾薇、金芳译：《华盛顿的全球赌博》，南京：江苏人民出版社2003年版，第94页。

⊜　自布雷顿森林体系崩溃以来，国际货币体系并不存在真正意义上的均衡汇率，世界各国的汇率水平本质上都操纵在美国手中，当美国选择强势美元或者弱势美元时，无论其他国家经济基本面好坏，都将使其本币币值随之波动。因此，一个国家的汇率选择与其说是在与市场博弈，莫如说是在与美国博弈，现今国际货币体系中的所谓均衡汇率不过是美国主观意愿所决定的"主权均衡汇率"。参见华民："世界经济失衡：概念、成因与中国的选择"，载《吉林大学社会科学学报》，2007年第1期，第15页。

2. 生产、贸易和金融结构方面的黏性权力巩固了美国的锋利权力

从生产结构看，跨国公司的海外投资收益为美国的全球军事霸权筹集了资金，而且美国的一些大型跨国公司本身就从事军事研发和生产，高科技跨国公司则与美国军方保持着密切合作。[⊝]

从贸易结构看，与军工有关的高附加值产品和服务的出口能为军事工业的进一步发展提供资金支持，向盟友优先供给军工产品和服务可以使美国同它们的关系更加密切。

从金融结构看，美元的国际货币地位为美国带来可观的铸币税收益，借此"美国可以在国外建立昂贵的军事基地，而不必顾及外汇的限制"。⁴¹富有广度和深度的美国金融市场吸引着境外美元不断回流到美国，为美国庞大的军事开支融资，资助了美国的全球军事霸权。

3. 黏性权力提升了美国在知识、观念和制度结构方面的软权力

其中，生产结构和金融结构的作用非常明显。雄厚的资金和技术实力将他国优秀的人才招揽到美国的跨国公司和金融机构中，这些人才在享受良好工作待遇的同时，也接受了由美国制定和推行的技术标准、金融规则，认同了自由竞争的价值观念和开放包容的文化氛围。

知识、观念和制度结构：美国的软权力

知识、观念和制度结构被国际政治经济学者视为影响行为主体权力的重要因素。苏珊·斯特兰奇（Susan Strange）强调，知识结构决定被发现的是什么知识、怎样储存以及谁用什么手段、根据什么条件、向什么人传输知识。在知识结构中，权力和权威给了那些被社会承认有

⊝　这方面的典型是被称为美国"八大金刚"的思科、IBM、谷歌、高通、英特尔、苹果、甲骨文、微软。除高通外，其他七家企业均为世界 500 强。

"权"获得合适的知识和努力获得更多知识的人，给了被委托储存知识的人和控制着传送知识或信息途径的人。[42] 安东尼奥·葛兰西（Antonio Gramsci）强调文化、观念和意识形态对霸权的重要意义，在他看来，"霸权"建立在同意或一致的基础之上，这种同意或一致需通过媒体、大学和宗教机构在文化生活中被制造出来。[43] 奈将知识、文化、观念、制度等归入软权力的范畴，认为它们具有同化他国预期与行为的能力，如果一国可通过这些权力资源使其权力被他国视为合法，那它将遭受更少的对其所期望的目标的抵制。

从知识结构看，美国的大学一直占据世界知识的制高点，它们不仅承担着开展科学研发的任务，也扮演着前沿性和主流性理论知识的生产者和传播者的角色。它们不仅在教学设施和实验条件方面吸引着外来求学者，更在人类发展的理念如政治民主、经济自由、市场竞争方面塑造着他们的认知。当这些理念被求学者带回国内，乃至被政策决策者落到实处时，美国在知识方面的软权力就会得到彰显。典型的例子就是20世纪70～90年代发生在发展中国家的"第三波民主化"[44] 和经济市场化及金融自由化改革的实践。

从文化和观念结构看，美国是一个年轻的移民国家，本土不存在根深蒂固的既得利益集团，因而在文化上先天具有开放包容的精神特质，不同肤色、种族和民族的人都对美国有很强的归属感。美国也是一个在价值观念和道德伦理上有同化权力的国家。一方面，美国式的市场经济崇尚自由竞争，反对政府干预，这为培育企业家精神和激励创新活动提供了养料，成为美国国际竞争力的动力和源泉；另一方面，美国又是一个崇尚自我救赎和救赎他者的国家，从约翰·温斯罗普（John Winthrop）的"山巅之城"布道[45] 到托马斯·伍德罗·威尔逊（Thomas Woodrow

Wilson）的"十四点和平原则"⊖（以下简称"原则"）倡议，再到富兰克林·罗斯福（Franklin D. Roosevelt）的"四大自由"⊖演讲，无不体现出美国与生俱来的命运感与使命感。

从制度结构看，与英国霸权相似，美国也是一个推行自由主义国际规则的霸权国家。但与英国治下的自由主义秩序不同，美国治下的国际秩序是被高度制度化了的秩序，广大外围国家在美国主导的国际经济和货币金融秩序中享受着贸易扩大、经济增长和交易便利的红利。因而，该秩序有更大的包容性、延展性和嵌入性。对新兴大国来说，它们"所面对的不是一个简单的美国主导的秩序或西方体系。它们所面对的是一个作为几个世纪斗争和创新结果的广泛的国际秩序。它是高度发达的、扩展的、包容的、制度化的，并深深嵌入发达资本主义国家和发展中国家的社会与经济中。而且，在过去的半个世纪中，这一秩序极为成功地吸收了新兴大国并融合了政治与文化的多样性"。[46]

总之，软权力对美国霸权的意义在于：首先，它能降低美国锋利权力的使用概率和成本。知识、观念和文化制度能同化他国的思维和行为方式，使它们追随美国。"当文化优越感成功地得到维护和悄悄地被认可之后，它具有减少依赖巨大的军事力量来保持帝国中心力量必要性的效果。"[47]其次，自由主义的国际规则和制度能有效维护美国在生产、贸易和金融结构方面的黏性权力。国际货币基金组织（IMF）、世界银

⊖　1918 年 1 月 8 日，威尔逊在向美国国会致辞时提出"十四点和平原则"，从外交（公开外交）、经济（航海自由、消除国际贸易壁垒）、军事（裁减军备）和政治（公正处理殖民问题、民族自决、成立国际联盟）等方面规划第一次世界大战后的世界秩序。

⊖　1941 年 1 月 6 日，罗斯福在国会发表的"国情咨文"中第一次向美国人民宣布四项"人类的基本自由"，并表达了要实现这些自由的决心。这四大自由分别是：言论自由（freedom of speech and expression）、信仰自由（freedom of worship）、免于匮乏的自由（freedom from want）、免于恐惧的自由（freedom from fear）。此后，罗斯福多次在"炉边谈话"中重申这四大自由，从而使之深入人心。

行和世界贸易组织（WTO）所确立和推行的金融自由化、经济发展和多边贸易谈判等相关规则和制度，遵循的都是美国的蓝本。在它们的保障下，美国跨国公司和金融机构有更多的机会进入他国的产品、劳务和资本市场，美国贸易商也有更多的机会获得更有利的贸易条件和更丰厚的利润，美国的金融市场同样有更多的机会吸引他国的资本。

美国对国际权力的精心设计

美国领导世界的权力意志始于威尔逊总统时期

早在 1917 年 7 月，威尔逊就曾得意地告诉其顾问爱德华·豪斯（Edward House），到战争结束后，"别的不说，（他们）单在财政上就要依仗我们""我们应当以资本供给全世界，而谁以资本供给全世界，谁就应当……管理世界"。[48] 在"原则"中威尔逊既提出了美国的道德理想，又规划了美国的权力抱负，即"商业自由和国际性门户开放，利用国际联盟使美国得到世界领导权，以确保美国的经济扩张和金融优势地位的建立"。[49] 其实质是以经济和金融作为后盾，以道德为标杆，实现从"英国治下的和平"向"美国治下的和平"的过渡。但其计划在 1919 年遭遇重大挫折，这既是由于英法对"原则"的恣意篡改，又缘于美国自由和平主义者因不满威尔逊在巴黎和会上对英法的妥协退让而放弃了对他的支持，更来自国内的孤立主义情绪。在孤立主义者看来，加入国际联盟将威胁美国的主权和安全。他们尤其反对《国际联盟盟约》中的第 10 条款和第 11 条款，⊖认为这两项条款将把美国卷入

⊖　这两条规定：联盟会员国有尊重并保持所有联盟各会员国领土之完整及现有政治上之独立，以防御外来侵犯之义务；凡任何战争或战争之威胁，不论其直接或间接涉及联盟任何会员国，皆为有关联盟全体之事，联盟应采取措施，以保持各国间之和平。参见杨生茂著：《美国外交政策史：1775～1989》，第 302 页。

欧洲冲突。结果参议院投票反对美国加入国际联盟。即便如此，威尔逊留给后人的精神遗产是持久的。亨利·基辛格（Henry Kissinger）写道："国际联盟未能在美国立足，因为美国尚未准备好承担如此全球化的角色。无论如何，威尔逊在思想上的胜利比任何其他的政治成就更根深蒂固。因为每当美国面临建立世界新秩序的任务之际，它总是殊途同归地回到威尔逊的观念上。"[50]

另一位精心设计美国国际权力的是罗斯福

在罗斯福任职总统期间，美国面临着两大外交课题：一是冲破国内孤立主义情绪的羁绊，向同盟国特别是英国提供战争援助，以拯救危机中的自由秩序。为此，罗斯福积极推动国会修改"中立法案"（Neutrality Acts），解除对同盟国的武器禁运。[51] 二是与英国合作设计战后的国际政治经济秩序。在这方面，罗斯福政府取得了对英外交的两大胜利。其一，罗斯福与丘吉尔以个人名义联合发表了《大西洋宪章》(The Atlantic Charter)，基于道德原则的"美国信念"（American Creed）终于被长期遵循均势外交传统的英国认可和接受。《大西洋宪章》的要点[⊖]体现了"原则"和"四大自由"的核心理念，最终成为联合国、布雷顿森林体系、关贸总协定（GATT）等一系列二战后国际制度安排的哲学基础或指导原则。其二，在对英开展的货币金融外交中，"怀特计划"在与"凯恩斯计划"的交锋中胜出，美国主导的战后国际货币金融秩序得到确立。这场外交非常特殊，"历史上从来没有而且未来也确定不会再有一个世界经济秩序能由英国和美国单独来设计"。[52]

美国对国际权力的设计可谓处心积虑。首先美国推行的是"嵌入式

　　⊖　《大西洋宪章》的要点是：美英两国不寻求领土要求；边界调整须符合各国人民意愿；各国人民有自决权力；降低贸易壁垒；促进全球经济合作和社会福利；免于匮乏和恐惧的自由；保持公海自由；解除侵略国的军备，实现战后共同裁军。

自由主义"（embedded liberalism），它"不像 20 世纪 30 年代的经济民族主义，其国际经济秩序本质上是多边的，但又不像金本位和自由贸易时期的自由主义，其多边自由主义是建基于国内干预主义的"。[53] 美国的战略考虑是：一方面，多边自由主义可有效瓦解英国的帝国特惠体系，将更多国家纳入由它主导的国际经济与货币金融体系；另一方面，对国家干预主义的容忍为美国保留了选择性激励或制裁外国政府的手段，以期对后者的政策选择施加影响。因此，美国式的自由主义和英国有很大不同。"很难将二战后 25 年中的美国自由主义看作一个真正的信条而非一种意识形态，也就是说，这一信条在它利于并符合当前对国家利益认知的时候就会被运用，相反的话就会被忽视和遗忘。"[54]

其次，美国保持着对重要国际经济组织的有效控制。戴维·莱克（David Lake）指出，英国对 19 世纪世界经济的引领没有借助任何正式的国际制度，只是借助少许的规范国家间交易关系的国际规则。相比之下，二战后的 GATT、IMF、世界银行及许多联合国组织机构为美国的全球经济领导权赋予了具体和持久的内容，美国统治下的国际自由主义已被制度化于国际关系中。[55] 美国对重要国际经济组织的有效控制主要体现在以下两个方面：一是垄断着国际货币金融事务的决策权，无论在 IMF 还是在世界银行，美国都握有独大的投票权（一票否决权），未经其认可，任何国际货币金融事务的重大调整都是不可能的；⊖ 二是由美国积极倡导并创建的国际经济组织包括了一系列隐含或明示的原则、规范、规则和决策程序，[56] 它们为国际社会提供了一个合法的义务框架，降低了交易成本，通过提供信息降低了不确定性并限制道德风险和不负责任

⊖ 有研究表明，IMF 的加权投票规则放大了美国的控制力，强化了美国的金融霸权地位。参见姚大庆："加权投票制、投票力与美国的金融霸权"，载《世界经济研究》，2010 年第 3 期，第 43 ～ 47、80 页。

的行为。[57] 因此，尽管存在制度设计的某些缺陷，但没有一个国际经济组织遭到废弃，他国仍有意愿遵从和维持现有的国际机制。美国的霸权显然是一种被"原则化了的霸权"。[58]

美国的国际权力战略：系统内分权与责任分担

对国际权力的设计体现了美国的权力意志，它是美国实现由权力能力向权力结果转化的一个必备条件，但这一转化最终能否奏效，关键在于美国的权力战略，即它如何整合和运用结构性权力资源去最大化其国家利益。从这一点来看，没有哪个国家能像美国那样娴熟地运用大战略来维护其国家利益。这里，需要澄清两个重要问题：一是现阶段美国的核心国家利益是什么？二是美国采取了怎样的权力战略以确保这一核心利益？

对现实主义者而言，国家的领土安全与政治主权永远是首要的国家利益，其他利益都是其因果关系中的下一个链条。[59] 但首要并不意味着核心。在强大的军事实力足以吓阻他国的情形下，领土安全与政治主权并非美国的核心关切。在相互依赖日益加深的世界中，美国追求的国家利益变得愈发全球化，即维护、扩展并巩固其全球霸权。在这样一个整体的国家利益中，能成为其核心利益的必是能对其他部分利益产生重大关联和辐射效果的部分。在笔者看来，现阶段这个核心利益就是美国的货币金融霸权即美元霸权。通过它美国可以持续、廉价地从广大外围国家抽取物资、人力、资本等资源，既有助于提升其锋利权力和黏性权力，从长远看又能提升其在国际制度方面的软权力。

历史地看，"系统内分权"与"责任分担"是美国惯用且有效的两种权力战略，是其巧权力[⊖]（smart power）的体现。对美国来说"系统内分权"意味着允许他国与之分享不会危及其核心利益的那部分权力。"责任分担"意味着美国要求他国承担一定的国际责任，这既可被看作对美国让渡部分权力的补偿，又可被理解为美国打压他国威胁所做的努力。无论哪一种战略，其目标都是维护美国的全球霸权特别是美元霸权。

"系统内分权"战略

1. 在军事安全方面，美国让盟友分享了发展军备的权力

从 1949 年北大西洋公约组织（NATO）成立，到朝鲜战争爆发后美国驻日盟军总司令部授意日本成立"警察预备队"，并于 1954 年正式组建"自卫队"，美国不仅让盟友分享了发展军备的权力，也让战败国德国和日本走上了重新武装的道路。在华约组织解散、苏联解体之后，北约通过两次东扩进一步壮大了军事力量，并介入巴尔干冲突，参与在伊拉克和阿富汗的军事及维和行动，发起对利比亚的军事打击，对美国的全球军事霸权提供了有力支持。在《美日安保条约》和《新美日安保条约》的名义下，美国不仅容许日本逐渐扩充军备，还默认其不断扩大防卫空间，从专守防卫到周边有事防卫再到海外派兵，直至以时任首相安倍晋三为首的日本右翼势力谋求修改"宪法第九条"，以使日本最终成为"正常国家"。美国目前对日本的纵容有其重大的战略谋划：让自己作为"离岸平衡手"（offshore balancer）通过武装日本和"正常化"日本来有效制衡中国的崛起，同时确保将日本的军备发展和国家战略走向掌握在可控的范围内。

⊖　国内学者一般译为"巧实力"。出于行文中前后用语一致的考虑，本文将其译为"巧权力"。

2. 在经济增长方面，美国让广大外围国家分享了经济增长的权力

在这方面1947年的"马歇尔计划"是一个经典案例。美国的这一分权战略与历史上殖民帝国的霸权治理方式有很大的不同，后者通过抑制他国的经济增长来维持其霸权地位，前者则通过帮助他国实现经济增长，从而将其纳入自己主导的国际体系，甚至还容忍了外围国家在政治上的威权甚至是专制体制。特别是，通过对外援助美国向广大外围国家输出了大量的流动性，在缓解其发展资金瓶颈的同时，也输出了美元霸权。在苏联解体、两极格局终结、全球化进程大大加速后，经济增长成为越来越多的国家参与国际竞争的主要手段。通过强劲的国内需求（提供市场）和本国跨国公司的海外直接投资（提供资本），美国在让外围国家和地区分享经济增长的同时也将其纳入自己主导的全球经济体系。

3. 在国际贸易方面，美国让广大外围国家和地区分享了贸易发展的权力

具体做法就是提供了一种重要的全球性公共物品——自由开放的多边贸易体系，通过给予西欧、日本、"亚洲四小龙"⊖"东盟四小虎"⊜以最惠国（地区）待遇，吸收来自这些外围国家和地区的大量商品，又通过普惠制大规模进口发展中经济体的制成品和半制成品。这不仅带动了广大外围国家和地区的出口导向型繁荣，也扩张了美国在两个关键领域的霸权：一是美国作为最终消费品市场提供者的霸权。霸权国家为保持其对他国的吸引力，持续的经常账户逆差是一个必要的前提。1977年美国经常账户余额首次出现逆差，经过1979～1982年短暂的顺差，从1983年至今一直保持着逆差状态，美国在二战后曾长期保持的贸易顺差国地位一去不复返。[60] 二是美国在国际货币领域中的霸权。由于美国

⊖ 包括韩国、新加坡、中国台湾地区、中国香港地区四个新兴经济体。
⊜ 包括泰国、马来西亚、菲律宾、印度尼西亚四个发展势头较好的东盟国家。

的大量进口是用美元支付的，必然扩大了美元的境外流通规模，提升了
美元作为主导性国际货币的地位。

4. 在国际金融方面，美国让部分国家分享了作为国际债权人的权力⊖

"在 20 世纪 80 年代，日本代替美国成为占主宰地位的债权国和金
融大国。在国际金融史上，从来没有在这么短时期内发生过这样引人注
目的变化。"[61] 国际金融史上另一个从未有过的重大变化，是中国正快
速成长为国际金融领域的一支重要力量。自 2008 年 9 月超越日本以来，
中国一直是美国财政部证券的第一大外来持有者。[62] 从表面看，中日两
国作为世界债权大国的崛起提升了其金融话语权，但真正掌握权力的依
旧是美国：一方面，中日对美债权是以美元而非本币持有的，因而美联
储拥有理论上的无限偿还能力，更具备通过美元贬值将债务大幅缩水的
意愿和能力；另一方面，中日作为贸易国家，为确保商品出口市场、自
身商品竞争力以及避免拥有的债权缩水，不得不承担起维系美元稳定的
责任，并被迫将拥有的大量美元债权（外汇储备）用于购买美国国债或
公司债，这些大规模回流的商品美元在很大程度上发挥了资助美国经济
和军事霸权的作用。可见，美元霸权的本质之一，就是它使得美国拥有
了 "作为债务人的权力"。

**5. 在国际治理方面，美国让他国分享了对国际经济与货币金融事务
的投票权**

但这种分权遵循的是 "分化而治"（divide and rule）的逻辑，没有动

⊖ 迈克尔·赫德森指出：1971 年美元与黄金的脱钩并非是美国的一个迫不得已的行动，
而是一个主动的金融战略变革，从资产货币（黄金）到债务货币（美国公债）的转变，
颠倒了国际收支平衡与国内货币调节之间的关系，为美国通过国际收支逆差为其国内
预算赤字融资创造了条件，自此，国际收支逆差开始符合美国的国家利益。参见迈克
尔·赫德森著，嵇飞等译：《金融帝国：美国金融霸权的来源和基础》，北京：中央编
译出版社 2008 年版，第 14～19 页。

摇美国的霸权地位。在 IMF 和世界银行等全球性经济组织中，美国与他国的分权是以保持其独大的投票权为基本底线、以新兴大国接手美国以外的发达国家的部分投票权为主要特征的。[63] 在八国集团（G8）及二十国集团（G20）这样的国际性协调机制中，美国与他国的分权是以逐渐扩大参与治理的议题范围或成员数量为基本思路、以让他国彼此制衡为战略目标的。G20 虽在 1999 年就已由财长会议提出，但直到 2008 年仍只是有关国家就国际经济和货币政策举行非正式对话的平台。美国在 2008 年以后重视 G20 的用意，一是扩大分担全球金融危机风险与成本的国家的范围，分摊或转嫁危机成本，减轻自己财力及道义等各方面的沉重压力；二是降低原来 G8 中除自己之外其他七个国家在全球治理中的地位及其影响力。[64]

"责任分担"战略

1. 在军事安全方面，美国要求盟友分担如下责任：为美军的海外基地提供支持，提升自我防御能力，为美国的海外军事行动给予支援

从驻在国的支持看，主体来自美国在欧洲（英国、德国、意大利、西班牙等）和亚洲（日本、韩国）的传统盟友，涵盖人、财、物在内的种类繁多的内容。[65] 从自我防御的角度看，"冷战"结束后，伴随着美国为盟友提供全方位安保的压力减轻，它愈发强调提升盟友自我防御能力的重要性。从海外支援看，20 世纪 90 年代以来由美国发起的四次主要军事行动都得到了盟友的大力支援。㊀

㊀ 其中，33 个盟国或伙伴国参与了 1991 年美国对伊拉克的海湾战争。12 个北约盟国直接参与了 1999 年美国对南联盟的科索沃战争，其余 6 国提供了后勤支援。在 2001 年的阿富汗战争中，众多北约国家向美国提供了作战支持，日本、韩国、菲律宾等国提供了后勤支援，这些盟友还广泛参与了驻阿国际维和部队。英国、澳大利亚和波兰军队参与了 2003 ～ 2011 年美国对伊拉克的地面作战，丹麦予以军舰支援，日本、韩国、意大利、乌克兰等国提供了后勤支援。

2. 在国际收支方面，美国重点针对东亚实施了"责任分担"战略

日本加入 GATT 不到两年（1957 年 1 月），美国就率先向它施加了棉纺织品自愿出口限制。此后，陆续将其扩展到日本输美的羊毛纤维、彩电、钢铁、计算机、机械工具、半导体、小汽车及其零部件、摩托车等产品。[66] 美国还发起了要求日本向其农产品（牛肉、柑橘和烟草）和投资开放市场的贸易谈判。此外，美国与日本在 1984 年 5 月 29 日达成了旨在推进后者金融自由化的《日美日元美元委员会报告书》；其中，以"撤销资本进出日本的壁垒、推进日元的国际化、给予希望在日开展业务的美国银行和其他金融机构更优惠的待遇"三方面的谈判最为成功。[67] 美国在 1994 ～ 2003 年间并未完全消除对日本的贸易压力，但施压重点逐渐转向中国。与日本类似，中国也经受着来自美国的强大保护主义压力，被实施了多例反倾销、反补贴和保障措施调查，并被美国发起多项WTO 争端解决诉讼。[68] 但与日本不同，中国是以增加进口美国农产品、适度对美开放金融市场来成功应对美国的"责任分担"战略的。

3. 在世界经济体系方面，联邦德国、日本和中国先后成为美国"责任分担"战略的实施对象

这大体可分为以下四个阶段。

第一阶段，美国向联邦德国施压，要求其分担体系稳定的责任。1958 ～ 1971 年既是布雷顿森林体系真正运转起来的时期，⊖又是该体系逐渐显露危机的阶段。其间，美国三任总统（德怀特·艾森豪威尔、约翰·肯尼迪、林登·约翰逊）面临的一个共同问题，就是严重的国际收

⊖　1958 年 12 月 31 日，欧洲国家恢复了经常项目下的可兑换。这标志着此前美国独自支撑布雷顿森林体系运转的时代就此终结。参见 Bany Eichengreen，" Globalizing Capital: A History of the International Monetary System "，Princeton: Princeton University Press, 2008, p.112。

支赤字所引发的美元信心危机和黄金大量外流。在美国看来，这一问题的产生是与美国对联邦德国的安全承诺紧密相关的，合理的解决手段就是由联邦德国负责分担美国国际收支调整的成本。尽管 1964 ～ 1967 年美国与联邦德国在货币合作与补偿协议、货币 - 安全协议上出现了破裂，但从一定意义上讲，通过有效地利用手中的锋利权力资源，美国对联邦德国推行的"责任分担"战略是成功的，它迫使后者于 1967 年公开承诺不再用积累的美元向美国购买黄金。[69]

第二阶段，美国压迫日本和联邦德国共同分担体系稳定的责任。1971 ～ 1979 年，美国对外经济政策面临两大难题：一是将美元从布雷顿森林体系的制度约束中"解放"出来，二是结束日本和联邦德国对美国的"搭便车"行为。对于前者，美国借助 1971 年 8 月 15 日的"新经济政策"终结了美元与黄金的可兑换，并借助同年 12 月 17 ～ 18 日的史密森学会会议，成功取得了对所有 OECD 国家货币平均约 8% 的贬值。[70] 对于后者，卡特政府于 1977 年提出"火车头理论"（locomotive theory），要求日本和联邦德国这两个顺差国家也要刺激经济，担负起为世界经济增长做出贡献的责任。在没有看到它们的实际行动后，美国采取了放任美元汇率贬值的政策，最终迫使两国在 1978 年 7 月的七国集团波恩会议上同意采取财政措施刺激本国经济。

第三阶段，美国压迫日本承担起发达国家间经济失衡调整的主要责任。进入 20 世纪 80 年代后，美国通过"广场协议""贝克 - 宫泽会谈"和"卢浮宫协议"，压迫日元升值以逼日本就范。在 1985 年 9 月 22 日的"广场协议"后，日元对美元汇率快速走高，给日本出口商造成了强劲冲击，迫使日本时任大藏大臣宫泽喜一（Miyazawa Kiichi）积极寻求同美国财长詹姆斯·贝克三世（James A. Baker Ⅲ）达成稳定日元对美元汇率的共识。美国虽在 1986 年 10 月 31 日的共识中公开承诺维持美元稳定，但事实上并未采取实际措施，日元对美元的升值趋势并未得到扭转，在 1987 年 2 月 22 日的"卢浮宫协议"后，日元对美元汇率很快升至 147∶1 的水平，到同年 4 月 7 日 G7 华盛顿会议时，日元对美元的升值幅度已超过"卢浮宫协议"规定的 ±5% 的强制性国际协调指导线（±7%），到 4 月 27 日时则升至 40 年来的新高（137.25∶1）。通过这三个举措，美国从外部成功诱发了 20 世纪 80 年代末的日本泡沫经济，并借此削弱了日本对美国经济霸权的威胁。

第四阶段，美国施压中国承担纠正全球经济失衡的责任。进入 21 世纪，美国"责任分担"战略的实施重点转向中国。在美国看来，通过融入其主导的全球经济、贸易和货币体系，中国出现了经常账户和资本与金融账户的双顺差，实现了经济高速增长，是该体系最大的赢家，正是因为如此，中国成为日益严重的全球经济失衡的主要制造者，理应在这方面承担更多的责任。为此，可行且有效的方法就是迫使中国实行更为灵活的人民币汇率制度，让人民币大幅度升值。相对于日本而言，美国施压中国的时间更长、强度更大、手段更多样、牵涉面更广。但与日本的应对不同，中国虽然自 2005 年 7 月 21 日以来启动了两次重要的人民币汇率制度改革，扩大了外汇市场上人民币对美元的汇率波动幅度，⊖但中国货币当局一直坚持人民币汇率制度改革"主动性、可控性和渐进性"三原则，避免重蹈日本因美国战略打压而陷入泡沫经济并导致经济崩溃的覆辙。

⊖ 根据中国人民银行公告［2012］第 4 号，"自 2012 年 4 月 16 日起，银行间即期外汇市场人民币兑美元交易价浮动幅度由千分之五扩大至百分之一，即每日银行间即期外汇市场人民币兑美元的交易价可在中国外汇交易中心对外公布的当日人民币兑美元中间价上下百分之一的幅度内浮动"。参见 http://www.pbc.gov.cn/publish/bangongting/82/2012/20120414090504815230140/20120414090504815230140_.html，登录时间：2013 年 12 月 3 日。

理论反思与新兴大国的应对

理论反思

在总结历史上大国或霸权国家的兴衰规律时，西方学界提出了帝国的过度扩张、长周期、霸权稳定、世界体系和权力转移等诸多理论，但在处理当今美国霸权地位的问题上，其解释力却大打折扣。

1. 现有的大国兴衰理论主要是对"领土国家"时代霸权更替规律的总结，其"霸权更替史就是战争史"的论断并不适用于二战后时期特别是经济全球化时代

在"领土国家"时代，大国间的关系是零和博弈型的，是不同殖民地体系间的竞争。一个大国侵占的殖民地越多，控制的领土或势力范围就越大，掌控的土地、人口、自然资源等传统权力资源就越丰富，给该国带来的竞争优势就越突出。这既挤压了新兴大国的生存空间，又让后者产生了强烈的效仿动机。最终，这种零和竞争的结果就是争霸战争。与之不同的是，美国并不是靠武力征服并建立殖民地体系而成为霸权国家的，也不是靠发动争霸战争从没落的霸权国家手中夺得霸主地位的，它靠的是在自身理念基础上形成的高度发达的市场机制来统御世界，形成了以市场经济规则为基础的全球性的贸易、金融体系，并使世界各国融入其中，对其产生高度依赖。[71]

在这样一个经济全球化的时代，各国的经济利益已通过生产、贸易、金融等渠道紧密联结在一起，磋商、协调与合作已经取代战争，成为解决竞争、分歧乃至纷争的主要或最后的手段。虽然当今世界无法避免战争，但经验证明，二战后世界上所发生的战争均为意识形态代理人战争、历史或宗教遗留问题引发的战争和边境冲突等局部战争，在核威慑的技术力量与经济全球化的规则力量共同约束的时代，作为国际关系主导者的大国之间的战争是无法想象的。因此战争争霸的逻辑在经济全球化时代是难以站住脚的。

2. 现有的大国兴衰理论强调传统权力资源对于大国的意义，忽视了权力性质的变化和各种权力资源的协同效应

现有的大国兴衰理论主要基于军事、领土、经济增长、技术等传统权力资源来研究大国兴衰及更替的规律，并用它来研判美国的霸权走势。从方法论上讲，这样的认识属于静态分析，忽视了不同时代支撑一国作为大国或霸权国家的权力性质的变化。从本质上看，这样的认识是基于器物层面的考察，忽视了制度层面的考量。在奈看来，美国与以往大国或霸权国家最大的不同，在于它拥有同化他国行为的软权力资源，因而，"美国衰落的误导性理论、不恰当地将美国与 19 世纪末的英国相提并论已经将我们的注意力从现实的问题——世界政治中的权力在如何发生变化转移开来"。[72]

此外，现有的大国兴衰理论大多是机械、孤立地认识各权力资源的作用，这方面的典型当数保罗·肯尼迪（Paul Kennedy）的"帝国的过度扩张论"和罗伯特·吉尔平（Robert Gilpin）的"霸权稳定论"。在肯尼迪看来，除非美国减少将经济资源投入到军备中的比重，否则它将难逃历史上大国衰亡的厄运。[73]吉尔平则运用边际生产率递减和成本相对上升的经济学原理得出了霸权必衰的结论。[74]

但美国的权力资源有着不同于以往大国或霸权国家的特质：一方面，美国虽没有殖民地为其分担过度扩张的支出，却可以从盟友那里得到成本和责任分担的好处；美国虽存在生产率下降的现象，却凭借在生产、贸易和金融方面（尤其是"美元体系"）的结构性优势，具备从全世界汲取资源的强大能力；美国虽在传统权力资源方面出让了部分权力，却在关键的黏性权力资源（美元霸权）和软权力资源方面一直占据着制高点。另一方面，与以往霸权国家不同，美国的锋利权力资源、黏性权力资源和软权力资源之间相互支持、相互拱卫和相互强化的机制，使得美国霸权的可持续性依然很强。

3. 现有的大国兴衰理论重视权力资源对霸权地位的影响，欠缺对权力战略的深入研究

权力资源数量的多寡、种类的广狭，只是一国成为大国或霸权国家的必要条件，充分条件则是权力战略的制定与实施。权力战略是一国对其权力资源的筹划、组织与运用，是该国对其权力意志的贯彻。它具有经济学意义上的乘数效应，亦即制定合理、实施得当的权力战略能让权力资源发挥更大的效能，促进一国崛起成为霸权国家并有效地维护和巩固这一地位；相反，制定欠妥、实施拙劣的权力战略无助于一国成长为霸权国家，甚至会加速其国际地位的衰落。除少数学者外，[75] 大国兴衰理论的研究者对权力资源与霸权关系的重视程度大大超过对权力战略与霸权关系的研究，这是他们错误预言美国霸权走向的另一个重要根源。

4. 现有的大国兴衰理论混淆了"权力转移"与"权力扩散"的本质区别

所谓权力转移，是指因经济发展进程的影响和发展不平衡规律的作用，不同的国家在国际权力结构中的地位会因为其权力表现的不同而发生决定性的变化，原有的大国地位下降，后崛起的大国地位上升并获得大国地位的权力变化过程。权力转移是一个质变的过程。相对地，权力

扩散是一个量变的过程，是某一方面或某些方面的权力由霸权国家扩散
至非霸权国家或非霸权国家主动获得某一方面或某些方面权力的过程。⁷⁶
这一过程既是市场力量自发作用及国际关系格局演进的产物，部分也是
霸权国家有意为之或被迫无奈的结果。

在当今的世界政治经济格局中，美国的霸权资源几乎是全方位的，
它维护自身霸权地位的意志是坚定的，所制定和实施的权力战略是缜密
而有效的。因此，新兴大国的崛起是一种"权力扩散"现象，所谓"一
超多强"或"多极化"只是发生在由美国霸权主导的"系统内"的"权
力扩散"；换言之，新兴大国的崛起在本质上是美国霸权主导的"系统
内的地位提升"，并且，新兴大国阵营的成员越多、地域越广、文化越
多样，权力在它们之间的扩散就越明显，面对霸权威胁或冲击所采取的
政策或战略的对称性就越弱，它们共同一致地挑战美国霸权地位的可能
性也越小。[⊖]

新兴大国的应对

二战后的苏联和日本都曾被视为有能力挑战或取代美国霸权地位的
新兴大国，但它们无一例外都失败了。根本原因在于，它们既欠缺对美
国霸权地位的理性评估，又陷入对自身权力地位的盲目乐观，再加上自
身体制、制度上存在的各种矛盾和问题，以致在关乎国家发展战略的问
题上出现了重大战略失误。以史为鉴，在现阶段美国霸权地位依然稳固
的形势下，新兴大国需准确研判自身实力并制定相应的战略，以避免重
蹈苏联和日本的覆辙。

⊖ 1500 年以来的历史经验证明，非霸权国家更多的是采取了"霸权跟随战略"而非"霸
权制衡战略"，长久不衰的"霸权制衡同盟"从来就不存在，甚至短期的"霸权制衡同
盟"成功的例子亦极其鲜见，19 世纪初期欧洲的"反拿破仑同盟"仅算一例。

新兴大国的权力地位

自高盛资产管理公司首席经济师吉姆·奥尼尔（Jim O'Neill）在2001 年首创"金砖四国"（BRIC）一词以来，中国、巴西、俄罗斯、印度（及 2010 年 12 月加入的南非）就成了新兴大国的代名词，它们的经济崛起及对世界格局的影响逐渐受到世人重视。乐观派认为，新兴大国已经树立起强国地位。主要理由有三个：一是新兴大国经济的快速增长；二是新兴大国国际贸易排名的显著提升；三是新兴大国外汇储备的大幅增加。

笔者认为，以上述指标衡量新兴大国的权力地位是站不住脚的。首先，乐观派对新兴大国经济增长的预测是基于现行发展态势的简单线性分析，欠缺对新兴大国持续崛起所必需的基础、动力及可能面临的随机扰动因素的综合考察。其次，乐观派忽视了新兴大国的经济增长质量。作为后崛起的国家，新兴大国既面临着传统文化观念和制度的约束，又在工业化进程中面临着高增长高消耗、高总量低人均及贫富差距过大等难题。⊖再次，乐观派高估了新兴大国的国际贸易地位。衡量一国的国际贸易地位不能单看国际贸易的排名，更不能仅仅考察其出口贸易地位的变化，而是要看它的进口能力及进口商品的构成和地域来源。中国虽为世界第二大进口国，但进口商品中资源性大宗商品（铁矿石、铜、铝、石油）占很大比重，进口来源地以美国、东亚和东南亚、西欧及资源大国（俄罗斯、巴西、南非、澳大利亚）为主。这样的进口商品结构和地域结构，不足以支撑中国成为类似于现今美国的最终消费品"市场提供者"的角色。[77]最后，乐观派忽略了新兴大国外汇储备资产的质量

⊖ 丁学良对"中国模式"的研究，为我们深刻揭示了制约新兴大国成长为世界强国的体制、制度、资源和环境等方面的诸多因素。参见丁学良：《辩论"中国模式"》，北京：社会科学文献出版社 2011 年版。

及其在当今世界经济发展中的作用。尽管新兴大国特别是中国持有巨额的外汇储备，但这些储备资产的币种构成远未达到优化的程度，中国对美国财政部证券的持有超过日本并远远领先于其他国家，恰恰证明中国是"美元体系"的重要组成部分，对美元的不对称依赖关系没有实质性变化。

需要指出的是，新兴大国的权力地位还受到如下因素的制约：首先，从权力资源的丰裕度看，新兴大国在锋利权力、黏性权力和软权力等方面与美国还存在很大差距。其次，从权力战略观之，新兴大国筹划、组合与运用各种权力资源的能力和经验明显不足，这是它们将权力资源转化为现实权力的一个重要瓶颈。再次，从国际环境来考察，新兴大国都是在由美国主导的全球化生产、贸易和金融体系中崛起的，其国际地位的提升本质上是美国霸权主导的"系统内的地位提升"，它们既是该体系的主要受益者，又是实际支撑者，因而在短期内挑战美国霸权地位的动力不足，意愿也不强烈。最后，由于历史因素或现实利益等原因，新兴大国之间缺乏认同与信任、彼此防范，[78]特别是在个别国家迅速崛起的情况下，其面临的国家战略压力在一定时期内远大于现有霸权国为其带来的战略压力，因而难以形成紧密的战略共同体来对美国霸权构成有效的制衡。

新兴大国（中国）的应对战略

基于上述分析，可以得出如下结论：美国远没有像衰退论者主张的那样进入霸权衰退期，包括中国在内的新兴大国也远没有像乐观派估计的那样崛起到可以在短期内取代美国的程度。在今后相当长的时期内，新兴大国的战略应对不是在"系统外"发起挑战而是在"系统内"促进改革；不是在"系统内"对现有体系做革命性的颠覆，而是对其做改良性的增量调整。新兴大国需要理性、务实地制定国家战略，盲目乐观及由此导致的战略冲动，不仅会导致重大的战略误判或失误，也会招致美国的强力敌对或压制、打击。为此，新兴大国特别是中国需要在以下三个战略领域有所作为。

1. 清晰国家定位

自 2011 年起，中国取代日本成为经济总量居世界第二的大国。这一角色转换向中国提出了一个重大课题：如何确定中国现阶段在世界政治经济格局中的位置？这实际上牵涉两个战略层面的认识：一是如何看待与美国的战略关系？对此我们要有清醒的认识。二是如何承担起世界第二经济大国的国际责任？改革开放以来中国是经济全球化的主要受益者之一，在成为世界第二经济大国后，在努力争取更多国际权力的同时，能否为国际体系中的其他国家（尤其是周边国家）让渡一定的发展空间，能否发挥出稳定国际货币金融秩序、为发展中国家推进工业化提供所需的资本、充当全球最终消费品"市场提供者"的作用，既时刻挑战着中国作为第二经济大国的实际能力又考验着它的政治智慧。

2. 培育权力资源

在发展锋利权力以确保国家主权与领土完整、重大战略交通线（如石油运输线）安全等国家利益的基础上，重点培育好软权力资源和黏性权力资源。在软权力资源方面，核心是提升中国在知识生产上的国际竞争力，提出基于中华优秀传统文化理念的具有普遍意义的终极价值和伦理规范，实施为国际社会所广泛认可和接受的制度安排。在黏性权力资源方面应在"结构性调整"战略方针的指导下，对生产、贸易和金融结构方面的权力资源做出战略性的调整、改革和优化。

3. 强化权力战略

这一战略的核心思想可概括为"责权利相结合"。所谓"责"，就是承担相应的国际责任，其意义不仅在于对美国的"心理安抚"，更在于产生对其他国家或地区的黏性吸引和软性同化，将黏性权力资源和软权力资源转化为现实的权力。所谓"权"，就是在"担责"的基础上，合理要求应有的国际权力，其意义在于"虽不争霸但可反霸"，同时又可借增加发展中国家在国际社会中的代表性来提升中国的软权力。所谓"利"，就是提出合理的利益诉求，维护正当的利益所得，其意义在于防止已有的权力资源受到侵蚀并不断增加新的权力资源。

注　释

1. Linda S. Goldberg, "Is the International Role of the Dollar Changing?", Federal Reserve Bank of New York, *Current Issues in Economics and Finance*, Vol.16, No.1, 2010, pp.1 ～ 7; William A. Allen and Richhild Moessner, "Central Bank Co-Operation and International Liquidity in the Financial Crisis of 2008-9", *BIS Working Paper*, No.310, May 2010; Patrick McGuire and Goetz von Peter, "The Dollar Shortage in Global Banking and the International Policy Response", *International Finance*, Vol.15, No.2, 2012, pp.155 ～ 178.

2. Robert O. Keohane and Joseph S. Nye, "Power and Interdependence: World Politics in Transition", Boston: Little, Brown, 1977, p.44. 另参见 Robert O. Keohane, "After Hegemony: Cooperation and Discord in the World Political Economy", Princeton: Princeton University Press, pp.34 ～ 35。

3. Robert O. Keohane, "After Hegemony: Cooperation and Discord in the World Political Economy", p.35.

4. 参见华盛顿·欧文著，张今等译：《华盛顿传》，北京：新华出版社 1984 年版，第 684 页。

5. John Agnew, "Trading Blocs or a World That Knows No Boundaries? The British-American 'Special Relationship' and the Continuation of the Post-War World Economy", in Colin H. Williams, ed., *The Political Geography of the New World Order*, London: Belhaven Press, 1993, p.133.

6. Stephen G. Brooks and William C. Wohlforth, "American Primacy in Perspective", *Foreign*

Affairs, Vol.81, No.4, 2002, pp.20 ～ 33.

7. 参见兹比格纽·布热津斯基著，中国国际问题研究所译：《大棋局：美国的首要地位及其地缘战略》，上海：上海人民出版社 1998 年版，第 32 ～ 33 页。

8. Samuel P. Huntington, "The U.S.: Decline or Renewal?", *Foreign Affairs*, Vol.67, No.2, 1988, pp.90 ～ 92.

9. Robert J. Lieber, "Can the US Retain Primacy?", *Israel Journal of Foreign Affairs*, Vol.5, No.3, 2011, p.23.

10. Joseph S. Nye, "The Changing Nature of World Power", *Political Science Quarterly*, Vol.105, No.2, 1990, p.183.

11. Walter R. Mead, "America's Sticky Power", *Foreign Policy*, No.141, 2004，pp.46 ～ 53.

12. Joseph S. Nye, "The Changing Nature of World Power", p.183, table 1.

13. Walter R. Mead, "America's Sticky Power", pp.46 ～ 53.

14. 参见陈志敏、常璐璐："权力的资源与运用：兼论中国外交的权力战略"，载《世界经济与政治》，2012 年第 7 期，第 4 ～ 23 页。

15. Walter R. Mead, "America's Sticky Power", pp.46 ～ 53.

16. Joseph S. Nye, "Soft Power", *Foreign Policy*，No.80, 1990, p.168.

17. Susan Strange, "States and Markets", p.45.

18. 参见尼娜·哈奇格恩、莫娜·萨特芬著，张燕、单波译：《美国的下个世纪：美国如何在其他大国崛起的时代里保持繁荣》，北京：社会科学文献出版社 2011 年版，第 51 页。

19. Center for Arms Control and Non-Proliferation, "Global Nuclear Weapons Inventories in 2013", http://armscontrolcenter.org/issues/nuclearweapons/articles/fact_sheet_global_nuclear_weapons_inventories_in_2012/. 登录时间：2013 年 12 月 3 日。

20. Defense Manpower Data Center, "Total Military Personnel and Dependent End Strength by Service, Regional Area, and Country, as of July 31, 2013", September 19, 2013, https://www.dmdc.osd.mil/appj/dwp/reports.do? category=reports&subCat=milActDutReg. 登录时间：2013 年 12 月 3 日。

21. Stockholm International Peace Research Institute, *SIPRI Military Expenditure Database*, 2013.

22. Chandra Muzaffar, "The Empire: What It Is and What It Means for All of Us", *Global Research*, December 30, 2005, http://www.globalresearch.ca/the-empire-what-it-is-and-what-it-means-for-all-of-us/1681. 登录时间：2013 年 12 月 3 日。

23. Statement of James Schlesinger before the Committee on Foreign Relations United States Senate, November 16, 2005, http://planetforlife.com/oilcrisis/oilschlesinger.html. 登录时

间：2013 年 12 月 3 日。

24. Susan Strange, "States and Markets", p.62.

25. 参见 "2013 年财富世界 500 强排行榜（榜单 2.0 版）", http://www.fortunechina.
com/fortune500/c/2013-07/08/2013G500.htm, 登录时间：2013 年 12 月 3 日。

26. 参见 "2013 年财富世界 500 强排行榜（榜单 2.0 版）", http://www.fortunechina.
com/fortune500/c/2013-07/08/2013G500.htm, 登录时间：2013 年 12 月 3 日。

27. Battelle, "2013 Global R&D Funding Forecast", December 2012, http://www.rdmag.com/
sites/rdmag.com/files/GFF2013Final2013_reduced.pdf. 登录时间：2013 年 12 月 3 日。

28. United Nations, "National Accounts Main Aggregates Database", http://unstats.un.org/
unsd/snaama/selbasic Fast.asp. 登录时间：2013 年 12 月 3 日。

29. Susan Strange, "States and Markets", p.161.

30. WTO, International Trade Statistics 2012, http://www.wto.org/english/res_e/statis_e/its
2012_e/its2012_e.pdf, 登录时间：2013 年 12 月 3 日；WTO, World Trade Report 2013:
Factors Shaping the Future of World Trade, http://www.wto.org/english/res_e/booksp_e/
world_trade_report13_e.pdf, 登录时间：2013 年 12 月 3 日。

31. Susan Strange, "States and Markets", p.88.

32. IMF, Currency Composition of Official Foreign Exchange Reserves (COFER), Last
Updated: September 30, 2013, http://www.imf.org/external/np/sta/cofer/eng/. 登录时间：2013 年
12 月 3 日。

33. Linda S. Goldberg, "The International Role of the Dollar: Does It Matter if This
Changes?", *Federal Reserve Bank of New York Staff Report No.522*, October 2011.

34. SWIFT, "RMB Now 2nd Most Used Currency in Trade Finance, Overtaking the Euro",
http://www.swift.com/assets/swift_com/documents/products_services/RMB_tracker_
November2013.pdf. 登录时间：2013 年 12 月 16 日。

35. BIS, Triennial Central Bank Survey: Foreign Exchange Turnover in April 2013—Preliminary
Global Results, September 2013; BIS, Statistical Release : OTC Derivatives Statistics at
End-December 2012, May 2013; ECB, The International Role of the Euro, July 2013.

36. Linda S. Goldberg, "Is the International Role of the Dollar Changing?", p.6.

37. World Bank, Global Financial Development Report 2013: Rethinking the Role of the State
in Finance, Washington, D.C.: International Bank for Reconstruction and Development/
World Bank, 2012.

38. World Federation of Exchanges, "2012 WFE Market Highlights", http://www.world-exchanges.
org/files/statistics/2012%20WFE% 20Market% 20Highlights.pdf. 登录时间：2013 年 12 月 3 日。

39. BIS Quarterly Review, September 2013, Statistical Annex, table 3B.

40. Department of the Treasury, Federal Reserve Bank of New York and Board of Governors of the Federal Reserve System, "Foreign Portfolio Holdings of U.S.Securities, as of June 30, 2012", April 2013, http://www.treasury.gov/resource-center/data-chart-center/tic/Documents/shla2012r.pdf. 登录时间: 2013 年 12 月 3 日。

41. 参见彼得·高恩著, 顾薇等译:《华盛顿的全球赌博》, 南京: 江苏人民出版社 2003 年版, 第 35 页。

42. Susan Strange, "States and Markets", p.117.

43. Andrew Heywood, Political Ideas and Concepts: An Introduction, London: Palgrave Macmillan, 1994, pp.100 ～ 101.

44. 参见塞缪尔·亨廷顿著, 欧阳景根译:《第三波: 20 世纪后期的民主化浪潮》, 北京: 中国人民大学出版社 2013 年版。

45. 参见丹尼尔·布尔斯廷著, 时殷弘等译:《美国人: 殖民地历程》, 上海: 上海译文出版社 1997 年版, 第 5 页。

46. G. John Ikenberry, "The Future of the Liberal World Order: Internationalism after America", Foreign Affairs, Vol.90, No.3, 2011, pp.56 ～ 68.

47. 参见兹比格纽·布热津斯基著, 中国国际问题研究所译:《大棋局: 美国的首要地位及其地缘战略》, 上海: 上海人民出版社 1998 年版, 第 29 页。

48. 参见库尼娜著, 汪淑钧、夏书章译:《1917 ～ 1920 年间美国争夺世界霸权计划的失败》, 北京: 世界知识出版社 1957 年版, 第 217 页。

49. 参见杨生茂主编:《美国外交政策史, 1775 ～ 1989》, 北京: 人民出版社 1991 年版, 第 285 ～ 286 页。

50. 参见亨利·基辛格著, 顾淑馨、林添贵译:《大外交》, 海口: 海南出版社 1998 年版, 第 36 页。

51. 参见 Joseph Kay, "The Atlantic Charter and the Roosevelt Offensive", May 11, 2012, http://libcom.org/library/atlantic-charter-roosevelt-offensive. 登录时间: 2013 年 12 月 3 日。

52. Richard N. Gardner, "Sterling-Dollar Diplomacy in Current Perspective", International Affairs, Vol.62, No.1, 1985 ～ 1986, p.21; G. John Ikenberry, "A World Economy Restored: Expert Consensus and the Anglo-American Postwar Settlement", International Organisation, Vol.46, No.1, 1992, pp.289 ～ 321.

53. John Gerard Ruggie, "Embedded Liberalism Revisited: Institutions and Progress in International Economic Relations", in Emanuel Adler and Beverly Crawford, eds., Progress in Post-War International Relations, New York: Columbia University Press, 1991,

pp.201 ~ 234.

54. Susan Strange, "The Persistent Myth of Lost Hegemony", *International Organization*, Vol.41, No.4, 1987, p.562.

55. David Lake, "British and American Hegemony Compared: Lessons for the Current Era of Decline", in Michael Fry, ed., History, the White House and the Kremlin; Statesmen as Historians, London and New York : Pinter Publishers, 1991, p.115; Rosemary Foot, S. Neil MacFarlane and Michael Mastanduno, eds, *US Hegemony and International Organizations*: *The United States and Multilateral Institutions*, Oxford: Oxford University Press, 2003.

56. Stephen D. Krasner, "Structural Causes and Regime Consequences: Regimes as Intervening Variables", *International Organization*, Vol.36, No.2, 1982, p.186.

57. Robert O. Keohane, "After Hegemony : Cooperation and Discord in the World Political Economy", chapter 6.

58. Charles William Maynes, "'Principled' Hegemony", *World Policy Journal*, Vol.14, No.3, 1997, pp.31 ~ 36.

59. 参见罗伯特·阿特著，郭树勇译：《美国大战略》，北京：北京大学出版社 2005 年版，第 57 ~ 59 页。

60. U.S. Bureau of Economic Analysis, "U.S. International Transactions, 1960-Present", http://www.bea.gov/international/index.htm#header. 登录时间：2013 年 12 月 3 日。

61. 参见罗伯特·吉尔平著，杨宇光等译：《国际关系政治经济学》，上海：上海人民出版社 2006 年版，第 302 页。

62. U. S. Department of the Treasury, "Major Foreign Holders of Treasury Securities", http://www.treasury.gov/resource-center/data-chart-center/tic/Documents/mfh.txt. 登录时间：2013 年 12 月 3 日。

63. 具体数据参见 IMF, "Quota and Voting Shares Before and After Implementation of Reforms Agreed in 2008 and 2010", http://www.imf.org/external/np/sec/pr/2011/pdfs/quota_tbl.pdf, 登录时间：2013 年 12 月 3 日；World Bank, "World Bank Group Voice Reform: Enhancing Voice and Participation of Developing and Transition Countries in 2010 and Beyond", April 19, 2010, http://siteresources.worldbank.org/DEVCOMMINT/Documentation/22553921/ DC2010-006(E) Voice. pdf, 登录时间：2013 年 12 月 3 日。

64. 参见程伟等：《美国单极思维与世界多极化诉求之博弈》，北京：商务印书馆 2012 年版，第 232 页。

65. Michael J. Lostumbo, et al. "Overseas Basing of U.S. Military Forces:An Assessment of Relative Costs and Strategic Benefits", RAND National Defense Research Institute, 2013, p.142.

66. Takatoshi Ito, "U.S. Political Pressure and Economic Liberalization in East Asia", in Jeffrey Frankel and Miles Kahler, eds., Regionalism and Rivalry : Japan and the United States in Pacific Asia, Chicago: The University of Chicago Press, 1993 p.395, table 9.2; Hideo Sato, "The Political Dynamics of US-Japan Economic Conflicts", *Journal of Northeast Asian Studies*, Vol.3, Issue 1, 1984, p.4.

67. Jeffrey A. Frankel, "The Yen/Dollar Agreement: Liberalizing Japanese Capital Markets", Washington, D.C.: Institute for International Economics, 1984, p.3.

68. Chad P. Bown and Rachel McCulloch, "U.S.-Japan and U.S.-China Trade Conflict: Export Growth, Reciprocity, and the International Trading System", *Journal of Asian Economics*, Vol.20, Issue 6, 2009, pp.669～687.

69. 参见弗朗西斯·加文著，严荣译：《黄金、美元与权力：国际货币关系的政治（1958～1971）》，北京：社会科学文献出版社 2016 年版，第 7 页。

70. 参见保罗·沃尔克、行天丰雄著，贺坤、贺斌译：《时运变迁：国际货币及对美国领导地位的挑战》，北京：中国金融出版社 1996 年版，第 386 页。

71. 参见李晓："美国霸权的文明起源、结构变化与世界格局"，载《国际经济评论》，2013 年第 3 期，第 151 页。

72. Joseph S. Nye, "Soft Power", p.153.

73. 保罗·肯尼迪著，陈景彪等译：《大国的兴衰：1500～2000 年的经济变迁与军事冲突》，北京：国际文化出版社 2006 年版。

74. 罗伯特·吉尔平等著，宋新宁、杜建平译：《世界政治中的战争与变革》，上海：上海人民出版社 2007 年版。

75. 参见 Ray S. Cline, World Power Assessment: A Calculus of Strategic Drift，Boulder: Westview Press, 1975; Klaus Knorr, The War Potential of Nations, Princeton: Princeton University Press, 1956; Charles F. Doran, "Economics, Philosophy of History, and the 'Single Dynamic', of Power Cycle Theory: Expectations, Competition, and Statecraft", *International Political Science Review*, Vol.24, No.1, 2003, pp.13～49。

76. 参见王敏："权力变迁冲击下的东亚安全新态势"，载《世界经济与政治》，2012 年第 10 期，第 133～134 页。

77. 参见李晓、丁一兵："人民币汇率变动趋势及其对区域货币合作的影响"，载《国际金融研究》，2009 年第 3 期，第 8～15 页；李晓、付竞卉："中国作为东亚市场提供者的现状与前景"，载《吉林大学社会科学学报》，2010 年第 2 期，第 17～28 页。

78. 参见程伟等：《美国单极思维与世界多极化诉求之博弈》，北京：商务印书馆 2012 年版，第 167 页。

国际联盟未能在美国立足，是因为美国尚未准备好承担如此全球化的角色。威尔逊在思想上的胜利比任何其他的政治成就更根深蒂固。因为每当美国面临建立世界新秩序的任务之际，它总是殊途同归地回到威尔逊的观念上。

——亨利·基辛格，《大外交》

Double Shock
The Future of Power Games &
The Future of The World Economy

| 第二讲 |

美国凭什么称霸世界

——美元体系的金融逻辑与权力[○]

导 读 〉〉〉

　　长期以来"美国衰落论"仅热衷于关注美国衰落的话题本身，而对其经济结构变化以及由此产生的政治、经济影响尤其是美国核心利益的变化熟视无睹。20世纪70年代以来，美国经济结构的日益金融化产生了两个重要的国际影响：一是美元体系的形成与强化，二是以美国科技创新与制造业产业转移为代表的全球产业链的形成与发展。

　　美元体系的形成与强化是20世纪世界经济最为核心的变化，它使得美国构建了一个与以往霸权国家全然不同的世界控制体系，对世界的剥削与控制不仅更加隐秘，重要的是它还改变了人类长久以来的金融逻辑，即将"债权人逻辑"更改为"债务人逻辑"。此乃当今美国所有国际经济行为尤其是特朗普在发动贸易争端过程中恣意妄为的重要基础。"债务人逻辑"的实施主要是依靠美元体系来实现的，该体系的核心利益就在于，维护一个允许它可以坚守"债务人逻辑"、大量举债而不受其他任何国家约束的国际货币秩序。

　　○ 本文根据作者于2018年10月20日在由上海社会科学院主办的中国世界经济学会2018年年会"对外开放40年：历史经验与新时代方略"上的发言修改而成，作者以"美元体系的金融逻辑与权力——中美贸易争端的货币金融背景及其思考"为题发表于《国际经济评论》2018年第6期，本书收录时略有删改。

问题的提出

在充满不确定性的世界里寻找确定性，无疑是一个艰巨的挑战。

特朗普担任美国总统以来，以"美国优先"为口号，一改美国对外战略的传统做法，不仅频繁"退群"，引发中美贸易争端，更是对其传统盟友肆意敲打，甚至在全球四处点火，挑起争端，看起来令人困惑不解，以至于有学者认为，特朗普的鲁莽之举是美国衰落的自然表现。

实际上，特朗普到处挑起争端、四面树敌并非美国衰落的表现，恰恰是其依旧强大或者说是他凭借这种强大恣意妄为的结果。总的来看，特朗普如此作为主要有三个目的。第一个是远期的：搞乱世界，甚至导致世界大乱、极度动荡不安，到那时再出手，证明这个世界需要美国，美国还是"老大"。第二个是中期的，主要有两个目的：一是重塑全球经济贸易规则，二是重构全球产业链或价值链，两者目标高度集中，即"去中国化"。需要指出的是，特朗普对欧日等发达国家或地区的贸易打压同其发动与中国贸易争端的目的截然不同，前者是"以打促谈"，形成对中国的遏制，构建"去中国化"的市场经济的规则同盟，"毒丸条款"即是如此。$^{\ominus}$因此，当今世界面临的最危险的问题不是所谓的"逆全球

㊀ 2018 年 9 月 30 日，美墨加贸易协定（USMCA）签署并取代了之前的北美自由贸易协定（NAFTA），其中对"非市场经济国家"的歧视性条款即所谓"毒丸条款"的指向性非常明显。USMCA 引入了以往在贸易协定中罕见的歧视性条款，对其界定的"非市场经济体"进行限制。一方面，在 USMCA 第 14 章附件 D 投资争端解决的条文中规定了对"非市场经济体"的歧视性规定；另一方面在第 32 章第 10 条中规定，如果一国被美墨加三方任何一方的国内贸易救济法认定为"非市场经济国家"，同时该国与美墨加三方均没有签署自由贸易协定，三方中任何一方与该国开始自由贸易协定谈判至少需要提前三个月通报 USMCA 其他各方；任何一方如果与该条中所认定的"非市场经济国家"签订自由贸易协定，其他各方有权在提前六个月通知的条件下终止适用 USMCA 协议，并且用双边协定取代。美国方面已经明确表示，希望该项条款在以后同欧洲、日本等其他发达国家或地区签署自由贸易协议时同样适用。

化"（全球化本质上不可逆），而是主要大国之间有关"全球化共识"的破裂，[1] 这种不可弥合的共识破裂，必定导致规则重塑。第三个是近期的：促使美元资金回流。特朗普一方面通过减税等方式促使实业资本回流，促进美国制造业发展，兑现竞选承诺；另一方面则利用全球动荡时期美元的避险功能促使美元资金回流，试图以此压低长期利率，确保国内资金成本低廉，实现金融市场膨胀，经济繁荣。总之，他期望实体经济、虚拟经济都能够欣欣向荣，以确保在中期选举和两年后的大选中稳操胜券。

显然，美国现阶段与他国特别是与中国贸易争端的背后，不仅有其强大的政治、经济、技术和军事等方面的背景，也有着强大的金融和货币优势支撑。㊀这是我们思考、应对美国贸易保护主义行为时不应忽视的。事实上，无论是特朗普上台，还是其执政后对竞选承诺的兑现，尤其是把中国作为主要的"战略竞争对手"，很大程度上都是美国经济结构变化的结果，㊁即伴随着20世纪80年代以来经济结构的高度金融化，㊂一方面，导致美国国内以"铁锈地带"的沉沦为代表的贫富两极分化，以及由此导致的严重的社会分裂（这直接导致特朗普上台）；另一方面，还产生了两个重要的国际影响：一是美元体系的强化，二是以美国科技创新与制造业产业转移为代表的全球产业链的形成与发展。这恰恰是特朗普恣意妄为地采取"美国优先"的贸易保护主义行动的重要基础。其中，美元体系的形成与发展是20世纪世界经济最为核心的变化，

㊀ 客观地看，现阶段中国对美国的依赖是全方位的，无论是在原发性技术创新、市场还是在货币金融等领域。鉴于篇幅和议题所限，本文着重分析美国的货币金融逻辑及其全球性权力。其他的相关研究参见李晓、李俊久："美国的霸权地位评估与新兴大国的应对"，《世界经济与政治》，2014年第1期，第114～141页。
㊁ 守成大国对后发大国的极力遏制无疑是中美冲突重要的国际政治背景。
㊂ 美国经济金融化是20世纪70年代尤其80年代以来美国经济结构的重大变化，其对国内、国际的政治、经济影响非常巨大。鉴于本文篇幅有限，无法深入探讨。感兴趣的读者可以参见李晓等著：《国际货币体系改革：中国的视点与战略》，北京大学出版社，2015年版，第5～9页。

使得美国构建了一个与以往霸权国家全然不同的世界控制体系，对世界的剥削与控制不仅更加隐秘，更为重要的是，更改了人类社会长期以来奉行的金融逻辑，这对当今世界经济发展与世界格局变化的影响巨大，应予以高度重视。

这里，我主要阐述三个方面的问题：一是美元体系的金融逻辑与运行机制是怎样的？二是美元体系的本质是什么？它的全球性权力有哪些？三是对现阶段中美贸易争端及中国经济的未来有哪些启示？

美元体系的金融逻辑与运行机制

欠债还钱，曾是人类社会亘古不变的金融逻辑。它使得人类社会即便在文明未现的丛林时代也能得以实现社会经济的缓慢进步。人们无法想象一个社会倘若欠债不还，而且将欠债的缘由归结于借贷方（这种情况仅在某些国家的"革命"时代短暂存在过），如何能够促进经济进步与社会发展。当今世界，每当一个国家发生重大财政、金融危机时，国际货币基金组织（IMF）、世界银行和各种全球性、区域性经济组织对其实行救助的前提条件之一，就是要求受救助国财政紧缩，亦即通过节约开支、增强经济再循环机能，提升偿还贷款的能力，希腊、意大利、西班牙等"南欧五国"概莫能外。但世界上只有一个国家，所欠外债屡创新高，达到天文数字，[⊖]却可以继续实现经济扩张，而且除了该国国会有关于"债务上限"的内部限制外，并无外在的强制性约束。这个国家就是美国。[⊜]

⊖　据统计，美国对外债务（含政府间债务和国债）已经从 2003 年年底的约 7 万亿美元急速增至 2018 年 10 月底的约 22 万亿美元（美国财政部网站 https://www.treasurydirect.gov [2018-10-31]）。

⊜　有关现阶段美国霸权地位的系统分析，详见李晓、李俊久："美国的霸权地位评估与新兴大国的应对"，《世界经济与政治》，2014 年第 1 期，第 114～141 页。

　　那么，美国为什么可以如此特立独行？关键就在于，美国在自身与外部世界的债权债务关系上偷天换日般地更改了人类的金融逻辑，并通过布雷顿森林体系崩溃后建立的美元体系予以实施。迄今为止，学术界对美元体系或者美元霸权的金融逻辑的分析，基本上都是以"可能性"为核心展开，即沿着美国利用一系列政治、经济、外交甚至军事手段支持美元霸权地位的思路进行，将美元体系的行为逻辑归结为美国现有的硬实力、软实力，而没有看到其本质是人类金融逻辑的变化，即从"债权人逻辑"转化为"债务人逻辑"。在此，需要稍做回顾，以厘清美国人对人类金融逻辑的篡改过程。

　　众所周知，在1943年下半年至1944年7月构建布雷顿森林体系的过程中，曾有过一段著名的"怀特计划"与"凯恩斯计划"之争。一般认为，两者之争的关键在于英国作为衰落帝国试图保证自身的地位及利益，而美国作为新兴霸权国家需要维护自身的利益，即两者分歧的焦点在于老牌帝国与新兴帝国的利益纷争。但事实上，两者之争的核心问题，是恪守人类传统的以债权人利益为核心的"债权人逻辑"，还是将人类金融逻辑更改为"债务人逻辑"。当时"凯恩斯计划"的核心内容之一，就是盈余国家应该负有调整国际收支的责任，与此相反，"怀特计划"则坚持赤字国家必须承担调整国际收支的责任。幸运的是，凭借美国强大的政治、经济和军事实力，依照"怀特计划"构建的布雷顿森林体系仍旧秉持了"债权人逻辑"，即以债权人利益为核心要求赤字国家调整国际收支失衡，并做出紧缩等调整措施，⊖进而为二战后世界经济的稳定、高速发展奠定了重要的制度基础。

　　⊖　为了缓解两个计划的对立，事实上布雷顿森林体系条款中存留了一项所谓的"稀缺货币条款权"作为某种程度的折中。该条款规定：当某一成员方的国际收支出现持续大量顺差时，该顺差方的货币可以被宣布为"稀缺货币"（Scarce Currency），并按照逆差方的需要进行限额分配，逆差方也有权对稀缺货币采取临时性的限制兑换措施。

伴随着布雷顿森林体系的运行，以一国货币作为国际关键货币的流动性与信用之间的矛盾即"特里芬难题"开始逐渐显露。美国人曾经极度担忧美国国债的过度扩张及其政治后果，保罗·肯尼迪曾将 1985 年国债总额达到 1.8 万亿美元视为美国信贷过度扩张的表现，并悲观地认为："历史上除了美国，在和平时期如此增发国债的大国仅有 18 世纪 80 年代的法国，而它的财政危机也导致了国内的政治危机。"[2] 但后来的经验证明，在"债权人逻辑"下如此之大的债务扩张的确是危险的，然而在"债务人逻辑"下这种担忧则是多余的。

布雷顿森林体系崩溃的根本原因不是"特里芬难题"，而是美国不愿意像当年英国在第一次世界大战（以下简称"一战"）后表现的那样遵守欠债还钱的"债权人逻辑"，即美国人不再遵守规则。伴随着黄金外流问题日益严重，美国政界和学术界开始探讨如何摆脱"黄金魔咒"、实现美元无约束扩张的路径。在肯尼迪政府时期，詹姆斯·托宾已经提出了"为什么我们要有固定汇率制度，为什么我们如此重视保持美元的黄金价格"的问题，而政府前国务卿艾奇逊则与众不同地提出了美国国际收支赤字的根源不是海外开支，而是国际收支体系存在缺陷；到约翰逊总统时期，"凯森报告"更是提出了让盈余国联邦德国使用长期债务工具为美国债务融资的方案，该方案同当年凯恩斯的计划并无二致。到 1967 年上半年，美国已经开始推动大部分持有美元的国家实行"事实上的美元本位制"的构想，而 1968 年 3 月"黄金总库"的解体、黄金市场的分割，已经使得世界进入了"事实上的美元本位制"。[一]最后，直至"保罗·沃尔克工作小组报告"的提出和尼克松关闭"黄金窗口"，美国

[一]　美国学者弗朗西斯用漫长的篇幅精心刻画了这一惊心动魄的过程。参见［美］弗朗西斯·加文著，严荣译：《黄金、美元与权力》，北京：社会科学文献出版社，2016 年中文版，第 124 ～ 301 页。

实现了人类历史上最大的一次违约行动。可见，美国对金融逻辑的改变并非突然，而是"蓄谋已久"。⊖

美国人对金融逻辑的改变是系统的。一方面，它改变了敦促赤字国恢复、强化政策约束的原则，使其可以无视债务规模及其合理水平而采取扩张性的经济政策；另一方面，由于在固定汇率制度下赤字国为确保货币平价需要动用外汇储备（对美国而言主要是黄金），因而迫使它们必须对国际收支平衡保持严格要求（"债权人逻辑"），然而浮动汇率制度则使得赤字国如美国的经常账户得以持续扩大，且导致无约束政策从赤字国传播至盈余国，破坏世界经济增长的稳定与效率。[3] 这一切，都是通过美元体系的形成与发展实现的。

所谓美元体系[4]，是指在 1971 年美元与黄金脱钩以及 1973 年布雷顿森林体系彻底崩溃后，由不能与黄金兑换的美元发挥关键货币功能，即美元在国际贸易、投资计价结算中居主导地位，在全球官方储备和金融资产中居领先地位，在全球信用周转体系中居核心地位的国际货币体系。现阶段的美元体系主要依靠三个机制来运行。

1. 商品美元还流机制

与布雷顿森林体系下美国主要通过经常项目逆差输出美元，以及通过资本项目持续逆差直接向世界输出美元这两条渠道维系美元在全球的扩张不同，在美元体系下资本流入而非资本流出对其运行具有突出重要的作用：美国向世界各国尤其是出口导向型国家提供开放的最终商品市场，其巨额经常项目逆差的弥补主要依靠这些国家美元储备的"还流"——以购买美国国债或公司债等形式回流到美国资本市场。这意味

⊖ 实际上，罗斯福新政的重要举措之一就是放弃金本位制度，这被认为是美国走出大萧条的重要动力之一。因而，在放弃黄金约束以刺激经济扩张方面，美国早已有过先例。

着这些国家向美国出口商品与服务赚取美元以后，不得不将其中的相当大一部分借给美国。否则，由于美元是世界清算货币、结算货币和主要的资本市场交易货币，若美元供给增加便意味着美元贬值。这意味着一方面，顺差国自身拥有的美元储备缩水，另一方面也意味着顺差国货币升值，对其扩大出口不利。所以，美元体系下顺差国的悲剧就在于，它们不得不被动地维持着美元汇率的稳定，尽量不让美元贬值。也就是说，当今世界包括中国、日本、德国等主要债权国要尽力维持世界上最大债务国的币值稳定，这也是这些顺差国家大量购买美国国债[5]、公司债的主要原因。而与此同时，美国则将来自顺差国的美元储备再次投资于这些国家（约70%用东道国货币计价），在赚取各种资本收益的同时更可以赚取美元贬值（财富转移效应）的红利。这是美国利用美元体系让全球为其分摊霸权成本的重要途径。

2. 石油交易的美元计价机制

当1971年尼克松关闭"黄金窗口"、美元与黄金脱钩之后，美元面临的最大问题是如何确保自身的储备货币地位。为此，美国在1973年第四次中东战争后迅速找到了石油这种工业血液，于1974～1975年联合沙特等国达成了石油交易用美元计价的协议[6]，形成了石油交易的美元计价机制。这意味着其他国家若要进口石油必须用美元支付，因而必须储备美元，从而使美元在与黄金脱钩之后依然牢固地保持着全球储备货币的地位。

3. 美国对外债务的本币计价机制

目前，美国80%以上的对外债务是以自己可以印刷的美元计价的，由此可见，美国霸权或者说美元霸权达到怎样的程度。也就是说，无论是在理论上还是在实践上，美国对自身的对外负债是可以通过印刷美元解决的。当然，正是由于美元是美国控制世界最主要的工具，现实中美联储、财政部对确保美元的内外价值格外慎重。2008 年全球金融危机之后，美国已经进行了三次量化宽松，释放出大量流动性。由于美元流动性的六成左右在海外流通，这些释放出来的流动性并未导致美元贬值。更重要的是，迄今为止人们无法看到美元出现货币错配的现象。鉴于所有货币危机都是某种货币错配的结果，因而只有当美国对外发债的大部分不用美元标价，而是用欧元、英镑、日元或者人民币标价的时候，才真的可能出现危机。否则，难言"美元衰落"或"美国衰落"。

与黄金脱钩的结果，表面上看是使得美元从一种资产货币转变为债务货币即纯粹的信用纸币制度，其实质则是不再用黄金来衡量价值即摆脱了"黄金魔咒"的美元，开始以国家信用为基础开展弹性更大的信用扩张，^㊀并成为其他货币的定价标准和锚定对象。因此，与以往依靠殖民地掠夺世界的帝国主义不同，美元体系的形成及其金融逻辑的变化使得美国在全球范围内构建了一个规模更大、控制力更强也更为隐秘的剥削体系，这是一个超级帝国主义体系。在广度上，从来没有一个帝国可以如此控制全球规模的货币金融运行，以及资本流动的规模和方向；就其深度来看，也从来没有一个帝国可以发明、发展如此具有广度、深度的金融市场，成为真正的全球金融中心，并具有了横行无敌的金融权力。这个超帝国主义的美元体系的核心利益就在于，维护一个允许它可以坚守"债务人逻辑"、大量举债而不受其他任何国家约束的世界货币秩序。

㊀　从本质上讲，当国际货币体系的核心由"信用货币体系"取代了黄金本位之后，便成为"债务本位"，其核心逻辑是：钱就是债务，债务就是钱，有钱就有债务，无债务就没有钱。其结果是，债务增长快于货币创造（杠杆），货币创造快于商品财富的增长。这是一种依靠负债推动的经济增长，欠债越多，越有利于经济增长。

美元体系的本质及其权力

可以将美元体系的本质归纳为以下两点。[7]

第一，它本质上是美国国内政治、经济秩序的人为扩张。因而一方面，它受到美国国内政治、经济发展及其结构变化的深刻影响；另一方面，它也是非合作的、孤立主义的，必定是世界性矛盾、冲突与危机的制造者。

第二，它是一个全球性的资本（源）控制系统。这个系统的含义在于：一方面，系统内国家无法单独改变规则，而且这种状况短期内难以发生根本改变；另一方面，尽管系统内国家面临着美元汇率波动、货币政策与经济周期的矛盾等日益增大的成本且经常面临各种货币金融风险，但推翻该体系的成本更大，存在着一种集体性的"系统崩溃恐惧"。这种恐惧将所有系统内国家绑定在一起，一损俱损、一荣俱荣，实质上成为被美元体系绑架的"人质"。由此美国判定，系统崩溃的压力或恐惧感对世界经济造成的伤害远远高于美国（元）霸权带来的成本，其"绑架"功能使得系统内国家不得不主动或被动地支撑该体系的运转。这是美国可以通过显在或潜在的违约行为打击、损害债权人利益的根本原因，也是当下特朗普可以恣意妄为地发动贸易保护主义的深刻背景。

总体上看，美元体系的权力经常表现为这样一种状态：该体系在为其成员提供诸如美元流动性、交易和结算便利等"公共产品"的同时，也使得全球经济对其产生严重的不对称依赖，迫使系统内成员不得不被动地支撑或维系这一体系，而且由于摆脱了黄金约束，它可以"合法地"放弃其应尽的国际责任与义务，相关政策与行为更加具有自利性。

　　具体而言，美元体系的全球性权力主要表现在以下六个方面：一是美国控制的全球金融规则的制定权及其协调、实施机构，如 IMF、世界银行等；[○]二是美元全球使用的网络外部性，计价、结算的习惯与传统；三是美国国内发达的具有深度与广度的金融市场体系，具有全球最强大的金融机构和金融服务网络，最活跃的金融市场，并具备全球资源配置能力；四是全球性的信用评级机构、居垄断地位的会计师事务所；五是超强的金融制裁权力；六是新自由主义思潮及其全球性传播，等等。归纳起来，就是拥有全面、系统和强大的硬权力与软权力。在此，我们选取第四、五项作为美元体系权力的代表进行分析，因为以信用评级机构和金融制裁为代表的硬权力，[○]更多地体现着美元体系所具有的不同程度的强制性，即间接性强制权力与直接性强制权力。

美国信用评级机构的间接性强制权力

　　信用是金融之本，信用评级（credit rating）作为资本市场最重要的征信服务，通常是由专业的评级机构（credit rating agency）对特定有价证券的信用风险或发行相关有价证券的企业、机构或国家等实体的资信状况与偿付能力进行评估，并确定相应信用等级的行为。信用评级是任

<hr>

　　○　英国学者克里斯托弗·科克尔指出："美国优先"的信奉者往往是这样一种国际主义者，"不是因为他们热爱世界，而是因为从世界银行到国际货币基金组织各种宣称为这个世界代言的机构都是由美国设计的，并且仍然受自由主义意识形态的启迪"。参见克里斯托弗·科克尔著，卿松竹译：《大国冲突的逻辑：中美之间如何避免战争》，北京：新华出版社，2016 年中文版，第 52 页。

　　○　与美国三大评级机构相比，四大会计师事务所的金融权力功能相对有限，它们更多的是为客户提供审计、税务和咨询等专业服务并赚取业务收益，故在此不做分析。《公共会计内情》（*INSIDE Public Accounting*）2018 年公布的 IPA100（全球 100 家会计师事务所）年度名单中显示，四大会计师事务所（普华永道会计师事务所（PwC）、毕马威会计师事务所（KPMG）、德勤会计师事务所（DTT）、安永会计师事务所（EY））高居榜首，总营业收入为 565 亿美元，占 IPA100 总营业收入的 75%。其中德勤会计师事务所以约 186 亿美元坐上了第一的位置（https://ipainsider.sharefile.com/share/view/9335b7ab91f75a6[2018-10-31]）。

何债券发行人进入国际债券市场和资本市场的必备通行证（必须维持投资级别以上的信用评级，即 BBB−），否则任何国家、企业或机构都将无法进入国际债券市场或者要承担高昂的发债成本，只能发行那些收益率非常高的垃圾债券。

美国的信用评级行业出现于 19 世纪中后期，经历了一个漫长的发展过程。在 20 世纪 70 年代初布雷顿森林体系崩溃后，浮动汇率制度的实施导致各种金融风险加大，同时金融自由化进程的加快也为国际债券市场的快速发展创造了条件。1975 年，美国证券交易委员会（Securities and Exchange Commission，SEC）为便于对债券市场有效管理，批准标准普尔（Standard & Poor's，S&P）、穆迪（Moody's）和惠誉（Fitch）三家信用评级机构作为首批"国家认可的统计评级组织"（Nationally Recognized Statistical Ratings Organizations，NRSRO），并将 NRSRO 的评级结果用来确定经纪公司的净资本，从而将三大评级机构的评级结果纳入联邦证券监管法律体系。此后，其他金融监管机构也纷纷效仿，进而强化了三大评级公司在资本市场上的地位和作用，尽管 2007 年次贷危机爆发并引发全球金融危机后，SEC 不得不开始接受其他评级机构的业务申请，[○]但实际上这三家信用评级机构的业务网

○ 1975 ～ 1992 年，美国 SEC 也仅仅是认可了道衡（Duff & Phelps, 1982）、MCM（1983）、国际银行信贷分析（IBCA）、汤姆逊银行观察（Thomson Bank Watch, 1992）四家评级公司作为 NRSROs，之后就再也没有授予任何一家评级公司 NRSROs 资格。1991 年 MCM 被道衡收购，1997 ～ 2000 年道衡、IBCA、汤姆逊银行观察陆续并入惠誉，因此，到 2000 年美国 NRSROs 仍然是穆迪、标准普尔和惠誉三大评级机构独霸天下。安然事件之后，NRSROs 认可制度备受批评，美国 SEC 从 2003 年才开始重新接受其他评级机构的申请。次贷危机爆发后，美国 SEC 加速批准了一些已经申请 NRSROs 多年，但一直未获得批准的信用评级机构——伊根琼斯评级公司（Egan-Jones Rating，2007 年 12 月）、雷斯金融公司（Lace Finance, 2008 年 2 月）和实点公司（Realpoint, 2008 年 6 月）。参见楚建会："美国信用评级机构反垄断规制研究"，《经济研究导刊》，2011 年第 11 期，第 138 页。

络已经遍布全球，在全球的信用评级行业内形成垄断，它们的业务量占所有评级机构总量的 96% 以上。[8]

三大信用评级机构在国际资本市场中的垄断行为主要有两个来源：一是直接来自美国政府的监管规则，SEC 自 20 世纪末开始要求发行债券必须有评级说明，以帮助债券投资者和监管者了解债券信息并确定其投资价值，美联储、财政部等监管部门都将 NRSRO 评级机构发布的评级作为监管金融机构和金融市场的重要依据，这是 NRSRO 市场影响力提升并处于垄断地位的法律基础；二是信用评级行业本身的"信用"需要时间积累，使得率先获得资质的评级机构具有先发优势，阻碍后来的竞争者进入。

美国作为世界金融中心，决定了有许多国家、企业或者机构都选择前往美国从事发债等融资行为，因而必须获得三大评级机构的信用评级。不仅如此，三大评级机构全球业务的开展及其垄断，更使得它们在国际资本市场上可以施展其强制性权力，即"为证券发行出售许可证"。[9] 这种强制性权力主要体现在两个方面：一是由于美国国内相关法律、规则给予的特权与垄断地位，使得进入资本市场融资的国家、企业与其他机构必须得到它们的评级，并以此为标准开展相关金融业务；①二是它经常是不请自来，主动根据自身业务标准做出对其他国家、企业或金融机构的评级，影响评级对象的信用等级乃至国际资本市场的动向。

这种强制性权力造成的影响是巨大的。第一，它使得三大评级机构获得了高额的垄断利润，其收入与其他 NRSRO 机构的收入相比有着天

---

①　三大评级机构的主要业务对象是：第一，为世界各国进行"主权信用评级"；第二，为全球著名的上市金融企业与工商企业进行市场信用评级；第三，为各国各类金融工具、金融衍生产品进行投融资风险评级。

壤之别。第二，正如美国参议员罗伯特·梅南德斯（Robert Menendez）所说，"信用评级机构既当运动员又当裁判"，极易对金融市场产生有意的误导。伴随着评级机构的收费模式从订购模式向卖方付费模式（issuer-pays model）转变，自然会产生信用评级机构提供的咨询服务的公正性与自身利益之间的矛盾和冲突。尤其是在结构融资产品上，评级机构既参与产品设计也对产品进行评级，这一双重身份必然影响评级机构的独立性。[10]第三，三大评级机构在希腊主权债务危机以及在冰岛、西班牙等欧洲国家主权债务评级过程中所扮演的角色，使人不得不相信它们的评级决策体现着明显的经济利益尤其是国际政治因素驱使的国家意志、国家利益和国家战略。[⊖]需要指出的是，虽然三大评级机构拥有同任何国家金融机构相比至高无上的垄断地位，并在其业务中贯穿着明显的国际政治意图，但与美国独断专行的金融制裁相比，其金融权力仍然是间接性的。

美国金融制裁的直接性强制权力

金融制裁是经济制裁的重要组成部分，联合国等全球多边机构也曾

⊖　各种迹象表明，在欧洲主权债务危机中，美国的三大评级机构淋漓尽致地发挥了其"内置机构"的功能。例如，三大机构用降低或威胁降级来惩罚那些"不听话"的公司或国家。《华盛顿邮报》曾指出，2003年时，汉诺威保险接受两家评级机构，而拒绝另一评级机构的评级。被拒评级机构便在随后提供"免费评级"时，把汉诺威保险的信用评级降至"垃圾级"，引起市场抛售，数小时内市值损失1.8亿美元。还有资料显示，东南亚金融危机是美国对东盟吸纳缅甸加入做法感到不满的一次政治报复，而穆迪和标准普尔在其中扮演的角色不容忽视。马来西亚总理为此批评西方评级公司缺乏客观性，助纣为虐。美国执意发动伊拉克战争，德国一直加以反对，两国的裂痕加深。2003年3月，德国企业接二连三地被标准普尔降低评级，由此导致包括最大的钢铁制造商蒂森克虏伯在内的相关企业股价跌至历史最低。德国政商界普遍认为，这是德国向美国"说不"而招致的报复。十分"巧合"的是，澳大利亚全力支持美对伊战争，标准普尔将澳外汇债务评级升至AAA。参见白钦先、谭庆华："信用评级、公共产品与国际垄断霸权：对信用评级市场本原的思考"，《金融理论与实践》，2012年第11期，第10页；黄河："从欧洲主权债务危机看美国评级霸权对世界经济的影响"，《国际政治经济研究》，2011年第6期，第69页。

普遍使用。但是，把金融制裁手段及其威力发挥到极致的只有美国。目前，当美国主导的相关议题在多边平台遇阻或者双边外交失败的情况下，美国已将金融制裁作为避免直接冲突、对抗的替代手段而普遍采用。美国的金融制裁往往能通过低成本、高效率的手段，对制裁目标实施不对称打击，借以实现自己的政治、经济或其他战略目的。据统计，从 2017 年 1 月 12 日至 2018 年 10 月 16 日的 21 个月的时间里，美国共计对朝鲜、俄罗斯、土耳其、叙利亚、伊朗等多国发动的金融制裁多达47 起。[11]

美国发动金融制裁的威力在于，一方面它拥有明确的直接性、针对性，另一方面，它具有明显的单边强制性，使得制裁对象无法规避，因而在经济、政治和社会等领域的损失巨大。2001 年 "9·11" 事件爆发后，反恐战略催生了美国对金融制裁的强烈需求，美国金融制裁的运用也日益频繁，更在此过程中形成了一套完整、高效的运作机制，包括法律依据、决策机构、管理机构和执行机构等。

美国单边金融制裁之所以具有直接的强制性，主要是凭借美元在全球商品、资本交易中所占据的核心地位，其具体的技术路径是通过以 SWIFT 与 CHIPS 为主的美元跨境资金清算系统与跨境金融基础设施来进行。○美国通过切断制裁对象跨境清算通道这种最严厉的制裁手段，

○　SWIFT，即环球银行金融电信协会（Society for Worldwide Interbank Financial Telecommunication），是一个国际合作组织，由欧美等银行发起成立，并作为股东拥有董事会席位和投票权，运营着世界级的金融报文网络，银行和其他金融机构通过该组织提供的安全、标准化的和可信的通道与同业交换报文（message），从而完成金融交易。CHIPS，即纽约清算所银行间支付系统（Clearing House Interbank Payment System），是美国国内银行成立的私营机构，经营管理纽约清算所同业支付系统，主要进行跨国美元交易的清算。CHIPS 还需要 Fed Wire 系统的配合。Fed Wire，即美国联邦资金转账系统（Federal Reserves Wire Transfer System），是全美境内美元支付系统，它是美国支付清算的主动脉，归美联储所有和运营。

将金融制裁的威力辐射至全球范围。[○]首先，由于全球绝大多数金融机构、企业都采用 SWIFT 提供的各类跨境业务所需的金融报文信息标准，被拒绝进入 SWIFT 不仅将错失全球市场的便利条件，[○]而且也无法享受相关的金融信息安全以及终端、软件等领域的技术服务。其次，由于美元是主要国际货币，各国银行纷纷在纽约设立分行进而加入 CHIPS 系统，CHIPS 长期以来一直承担着 95% 的美元跨境支付清算，一旦被拒绝进入该系统，几乎等于被隔绝于全球金融市场之外，任何国际交易都寸步难行。

可见，SWIFT 和 CHIPS 作为以美元主导的国际清算体系的两个重要的组成部分，任何在全球广泛开展业务往来的个人、企业组织和国家等都无法避开，[○]而且美国还可以利用 SWIFT 和 CHIPS 组成的金融

○ 2006 年，以美国受到恐怖威胁的名义，SWIFT 向 OFAC 提供交易信息的相关事件被披露，欧盟察觉到这可能将对其公民的隐私产生威胁，于是展开了与美国关于 SWIFT 的争议。经过长达近四年的两轮协商之后，欧盟与美国达成一致，SWIFT 数据可在欧盟代表的监督下传送至美国，欧洲刑警组织也有批准和拒绝美国财政部获取 SWIFT 数据申请的权力。虽然欧盟在某种程度上给美国对 SWIFT 的控制力造成了制约，但考虑到欧盟的制约仅限于防止欧洲公民的交易数据被批量传送至美国，美国在经济与国际政治上均能形成对欧盟的压制，美欧还存在多方面的共同利益，所以欧盟对美国在调取 SWIFT 数据并利用此进行金融制裁方面的约束力较弱，美国基本拥有对 SWIFT 的掌控力。

○ 因为银行 X 和银行 Y 可能是世界上任意角落的两个毫不相干的银行，它们没有统一的开户行，于是委托各自的代理银行 A 和 B 来办理资金划拨。银行 A 和 B 如何相互之间开设账户，当然可以选择通过银行间的清算系统来完成这笔交易，但是在存在很多类似业务以及与大量其他银行 C、D 等业务往来的情况下，银行间相互设立账户的方式就变得复杂。如果银行 A 和银行 B 分属不同的国家，则还要符合各国的资金划拨监管流程。在这种情况下，SWIFT 的出现，就是为了扫除其间的一切障碍，银行 X 和银行 Y 只需要成为 SWIFT 的成员（拥有 BIC 识别号），然后按照 SWIFT 的电文标准向银行提交汇款指令就可以了。

○ 2018 年 8 月，美国重启对伊朗制裁后，10 月 21 日欧盟与伊朗在德黑兰举行联合新闻发布会，双方拟建立一个货币结算渠道作为欧盟和伊朗规避美国对伊朗金融制裁的手段，主要方式是欧盟将建立一个法律实体来负责与受美国金融制裁影响的伊朗企业开展贸易（http://www.xinhuanet.com/english/2018-10/27/c_137562677.htm[2018-11-03]）。显然，这种应对是临时性的，除非欧盟单独组建一套国际结算清算系统，但这在短期内显然是不现实的。

交易网络，通过相关的金融数据来精确识别金融制裁目标，制定制裁手段，并通过对这一网络运行的动态监管来保证制裁效果，形成强有力的威慑。[○]

结论与启示

知彼知己，百战不殆。就中国自身而言，应对中美贸易争端首先需要有准确的战略认知与定位，其次才是具体的应对策略。

我们必须理性地认识到，中美贸易争端不过是大国博弈的开始，是一场持久战的"序幕"，即便一时有所缓和，绝不意味着争端消弭，而是酝酿着更高层次的冲突。历史经验表明，真正的自由贸易大多是在体制、制度相近的国家间得以长期开展，而在那些规则、体制和制度差异巨大的国家之间，自由贸易的结果往往是冲突甚至是战争。

这场贸易争端的本质，是大国间制度的较量。因此，应对中美贸易争端，不能将全部精力用于计算一城一池的得失，计较眼前的输赢，而是要风物长宜放眼量，超越贸易争端本身，以历史的、发展的眼光顺势而为，以这场空前的外部压力为契机和动力，促进国内的体制、制度改革，以实现中国的可持续性崛起。虽然只有半年的时间，但中国对这场贸易争端的应对已经过了三个阶段，即从"不惜一切代价""对等的数量报复"到"从数量型过渡到质量型""打蛇打七寸"，再到"中国不屑于对美国实施以牙还牙的直接报复"以及国企开启"规则中性"原则的改

○　美元跨境清算支付系统除了 CHIPS 外，其实还有汇丰（香港）主导的中国香港境外美元清算系统 USDCHATS，以及大通银行在日本建立的东京美元清算系统作为补充，但是其最终结算仍发生在美元境内系统 CHIPS 的各自账户下，从而受美国左右，而且业务模式不具有优势，占比不超过 5%。

革，等等。这是一个回归理性的过程，也是中国决心下大力气启动改革的良好动向。

四十多年来中国的改革开放进程，表面看是中国主动地进入以关贸总协定（GATT）（后为世界贸易组织）、IMF 和世界银行为代表的全球多边贸易、金融体系当中，但本质上用卡尔·波兰尼的"嵌含"理论[⊖]来说，是进入并日益深刻地"嵌含"到美元体系当中，并成为该体系重要的组成部分。中国国际经济地位的提升，也是在这个体系中实现的。基于上述分析，考虑到目前的中美贸易争端以及未来中国经济的可持续性崛起，可以获得如下几点结论与启示。

美元体系的可持续性很强，短时期内难以被撼动，因而对中美贸易争端需要做周全考量，理性应对

美元体系在今后相当长时期内是可持续的。¹² 这不仅是因为美国的综合国力依然强大，难以有国家可以替代，更是由于在"商品美元还流机制"和"对外债务的本币计价机制"的作用下，美国对外负债在今后相当长时期内是可以持续下去的。美国对外负债关系到美元体系的未来。传统理论认为，作为储备货币和交易货币的美元被他国投资者持有就等于美国的对外负债，长期的贸易赤字和债务剧增会使得外国投资者对美国对外负债的可持续性失去信心，在交易结算中尽力避免使用美元，并将储备中的美元转换成其他货币，导致美元体系破产，因而全球经济失衡不可持续。问题在于，这种基于贸易、资金差额及其变化所做的"流量调整"分析没有考虑到美元体系的运行机制，即国际贸易或资

　　⊖　波兰尼认为，人类社会的经济活动并非如经济学理论所认为的那样，是一个自主或自律的过程，它总是嵌含在社会当中，实际上必须服膺于政治、宗教与社会关系。参见卡尔·波兰尼著，黄树民译：《巨变：当代政治与经济的起源》，北京：社会科学文献出版社，2013 年中文版，第 25～30 页。

本流动等流量因素已经不再是决定美国对外资产、负债规模的唯一因素，"存量调整"的估值效应即美元汇率、利率调整对一国国际头寸的影响越来越大，甚至已经不亚于经常账户的变动。

我与周学智在 2012 ～ 2014 年做的一项研究表明，未来十年内如果美元加权汇率保持稳定或上升，将会给美国对外负债的调整造成压力，但如果美元加权汇率贬值 10% ～ 20%，那么实证研究的结果是，美国的净国际投资头寸与当期名义 GDP 之比将有可能在 20% ～ 30% 达到最高点，并在此后保持稳态，且存在进一步改善的可能。所以在今后相当长时期内通过汇率调整维持对外负债的平衡很可能是美国的最优策略之一。[13] 另外，美国对外资产与负债的结构性差异，即美国对外资产中高风险、高收益的外国直接投资（FDI）和股票投资比重长期高于其在对外负债中的比重，而且对外负债中安全性资产比重很高，也使得美国可以通过"存量调整"渠道对其对外负债进行调节，缓解对外负债恶化。

因此，一方面，资本项目在美元体系运行中的地位日益重要，美元贬值的主要目的并非改善贸易收支或经常账户状况，而是凭借美元霸权地位通过币值重估实现财富转移，弥补赤字；另一方面，正是从这个意义上讲，经常项目逆差或者说全球经济失衡是美元体系得以顺利运行的前提条件，所谓"全球经济再平衡"是个伪命题，如此将耗尽美国利用资本项目融资经常项目的能力。特朗普试图让制造业回归美国，不可能解决这个问题。除非，美国放弃美元体系所拥有的至上的金融权力。因此，特朗普贸易保护主义对美元体系的影响值得重视和研究，也许这是其真正的"七寸"所在。当然，这绝不是可以与其进行货币金融争端的理由。在这方面，中国尚不具备真正的实力。

具体而言，针对现阶段的中美贸易争端，有三个层面的问题值得关注。

1. 就国内层面而言，有关中美贸易争端的损益及其度量，不能仅仅局限于贸易领域

经验证明，作为一个霸权国家，美国遏制对手的途径往往是多元、系统和综合的。这其中，利用货币金融手段压制对手的可能性极大。而且事实上，贸易争端的持续及其影响也不会局限在贸易领域，一定会涉及货币、资本、金融市场等领域。迄今为止，在美元体系下有关大国间贸易争端的唯一经验，来自美日贸易摩擦。其中一个特别值得重视的教训，不是日本泡沫经济的形成、发展与崩溃，而是美国利用美元体系对对手货币的操控或打击能力，这幕戏剧的高潮就是 1985 年的"广场协议"。因此，作为美元体系的"系统内国家"，中国应尽全力将中美贸易争端控制在贸易范围内，避免"货币争端""金融争端"，即便迫不得已，也应尽力拖延时间，减小冲突规模。同时需要指出的是，逐步扩大金融业对外开放是应对经济全球化发展的必然之举，但在资本项目开放领域仍需谨慎对待。对今天的中国而言，货币金融安全面临着比传统安全更为严峻的挑战。

与此同时，在应对中美贸易争端的过程中，针对现行美元体系日益增强的自利性乃至可能的金融制裁压力，中国有必要在两个领域中有所作为：一是稳步推进人民币计价原油期货市场的发展；二是稳步推进人民币跨境支付系统（CIPS）的建设与发展。

一方面，2018 年 3 月 26 日，中国第一个以人民币计价的原油期货正式在上海期货交易所上市，目前其日均成交量已经超过迪拜商品交易所（DME）的阿曼原油期货，成为亚洲交易量最大的原油期货合约，仅

次于美国纽约 WTI 原油期货与英国布伦特（Brent）原油期货，跻身全球交易量前三。伴随着中国成为全球第一大原油进口国和第二大原油消费国，这是使人民币参与到原油货币计价过程，并将人民币计价的期货价格传递给全球原油贸易参与者的必然之举。但是，由于现阶段中国的金融、法律等基础设施仍不完备，上海原油期货价格与 WTI 和 Brent 价格高度相关，[14] 表明市场投资者仍然跟随国际基准原油的风险变化进行投资操作。显然，相关金融基础的建设与完备是人民币计价原油期货市场发展的重大课题。⊖

另一方面，2015 年 7 月 31 日 CIPS 运营机构在上海市黄浦区正式注册成立，2015 年 10 月 8 日 CIPS（一期）成功上线运行，2018 年 3 月 26 日 CIPS（二期）成功投产试运行，5 月 2 日，CIPS（二期）全面投产。但有关 CIPS 的很多制度还在完善建设当中，系统运行的交易量不大，详细数据尚未允许对外公开查询。在中国企业屡受美国金融制裁的情况下，通过 CIPS 可以实现部分人民币跨境支付结算，增强抵御美国金融制裁风险的能力，但考虑到美元在国际支付中依然占有非常高的比重，以及中国企业和个人在美国境内配置的大量资产，在今后相当长时期内仍然难以承受美国金融制裁带来的风险。因此，中国应在稳步推进 CIPS 建设的同时，积极推动 SWIFT 管理机构的改革，尤其是董事会结构的调整，增加发展中国家银行的股份和席位，并争取建立从 SWIFT 获取信息的严格监管与授权制度，通过恢复 SWIFT 的独立性以减轻美

⊖　早在 1993 年，中国曾经推出过原油期货合约，但由于基础设施、经济发展水平、市场开放程度、相关法律法规以及监管体系等方面的不足而夭折。此前，东京商品交易所也推出原油期货品种，但为了方便日本国内企业规避原油价格涨跌风险，东京商品交易所规定原油期货采取日元作为计价货币，导致国外投资者参与寥寥，由于缺乏海外原油贸易商与投资机构的参与，日本原油期货交易活跃度与成交量持续低迷，使得日本即便作为原油进口大国，也未能在全球原油期货定价体系中拥有影响力。

国金融制裁的威胁。

2. 在区域层面，中国应在新形势下积极推进东亚区域货币金融合作

自 2008 年全球金融危机爆发特别是 2012 年中日关系因"钓鱼岛国有化"而急剧恶化后，东亚区域货币金融合作便陷入停滞状态。[15] 随着特朗普贸易保护主义行动的扩大，不只是中国，包括日本在内的许多东亚国家都面临着巨大的威胁和压力。2018 年 10 月在印度尼西亚巴厘岛举行的 G20 财长和央行行长会议上，美国财政部部长姆努钦威胁要在即将举行的美日自由贸易谈判中加入所谓的"外汇条款"，即在贸易争端中禁止任何一方通过干预外汇市场、操纵汇率贬值的方式予以应对，进而给日本带来重大冲击，股市即刻暴跌，日本媒体甚至认为这将使日本央行丧失独立性。[16]

特朗普贸易保护主义的巨大压力无疑是安倍首相于 2018 年 10 月 25～27 日访华的重要背景。安倍首相访华期间中日双方达成多项协议，其中重启中日两国央行货币互换的规模高达 2 000 亿元人民币（约 300 亿美元），比 2002 年版协议扩大 10 倍，约为 2017 年双边贸易额（3 000 亿美元）的 1/10。需要注意的是，我在 2018 年 10 月 14～15 日参加于日本东京召开的第十四届"北京·东京论坛"期间，切身感受到日本经济界对中方学者提出的快速推进《区域全面经济伙伴关系协定》（RCEP）建设的建议给予了积极回应。实际上，在当今美元体系的浮动汇率制度下，美元在其中如鱼得水，欧盟国家因为有统一货币在一定程度上规避了美元汇率波动的风险，而作为世界经济第二、第三大国的中国和日本不得不独自应对。

因此，一方面，中国应将人民币国际化的重心置于东亚地区。中国同"一带一路"沿线国家的货币互换更多的是增强双边抵御金融风险的信心，而非增加贸易结算功能，只有在中国处于区域生产网络中心的东亚地区，人民币贸易计价与结算功能的提升才真正具有坚实的基础与巨大的潜力。另一方面，中国应有恒久而非善变的地缘战略意识，高度重视周边、区域性的地缘政治经济安排。鉴于东亚货币金融合作历来的危机推动型特征，中国应顺势而为，以中日关系"破冰"为契机，积极推进东亚区域货币金融和经济贸易合作走向新的阶段，为应对美国贸易保护主义奠定坚实的区域合作基础，这应该是今后中国地缘战略的重中之重。

3. 在国际层面，在今后相当长时期内，作为美元体系的系统内国家，中国应努力推动国际货币体系改革秉持"债权人逻辑"或者增强对"债务人逻辑"的约束功能

一方面，推进其朝着对美国自利动力与行为能力加强约束的方向进展，另一方面则应高度重视与日本、德国等对美债权国家一道，循序渐进地形成一个"债权人同盟"，共同致力于恢复以"债权人逻辑"为核心的国际货币秩序。从这个角度看，"一带一路"倡议应该围绕这一核心问题进行更长远的战略设计与安排。

中国应该关注历史上大国崛起的货币经验

第一，大国崛起过程中的货币稳定非常重要。1870～1914年是美国经济增长的黄金时代，也是决定其大国崛起的关键时期。此间，美国物价水平平稳下降，每单位GNP的货币数量减少，而经济增长速度却达到3%～4%，这是生产力提升的结果，即通货紧缩只是导致价格下跌而价值并未改变。所以，美国是在货币稳定甚至是紧缩的条件下成为强国的。[17]

第二，大国崛起的过程表明，成功崛起的国家没有一个是依靠自己的储蓄或者储备而实现的，它们都是依靠债务包括外债的可持续性支撑而崛起的。债务、国家信用与大国崛起之间有着必然的联系。金融发展中的信用对国家制度安排有着极其苛刻的要求，否则崛起无法持续，极有可能出现"崛起中断"。无数挑战国失败的教训证明了这一点，尤其是历史上英法两国发展的不同路径与结局，值得深思。

1500 年以来大国崛起的经验证明，不同时代的现代金融业的发育、发展均严重依赖于制度安排的演进与现代化：严格的产权保护、权力制衡和信息的公开透明。否则，在信用缺失，加之国家在本币无法国际化或者顺利对外发债的条件下，只能依靠内部税收的强化获得一时的增长，结果是民怨沸腾，社会动荡，所谓崛起也只是昙花一现。西方崛起的关键之一，就在于构建了一个所谓的"国家 – 军事 – 金融综合体"，[18]使得国家在长期、频繁的战争环境中得以获得民间资本和国外资本的支持。因此，如何通过制度的调整、改革与现代化增强国家信用，构建一个国家化、区域化乃至国际化的资本（货币）控制体系，对于大国崛起格外重要。

注　释

1. 参见李晓："全球化分裂：成因、未来及对策"，《世界经济研究》，2018 年第 3 期，第 3～6 页。
2. ［英］尼尔·弗格森著，唐颖华译：《金钱关系》，北京：中信出版社，2012 年版，第 99 页。
3. 参见［日］山下英次："基于债权人视角的国际金融转型"，载自李晓主编：《后危机时代的国际货币体系改革》，吉林：吉林大学出版社，2012 年版，第 15～36 页。
4. 对于美元体系的定义，学术界目前尚无统一且明确的认定标准，总体而言主要是从美元在国际货币各个功能领域的主导地位出发来予以界定。麦金农基于对美元在国际贸易计价、国际结算和各国储备货币中的使用占比以及美元霸权地位的可持续性的综合评估，

将现行国际货币体系定义为"美元本位体系"，美国国内商品价格成为全世界的"名义
锚"（Ronald I. McKinnon，"The International Dollar Standard and the Sustainability of the
U.S.Current Account Deficit"，Brookings Papers on Economic Activity, No.1, 227～239,
2001）。此后德弗鲁等将美元体系简述为所有商品交易价格都以美元为计价单位的体系，
在浮动汇率制度实施以来的几十年中美元一直是国际贸易和金融中最重要的货币，此乃
美元本位制的核心（Michael B. Devereux, Kang Shi, Juanyi Xu，"Global Monetary Policy
Under a Dollar Standard"，*Journal of International Economics*, 2004, 71(01): 113～132）。
另外，吉尔宾、蒙代尔认为牙买加体系只代表了旧的布雷顿森林体系的结束，却远不
能称之为新的体系，在该体系下各国自行其是，没有规范管理和调节机制，是"无体
系的体系"（Gilpin R.，"The Political Economy of International Relations"，Princeton
University Press, 1987；Robert A. Mundell，"Currency Areas, Exchange Rate Systems and
International Monetary Reform"，Social Science Electronic Publishing, 2000, November:
217～256）；而 Dooley，Folkerts 和 Garber 等人称之为"复活的布雷顿森林体系"，其
运行机制与布雷顿森林体系存在时并无本质区别，都是以美元为核心的"中心 - 外围"
模式，美国作为中心国家输出美元，除美国以外的国家都处于外围，支撑着美元的霸权地
位（Michael P. Dooley，David Folkerts-Landau，Peter M.Garber，"An Essay on the Revived
Bretton Woods System"，NEBR Working Paper No.9971, 2003）。针对一些学者将 1971 年
美国关闭"黄金窗口"之后的国际货币制度称为"美元本位制"的观点，日本学者奥田
宏司指出，所谓货币"本位"是指货币价值的标准所在，如以银或金作为货币价值的标
准，但 1971 年之后的国际货币制度并不存在"本位"。参见李晓、丁一兵著：《亚洲的超
越：构建东亚区域货币体系与"人民币亚洲化"》，北京：当代中国出版社，2006 年版，
第 3～8 页。

5. 截至 2018 年 8 月，中国持有美国国债规模约为 1.165 万亿美元，日本持有美国国债规模
约为 1.029 万亿美元，两者相加占外国持有美国国债总额的大约 35%，而 2015 年该比重
曾达到 40%（美国财政部 TIC 数据库 https://www.treasury.gov/resource-center/data-chart-
center/tic/Pages/index.aspx[2018-10-31]）。

6. 石油交易的美元计价机制是典型的市场选择与政治安排相结合的结果。化解石油危机的
关键出路，在于发达国家向石油出口国借款弥补贸易赤字，即用资本项目盈余来弥补经
常项目赤字，关键问题在于石油出口国用哪种货币借款。如果用石油出口国货币出借资
金，不仅会导致产油国与石油消费国之间的贸易顺差扩大，增大产油国的通货膨胀，更
会使石油消费国无偿占有产油国的石油财富。正是由于美元拥有其他货币无法比拟的在
全球范围内购买石油、商品和服务的能力，因此，石油美元的诞生在很大程度上是市场
选择的结果。但与此同时，在产油国与石油消费国（美国）之间形成美元循环则需要政

治安排予以解决。因为其条件在于，一方面，以沙特为首的石油输出国组织愿意持有美元，另一方面是它们愿意将盈余美元借给美国，而不是使用这些美元从其他发达国家进口商品与服务。因此，如何说服 OPEC 中最大的产油国沙特愿意将贸易顺差转换为美元金融资产，并为此与美国开展紧密合作，便成为一项重要的政治选择。美国与以沙特为首的 OPEC 国家达成相关交易的过程，参见梁亚滨著：《称霸密码：美国霸权的金融逻辑》，北京：新华出版社，2012 年版，第 169～174 页。

7. 参见李晓等著：《国际货币体系改革：中国的视点与战略》，北京：北京大学出版社，2015 年版，第 11 页。

8. 资料来源：SEC 发布的 2016 年 NRSRO 年度认证报告 Item 7A，第 9 页（http://www.sec.gov/ocr/reportspubs/annual-reports/2017-annual-report-on-nrsros.pdf[2018-11-04]）。

9. 参见陈三毛："美国信用评级业及其未来的监管政策调整"，《当代财经》，2009 年第 3 期，第 62 页。

10. 参见张海云："解析美国信用评级业改革"，《中国金融》，2010 年第 23 期，第 65 页。

11. 根据新华网（http://www.xinhuanet.com/[2018-11-04]）、人民网（http://www.people.com.cn/[2018-11-04]）、光明网（http://www.gmw.cn/[2018-11-04]）相关报道整理。

12. 关于美元体系可持续性的全面分析，详见李晓等著：《国际货币体系改革：中国的视点与战略》，北京：北京大学出版社，2015 年版，第 29～63 页。

13. 本项研究的相关内容参见李晓、周学智："美国对外负债的可持续性：外部调整理论的扩展"，《世界经济》，2012 年第 12 期，第 130～155 页；李晓、周学智："美国净对外负债前景与美元汇率调整"，《国际金融研究》，2014 年第 2 期，第 29～42 页。

14. 参见 http://futures.eastmoney.com/news/1517,20180830936709840.html[2018-11-05]。

15. 关于全球金融危机爆发后东亚货币合作陷于停滞的状况，参见李晓："东亚货币合作为何遭遇挫折？——兼论人民币国际化及其对未来东亚货币合作的影响"，《国际经济评论》，2011 年第 1 期，第 109～128 页。

16.《日本经济新闻》，2018 年 10 月 14 日、10 月 15 日和 10 月 16 日。

17. 参见朱冠华著：《美元末日》，大雁文化（中国香港）出版基地，2012 年版，第 208～209 页。

18. 参见［美］查尔斯·蒂利著、魏洪钟译：《强制、资本和欧洲国家（公元 990—1992 年）》，上海：上海人民出版社，2007 年中文版。

Double Shock
The Future of Power Games &
The Future of The World Economy

| 第三讲 |

特朗普为什么要发动对华贸易争端[⊖]

导　读　〉〉〉

　　特朗普发动对华贸易争端的原因是多方面的、综合的，既有美元体系运行和国内经济结构高度金融化发展的内生性因素，亦有促使资金回流、遏制中国技术赶超和经济崛起以及迫使中国扩大开放等战略性考量。

　　中国应放弃这仅仅是一场贸易争端的简单思维，尽力避免将贸易争端演变成全面的大国博弈。

　　⊖　本文是作者于 2018 年 4 月 10 日在由南开大学主办的"中美战略性贸易争端"研讨会上的发言，后作者以"中美贸易失衡与特朗普发动贸易争端的目的"为题发表于《南开学报》2018 年第 3 期，本书收录时略有删改。

自 2018 年 3 月特朗普针对中国实施贸易保护主义措施以来，从迄今为止双方的连锁反应及动作看，似乎正在突破贸易摩擦的界限进入贸易争端的"前沿"状态。中美两国间的贸易争端能否继续，取决于近期中美双方之间磋商的进展，更需要双方的智慧与灵活的沟通手段，尚需时日予以观察。这里，我主要阐述两个方面的问题：一是中美之间贸易失衡的深层次原因；二是特朗普挑起对华贸易争端的主要目的。

毫无疑问，中美贸易争端的直接原因是中美贸易失衡。贸易失衡的缘由，除了两国经济发展水平差异导致的劳动成本差距、贸易统计方式不同以及美国限制对华高科技出口等诸多原因外，还主要在于以下两个深层次的原因。

美国金融逻辑的变化

布雷顿森林体系的崩溃，表面上看是"特里芬难题"使然，但本质上是美国人在金融领域中的一次重大违约行动，即通过 1971 年 8 月关闭"黄金窗口"，使美元摆脱了"黄金魔咒"，由一种"资产货币"转变为"债务货币"，进而摆脱了布雷顿森林体系对其扩张性赤字政策的束缚。自此，美国人更改了人类社会长久以来的金融逻辑，即从以债权人为核心、要求债务人做出紧缩措施并欠债还钱的"债权人逻辑"，更改为欠债不还且将其根源归咎于债权人的"债务人逻辑"。更为重要的是，在此过程中美元作为一种债务货币成为国际货币体系的核心货币，并形成了具有"自增强机制"的"美元体系"。于是，美国通过输出美元这种债务货币进口世界商品，再通过各个债权国家用美元购买美国国债、公司债或股票等还流"商品美元"的途径，完美地构筑了一个"债务人逻辑"的循环（信用周转体系）。这种"债务人逻辑"的一个重要后果，就是美国国内的低储蓄、高消费，表现在经常账户上就是赤字常态化。

从这个意义上看，中美贸易失衡是美元体系得以运行的重要前提，或者说，是美元体系的衍生物。

美国经济结构的金融化与全球价值链体系的形成

自 20 世纪 80 年代以来，美国经济结构发生了重大变化，即金融业及其相关服务业在国民经济中的比重超过制造业，成为美国经济的核心部门；与此同时，伴随着制造业的大规模海外转移，美国企业以全球资源配置为核心，形成了世界范围内的价值链分工体系。这也是 20 世纪 80 年代以来美国开始从追求"贸易自由化"转变为追求"资本流动自由化""金融自由化"的重要原因。

这种全球价值链分工体系所产生的问题，具体到中美两国之间可以归纳为三个方面：一是基于传统贸易统计来评判两国间的贸易状况或者相应地调整责任非常困难，往往高估或低估双边贸易差额；二是导致外资企业在中国出口当中的比重非常高，它们贡献了中国货物贸易顺差的近 60%，其中美国企业是最主要的受益者，出现了"出口在中国，附加价值在美国"或者"顺差在中国，利益在美国"的状况；三是中国作为"世界工厂"改变了原有由日韩等国直接面向美国出口的东亚"三角贸易"格局，构建了一种中国从日韩等亚洲国家进口中间产品、零部件加工组装后出口到美国的"新三角贸易"格局，并在贸易收支结构上形成了用对美贸易顺差弥补对日韩等国贸易逆差的状况，因而中国对美国贸易顺差本质上包含了亚洲主要经济体对美国的贸易顺差。例如，中国对美贸易顺差占美国逆差总额的比重从 1990 年的 9.4% 上升至 2017 年的 46.3%。

显然，中美贸易失衡是美国金融逻辑和经济结构变化的结果，是结构性的、长期性的，短期内难以根本解决，更是通过贸易争端无法改变的。既然如此，特朗普为什么要拉开架势发动针对中国的一场贸易争端呢？特朗普决意发动对华贸易争端，一定是清晰地看到它可以起到一举多得的效果。综合起来讲，特朗普的目的主要有以下几个。

让更多的资金回流美国

增加美国工人就业自然是特朗普的目的之一，也是其兑现竞选口号的主要步骤，但他的目的并不仅限于此。他清楚地知道，由日益庞大的"双赤字"导致的巨额负债不仅使美元资金回流困难，而且再度触发金融危机的风险也非常大。因此，美国必须缩减资产负债表，并极力促使美元资金回流。自 2017 年开始缩表以来的减税、加息等行动之目的都是如此。由于这些行动的实际效果不大，特朗普及其团队一定发现，与中国的贸易争端可以一举多得，其中最主要的成果之一，就是可以通过打击国际资本对中国投资的方式促使近期、远期的美元资金回流，这在很大程度上可以迫使那些迄今为止对减税等措施反应并不积极的美国企业重新思考其投资方位。

遏制中国技术赶超和经济崛起

近年来，中国通过吸引直接投资、人才引进等方式实现的技术进步令以美国为首的西方世界颇感震惊，特别是《中国制造 2025》的制定与发布，让美国感觉到自己在制造业尤其是技术创新领域的龙头地位岌岌可危，甚至霸权地位也可能因中国经济的快速崛起而摇摇欲坠。因此，遏制中国的技术进步，尽力阻止中国技术、经济的全面崛起成为美国的国家战略选择。2017 年 10 月在美国举行的"301 调查"公开听证会上，被提及最多的就是《中国制造 2025》。

值得注意的是，自 1995 年 WTO 成立以来，美国作为成员方与其他多数成员方一道承诺用多边协商解决机制来处理成员方之间的贸易纠纷和摩擦，因而基于美国国内法的"301 条款"很少被采用。此次美国启用"301 调查"的正式名称是"301 调查：中国有关技术转让、知识产权和创新的法律、政策和做法"。显然，挑起贸易争端不过是手段，其真实目的昭然若揭。实际上，特朗普首次提出的总值 500 亿美元对中国加征关税的领域，不再是中国具有传统比较优势的中低端制造业产品，而主要是《中国制造 2025》中计划发展的高科技产业，包括航空、新材料、新能源汽车、精密机械，等等。因此，此种贸易争端是"项庄舞剑，意在沛公"。

迫使中国更大程度地开放，尤其在货币金融领域向美国资本开放

在 2017 年美国提出的"百日计划"清单早期的十项内容中，一半以上涉及货币金融领域或者服务贸易领域，如信用评级服务、跨境结算、电子支付服务、银行业、债券结算，等等。对于经济结构高度金融化的美国而言，金融服务业是其最具竞争力的行业，正在发展中的、尚未完全开放的中国市场，是其全球范围内最大、最后的"猎物"。因而，迫使中国更大规模地开放货币金融市场，在获取巨额收益的同时继续牢固地将中国的货币金融发展控制在"美元体系"当中，无疑是美国对华竞争战略的核心目标。

具体到这场贸易争端的前景，我认为主要有两方面：一是双方通过讨价还价、相互让步而达成妥协，贸易争端暂时偃旗息鼓。后果将是中国在一些迄今为止控制性较强的领域进一步推进"改革开放"，特朗普也因此而得分颇高。二是双方互不让步，争端、对抗不断升级，进入全面的"新冷战"状态。在这方面，特朗普可能信心满满，他有一套组

合拳可以打。朝鲜半岛问题、东海问题、台湾问题、南海问题、中印纷争问题，乃至"通俄门"事件一旦解决后对俄关系的缓和，还有移民问题、留学生问题等，都将同贸易、经济问题勾连在一起，为中国制造诸多麻烦。由此，霸权守成国同挑战国之间大国博弈的历史大戏将再次公然上演。从历史经验来看，这种结局将是悲剧性的。

既然特朗普显然是把贸易争端作为手段，迫使中国就范，那么从易到难、由简至繁是其最佳选项。这样做有两个好处：一是可以使中方容易接受，达成妥协；二是因此可以使自己迅速获得政治威望，为竞选连任奠定基础，并增加下一步对中谈判的筹码。因此，他希望中国让步的领域依次应该是：知识产权、技术与产业合作、货币金融领域。从这个意义上看，中美双方首先在知识产权领域达成妥协的可能性最大。当然，也有可能在上述几个领域同时达成妥协，但中方在知识产权领域做出妥协的程度将会最高，技术与产业合作领域其次，货币金融领域最低。

对中国而言，危中有机，我们可以借中美贸易争端之机有条件地进行新一轮改革开放，把中美贸易争端作为贯彻党的"十九大"报告思想中"建设现代化经济体系""构建全面开放新格局"的重大契机。短期内，中国可以依照具体国情，有条件地做出部分妥协，进一步开放市场，换取更大的持续发展空间。中长期内，我们必须尽快完成发展模式调整：一是扩大内需，让中国真正地从"世界工厂"转变成为"世界市场"，成为最大的最终商品市场提供者，使得全世界增加对中国市场的依赖；二是加大创新力度，形成真正的政府主导与市场化相结合的创新机制。要实现这两个目标，进一步的全面深化改革不可或缺。无论怎样，我们必须放弃这仅仅是一场贸易争端的简单思维，从战略高度思考中美关系的未来以及中国的可持续发展。

| 第四讲 |

美国大选后的世界格局与中美关系

——结构性权力转移还是边际调整[○]

导 读 》》》

　　当下美国国内的经济、社会和政治形势，以及大国博弈的发展态势，都决定了无论谁当选美国总统，中美关系的大方向都不会改变；新冠肺炎疫情的冲击以及各国应对冲击所做出的政策举措，也不会对当今的世界格局产生重大影响，世界格局不会出现结构性权力转移，至多是一些边际调整。

　　中国学术界应严肃、理性地思考一些基本的问题，尤其是目前我们对美国、美国霸权及其行为的认知方面存在的一些误解（区），这些基本的认知问题不解决，无论美国总统是谁，我们都会面临更多、更大的问题。因为在中美大国博弈已经开始的情境下，应对在位霸权国家打压、缓解大国矛盾和冲突，以及决定中国能否实现可持续性崛起的关键，很大程度上在于我们自己的理念与行动。

○ 2020 年 11 月 5 日，在美国大选结果即将揭晓前，针对美国大选以及大选后的世界格局与中美关系，吉林大学经济学院、国际问题研究所、东北亚研究院、《东北亚论坛》杂志社、吉林大学"一带一路"研究中心、美国研究所在吉林大学社科处的主持下举办了一次跨学科研讨会。本文为作者在会议上做的发言，收录时略有删改。

美国大选现已成为全球瞩目的一台大戏。最终结果尚未揭晓，双方处于胶着状态，形势显然开始不利于特朗普。但之所以不少人还认为特朗普会赢，其主要根据就是，自 20 世纪 80 年代以来美国经济结构的高度金融化导致社会结构出现严重分裂，撕裂了美国社会，四年来绝大多数美国民众对民主党以及建制派政治作为的不满并未减少。也就是说，四年前支撑特朗普上台的力量并未减弱。

在从 2020 年 3 月末以来半年多一点的时间里，美联储虽然释放出天量流动性，但由于经济结构高度金融化，且经济因疫情影响不景气，真正流入实体经济特别是中小企业的资金非常少，结果是制造出更大的股市泡沫，贫富两极分化更加严重，政治极化现象也更加增强，这形成一种客观上有利于特朗普的恶性循环。在这种条件下，特朗普表现得越乖张、离谱和歇斯底里，所获得的普通民众的支持就会越多。另外，虽然美国经济的金融化过程是造成美国贫富两极分化的重要根源，但美国政府不仅没有承担起应负担的救助社会弱者的责任，反而将其归咎于中国崛起等外部的所谓全球化失衡，皮凯蒂早就指出，21 世纪初美国国内发生的收入转移规模是对外贸易失衡规模的 4 倍，但在现实生活中，大量不明所以的美国民众更愿意相信他们的失业、收入减少缘于来自中国的进口。从这个意义上看，特朗普的"中国牌"打得很成功。相应地，如果他连任，一定会在第二个任期里更加注重这副牌，会继续加大力度，兑现竞选承诺。这值得我们高度关注。

但是显然，美国新冠肺炎疫情的扩散与防治不力等因素，非常不利于特朗普的选情。有网友说，此次美国大选是被撕裂的美国民众在神经病患者与老年痴呆者之间做出选择。无论怎样，此次美国大选给世界人民增添了不少乐趣，微信圈里的热闹程度，不亚于春节。昨天，许多学者在评论若特朗普连任，对中国影响如何；现在，开始有人谈论如果拜登当选，会对中国有什么益处。这其中，有一种观点非常普遍：无论大选结果如何，美国都将被"严重削弱软实力'甚至'丧失世界领导地位"。

关于新一届美国政府可能的对华立场，不少学者已经阐述过，有待于时间检验。但无论怎样，中美关系大国博弈的本质不会改变，有些可能的调整至多是手段变化。在我看来，不论大选的最终结果如何，热闹之后，还是要回到冷静地认知、对待和处理中美关系的现实中来。有一个问题格外重要：好多人希望特朗普输掉，拜登能赢，这里有多少是情感因素起作用，有多少是理性思考的结果？因此，我觉得在这个时候更应关注一些基本问题，因为认知决定行动。

借这个机会，我想侧重谈谈我们在对美国这个霸权国家及其行为以及世界格局的认知方面，存在的一些误解或者误判。虽然不是所有人都有这些误解，但它们很有社会影响力。在我看来，这些基本的认知问题不解决，无论美国总统是谁，我们都会面对更多、更大的问题，因为在中美大国博弈已经开始的情境下，应对在位霸权国家打压、缓解大国矛盾和冲突以及决定中国能否实现可持续性崛起的关键，很大程度上在于我们自己的理念与行动。同时，我也想通过对这些误解的分析，弄清楚当今世界格局的基本架构及其变化趋势：究竟是结构性权力发生了转移，还是只是一些边际上的调整？

关于美国的六个误解

目前，我们对美国这个国家及其行为起码存在着六个方面的误解。

第一个误解：美国不过是历史不足二百五十年的年轻国家，不足以同拥有五千年文明的中国相比

相当长时期以来，国内存在着一种比较强烈的藐视美国的取向。请注意，不是"趋向"，是更加主观的"取向"。这种取向近两年来在中美大国博弈日益升级的状态下有明显增强的趋势。其中最具代表性的，就是无论民众还是学术界，大多认为美国不过是一个具有二百多年历史的年轻国家，与我们拥有光辉灿烂的五千年文明的古老中国相比，简直是不自量力。这样一种近乎无知的态度和立场，是非常危险和可怕的。

美国与中国有许多不同，我觉得以下三点是必须高度重视的，绝对不可错判。

第一点，虽然美国自建国后迄今仅有二百四十多年的历史，但欧洲文明史有多久，美国的历史就有多长，这是自 17 世纪初来自英格兰和荷兰的清教徒殖民于美洲大陆时就已经开启的客观历史进程，即美国是由欧洲移民尤其是盎格鲁－撒克逊移民构建起来的国家。

第二点，美国是一个人为设计出来的国家，也是众多思想、理念和社会势力相互妥协出来的国家，洛克、卢梭、孟德斯鸠等人在欧洲大陆封建王权的桎梏下无法实现的思想、理念，在美国建国历程中得到了充分体现。1787 年费城制宪会议虽惊心动魄，但却谈出来或者说妥协出来一个年轻的国家，它与靠武力建立的国家是不同的。

第三点，美国这个国家，与其他过往的霸权国家有着一个很大的不同，这种差异甚至是根本性的，这就是，它对主宰和控制世界的战略诉求不是随着实力增长成为强国之后才产生的，而是具有与生俱来的特性。

辽宁大学程伟教授等人通过对美国国民身份、美国信念和美国主义三个概念形成与演进的深入研究，指出"美国成为世界大国或者世界强国的时段是在19世纪中叶以后，但其对主宰世界的强烈与执着的战略诉求却早早地产生了……美国的全球战略，其最初的形成动因事实上与自己的实力状况基本无关。美国单极思维的全球战略由来已久，确切地说，美国单极思维的全球战略与美国的历史一样长"。其实，马萨诸塞州第一任总督兼宗教领袖约翰·温斯罗普所谓"山巅之城"的政治理想早已证实了这一点。所以，我们绝对不可小视美国这个年轻的国家，更不能低估它捍卫霸权的决心和能力。

第二个误解：美国要搞"孤立主义"

从华盛顿的政治遗嘱到美国对外政策的历程来看，美国的确有着相当浓厚的孤立主义传统。到19世纪末，美国已经成为世界上最大的工业强国。在20世纪初，其经济规模已经占到世界经济总量的1/4。即便到一战结束后，美国依旧采取孤立主义的立场，国会甚至拒绝签署《凡尔赛条约》并拒绝参加国际联盟，使伍德罗·威尔逊总统有关一战后国际秩序的"十四点和平原则"夭折。但熟读国际关系史的人都知道，这个时期美国的对外政策与其说是孤立主义，不干涉他国内政，不如说是为了赢得遥远的作为全球实力平衡中心的欧洲的好感，或者说是为了让欧洲列强更加放心而采取的韬光养晦。这种立场直到二战爆发，美国获得全方位的绝对优势，并对以往孤立主义政策的后果进行深刻的反思之后，才发生改变。

如今，美国采取一系列的"退群"以及打压中国的政策措施，意味着它在实施孤立主义吗？我的回答是否定的。

与 19 世纪后半期到 20 世纪初美国以美洲区域为中心的，以及在德国挑战大英帝国过程中的韬光养晦式的孤立主义相比，当前和今后相当长时期内美国对外政策的核心是遏制中国崛起。因此，美国不会退回到"正常国家"状态，更不会将势力范围"收缩"到某个地区范围内，而会将软、硬权力集中起来遏制中国崛起。为此，美国正在通过两个途径实施对中国的全面遏制：一是修改并引导新的全球贸易、金融和投资规则，构建一个更高市场规则标准的新的全球经济体系，并将中国排除在外；二是美国将更加重视同盟关系的强化与运行，这种同盟关系将更加重视价值观、意识形态等领域的一致性，因而蓬佩奥 2020 年 7 月 23 日有关所谓"新冷战"的讲话不容小觑。

总之，遏制中国崛起已经成为美国全球战略的核心，它将动员全球范围内一切可以动用的软、硬权力和同盟、非同盟力量，对中国进行遏制、封锁和打压。美国的这种战略调整已悄然进行了十余年，如今已跃然台上，成为当今中美关系和国际关系中最大的定数而非变数。因此，认为美国在搞孤立主义是一种误判。

我们千万不能将特朗普"美国优先"的口号，理解为美国为了自身经济利益要搞"贸易保护主义"，这样的认知是肤浅的。实际上，这个口号表明美国的世界地位不允许他国超越或取代，体现的是美国"绝不做世界第二"的传统的霸权信念。

此次大选如果拜登成功，非常可能的政策调整就是加强与国际社会尤其是盟国的合作，包括全球抗疫过程中的公共卫生合作。可以预见的是，拜登传统的自由主义世界观与民主党的政治传统，都使得他会更加强化与盟国的协调与合作，其对价值观、意识形态方面的关注度要比上一届政府更强，美国作为西方世界领袖的作用将得到更大程度的发挥。

第三个误解：美国在搞"逆全球化"或"反全球化"

现在，很多人说这一轮全球化终结了，新冠肺炎疫情的暴发更是加剧了"去全球化"的进程，尤其是美国这个曾经的全球化的主要倡导者和推动者，开始"反全球化"或者在搞"逆全球化"。我不同意这种看法，因为它脱离实际，危害不小。

在不少人看来，美国搞产业链重构或者与中国"脱钩"，是一种"逆全球化"的典型表现。但实际上，以美国为首的发达国家要实现产业链与中国"脱钩"，无论其是否真正可行，都不意味着去全球化，而是将原来过于依赖中国的产业链布局进行新的区域性调整。更重要的是，不知大家注意到没有，这一轮经济全球化最核心的内容即金融资本流动的全球化，并未出现调整迹象，这是最符合美国核心利益，也是美国最具有核心竞争力的全球化。因而，我们仅仅关注贸易、产业链的调整是片面的。

这一轮经济全球化正在进行新的调整，其核心是在金融全球化格局即美元体系依旧的条件下，在产业链布局和贸易规则等领域做出区域化、分层化的调整。其中产业链布局调整早在 21 世纪初就已经开始，受到此次全球新冠肺炎疫情的冲击和影响，正在加速进行并更多地体现出区域化特征；贸易规则调整也同样如此，更多地表现为层次化或者分层化发展的态势，即一部分国家要实行更高水平的市场经济规则、标准的全球化，还有许多国家继续支持二战后一直持续至今的全球多边自由贸易体制及其规则，这种发展态势很有可能会带来全球贸易规则的分层化或集团化。

但无论如何，这都不是"逆全球化"。不能简单地说美国要搞"贸易保护主义"，或者说，它所搞的"贸易保护主义"是有针对性的，针对的是自二战结束以来美国曾经主导的全球多边贸易体系，美国认为在这个体系中过多的单方面市场开放让自身损失颇多，却有益于其他国家特别是中国经济的发展和崛起，所以它开始转变立场，追求更高水平的所谓公平贸易，这一过程从三四十年前的美日贸易摩擦时代已经开始，只是我们关注不够。

归纳起来讲，美国如今的所作所为不意味着"去全球化"，也不是"逆全球化"，而是将原有的全球化架构进行拆解，试图组合成一种新的结构，我将其称为"全球化的分层化和区域化"。其核心目的，就是全球化的"去中国化"——孤立、遏制、打压中国，企图让中国退回到1978 年之前的状态。

从理论上看，美国这些做法所体现的，正是美国所拥有的强大的结构性权力。需要注意的是，与以往的霸权国家不同，美国霸权的实现不是直接针对对象国采取单边控制，也不是以同其他国家建立双边关系的方式来体现的，而是开创性地建立了一套在威尔逊理想主义传统和现代商业理念基础上的多边规则体系，用苏珊·斯特兰奇的概念讲，就是它构建了一个结构性权力——与其他传统帝国相比，美国更倾向于用制度来维系自己对世界的控制与治理，其重点不是试图直接控制某个具体国家，而是通过规则化的系统、网络垄断各国间在贸易、金融、科技、文化等重要领域的交换渠道。这些渠道只有以开放、多边的形式，才能吸引更多的国家参与，增加美国塑造的国际规则的权威性与获利空间。正因为如此，当美国发现原有规则不利于自己，甚至有利于对手的时候，它一定会通过各种手段调整、改变规则，乃至重新塑造一个规则体系，"美国优先"并不意味着美国会放弃多边主义规则的塑造，更不会以双边渠道重新塑造新的国际规则，它所要做的，就是建立新的、更符合美国利益的、更高层次的多边规则。在此过程当中，美国依旧会以"价值诉求"和"现实利益"的二元目标为主导，影响和控制新的多边规则的建立。它一定要在新的多边规则中加入更多的价值观或意识形态因素，谋求遏制对手、实现霸权可持续维系的现实利益，这也是"新冷战"的重要背景，我们不能低估。

我想再次重申一下如下观点，全球化的分层化与区域化是正在快速进行的新的全球化的重要特征；我们不能以传统的理念予以认识和理解，必须正视和积极应对；尤其需要关注的是，当今的全球化态势不是"逆全球化"，而是"全球化分裂"，主要表现在世界上第一大经济体和第二大经济体之间关于什么是自由贸易、自由竞争等共识公开破裂了，两者秉持着各自的理念不是相向而行，而是背道而驰。因此，这是美国试图以价值观、意识形态等划界的方式来搞全球化的分层化的主要原因。同时我们也要注意到，自20世纪80年代中期以来，在业已形成的所谓"新区域主义"的发展中，越来越多地渗透着政治因素——区域经济集团将具有更加坚实、可靠的区域政治基础。目前，除了俄罗斯等少数国家外，几乎所有的经济大国都是区域经济集团的主要成员。相当长时期以来，人们大多认为，经济区域化力量的发展主要是抵御经济全球化引发的经济民族主义和贸易保护主义的手段，更多的是从经济利益上去认识区域化，未能从政治意义上去做更深入的思考。

第四个误解："新冷战"是不可能的，更不足为惧

现在，许多人对"新冷战"的提法感到不解，认为相比苏联，中国在意识形态传播、军事力量投射等方面都远远弱于美国，虽然中国与美国的经济差距在快速缩小，但是中国的经济实力增长又是与美国紧密挂钩的，这就注定两国关系无法"冷"到以往美苏关系的那种程度。其实，这恰恰道出了"新冷战"的内涵——保持最低限度经济交往状态下的大国对峙与竞争。正是由于中国在科技、军事实力等领域同美国之间的过大差距，以及中国周边复杂的地缘政治形势，这种"新冷战"的走向意味着更大的危险。"新冷战"是手段，目的是在构建新的以美国为主导的全球化进程中让中国出局，进而达到遏制中国崛起的目的。

必须认识到，当年"冷战"的大背景以及中美两国领导人的战略共识，使得中国得以自20世纪80年代开始进入美国主导的全球多边贸易体系中，中美两国的交往带有明显的时代特征。考虑到美国霸权的特性以及中美两国在历史、文化与意识形态等领域的巨大差异，一旦中国经济实现快速增长、与美国的经济差距缩小，尤其是在美国国内贫富差距扩大导致政治矛盾剧增的情况下，正常的经济竞争或贸易摩擦很容易被转变为意识形态之争。当年美日贸易摩擦渐进高潮时，尽管两国意识形态相同，但美国国内对有关日本传统文化及其对经济体制、制度影响的所谓"国家资本主义"的批判之声依旧高企，且在日本格外低调，从未宣扬自身文化、体制优越性的情况下，仍旧遭到美国的强力打压。因此，如今美国将中美两国之间的大国博弈刻意转变为所谓的"新冷战"，具有相当大的历史必然性。这是我们思考今后中美关系定位与发展时不可回避或忽视的问题。

应该看到，无论是出于美国国内经济、社会发展态势及其对政治生活的强烈影响，还是出于对外关系政策中谋求弥补同盟国之间的分歧、弱化相互间竞争关系的需要，美国都需要一个"新的对手"，并过度渲染其威胁。

在我看来，"新冷战"在一定意义上可能比当年的"冷战"更具威胁性。首先，从美国国内社会结构及其变化来看，"冷战"时期美国经济虽处于相对下降的过程中，但社会结构相对稳定，中产阶级队伍比较庞大。但目前则不然，正如《剧变》作者戴蒙德所言，美国社会贫富分化导致的政治极化现象达到前所未有的水平。这个社会现实对美国政治生活的影响是巨大的，"中国问题"已经成为美国两党，继而成为全民高度一致的国家安全问题。在当今国际社会，作为世界上仍坚持走社会主义道路的大国，同苏联相比，中国既无政治性的集团力量，也不存在坚定的盟友，更不存在可以用软、硬实力实现控制的地缘政治势力范围。如此，与历史上最强大的英语民族国家的霸主美国迎面相撞，绝对没有不小心翼翼的道理。这不是胆怯，而是理性。豪言壮语的确能鼓舞人心，当我们的经济体量位居世界第二时，就应该抱有刻意的谨慎，当我们被这个前所未有的强大的世界霸主锁定为"头号战略对手"时，更应该保持头脑清醒。有人说，历史上与英语民族国家为敌的国家如西班牙、法国、德意志、俄罗斯和日本等无一不走向失败，这的确是事实，如果我们读过丘吉尔的四卷本《英语民族史》，就更应该对这个史实进行冷静、谨慎的思考。

其次，从美国的对外关系来看，当年苏联的解体，令美国措手不及。虽然福山自信地宣称"历史终结"，但美国以往面对一个强大对手而凝神聚力的能量突然消失了，不仅国内政治纷争日益难以弥合，而且原有盟友对它的战略安全需求也突然下降，相互间在各个领域中的竞争关系日益凸显。

所以，美国在战略上需要一个对手，这个对手的存在不仅有助于它弥合国内的社会裂痕和政治分歧，也有助于它组织并领导一个稳定的国际同盟体系，以求遏制对手，迫使其崛起中断，可谓一举多得。

美国在"冷战"中积累了相当丰富的经验，但美苏"冷战"是两个几乎毫不相干的经济体之间的远距离的单维度对抗，主要体现在军事领域。而中美博弈则是真正的相互依赖的近距离"搏杀"，其冲突必然是更加全方位的。

第五个误解：以经济体量衡量国家实力，认为美国在快速衰落

以传统的 GDP 规模来看待一个国家的实力，很容易误判自己和他人。我们在批评美国对中国搞贸易争端时，经常指责美国跨国公司在华投资获取了巨大利益，甚至远大于我们对其出口所得，指责美方是"揣着明白装糊涂"，然而在衡量自身实力及其国际地位的变化以及判断美国地位时，却几乎从不考量美国跨国公司在美国国境之外的产出能力，只是关注其属地的 GDP 占世界总产出比重的相对下降。

实际上，美国产出的相当大一部分来自海外约 25 000 家的跨国公司及其子公司，它们的总销售额超过美国出口额的大约 3 倍。如果我们只考虑美国境内 GDP 及其占比，怎么能更精确地衡量、判断美国的经济地位？更何况，美国企业实际上占据着全球价值链网络的核心。有人说，在全球化时代，美国的实力并未下降，而是被全球化了，这是有道理的。美国在国际金融、资本市场、国际贸易、科技创

新、人口规模与结构以及军事领域中都具有拔群的能力，这本质上就是一种控制力。按照国际政治经济学理论，美国拥有一种强大的结构性权力。

我认为，迄今为止国内外学术界关于"美国衰落"的讨论存在着三个较大的误区：一是将二战结束之初这样一个特殊时期美国经济在世界经济中的地位视为常态甚至是参照标准；二是相应地，仅仅关注GDP等指标的变化，忽视科技创新能力、金融市场发展水平以及影响力等"软实力"指标；三是习惯并乐于将美国人自身所拥有的危机意识，以及由此产生的对美国衰落的警惕，当作业已形成的事实及其证据。

自 20 世纪 60 年代开始，关于"美国衰落"的话题不绝于耳，然而半个多世纪之后，美国依然是当今世界最大的霸主。认知与现实出现偏差的根源在于，自 20 世纪 80 年代开始，美国控制世界的逻辑和手段发生了根本性变化，但很多人依旧沉浸于传统认知当中不能自拔。正如近年来我一直强调的那样，伴随着美国经济的高度金融化，美国控制世界的逻辑早已从布雷顿森林体系时期的"债权人逻辑"转变为如今美元体系的"债务人逻辑"，相应地，依靠美元体系来控制全球资本流动的规模与方向，成为美国霸权的核心利益所在，即它构建了一个全球性的资本控制系统，以具有广度和深度的金融市场来支撑自己的霸权。这同历史上所有的传统霸权国家有着本质上的不同。可以说，美国是一个无论在统治范围、规模还是逻辑、手段上均不同于任何传统帝国的"超级帝国主义国家"。从一定意义上讲，美国霸权与传统霸权缺少可比性，是一种全新的霸权形态。因此，我始终对"美国衰落"这个话题抱有格外慎重的态度。

我们必须看到，美国霸权的支撑点是美元体系，而维系这个体系的是一种结构性权力——高度发达的金融市场体系，国内巨大的、开放的商品市场，高水平的科技创新系统，范围广泛的同盟或非同盟关系体系以及强大的、遍布全球的军事力量，而非简单的 GDP 规模及其国际占比。

国内学术界在讨论"美国衰落"话题的过程中，每每看到、听到美国学者们对相关话题的认知，就像是从敌人手中接过锋利的武器一样兴奋无比。其实，一个国家犹如一个人一样，一旦坐在至高无上的位置上，便会用警惕的目光、猜忌的心态看待周边的所有人——权力觊觎者或"潜在对手"。这种"危机意识"的实质不过是担心权力旁落。霸权国家始终对自身地位所遭受或可能遭受的威胁极其敏感，抱有格外强烈的危机意识。而美国这个国家的特殊之处，是其基于启蒙理念的"单极思维"早在拥有超级实力之前就已经形成，美国自建国之初起，就时刻抱有担心"衰落"的危机意识，先是担忧美国会"沉沦"，丧失上帝赋予的"美德"，然后是时刻担心自己会像罗马帝国一样衰落，甚至在苏联解体、美国成为世界唯一超级大国的前夕，在很多畅销书中作者仍将美国的情况与菲利普二世后衰败的西班牙相比，当美国成为单极世界中唯一的超级大国之后，也有不少政治学家曾预言它很快会走到尽头。这种危机意识表达的更多是一种对自身地位被他者超越的危机心态，而非现实状态。

历史经验同样告诉我们，仅仅依靠 GDP 等经济规模指标考察一个国家的国际地位也是不现实的。比如，19 世纪末印度作为英国的殖民地时其 GDP 的规模就超过了英国本土，但所有人都不会认为当时的印度是一个大国、强国。

总之，在上述关于美国衰落的误解当中，基于经济增长及其实力变化所推导出来的关于国家崛起或衰落的线性推断是最危险的。这种观点只看到 20 世纪 70 年代末美国在世界 GDP 占比中的比重下降到不足 1/4，以规模衡量的经济实力呈现明显的衰落状态，却没有看到美国控制世界的结构性权力。这非常容易造成对美国的战略误判，不仅轻视美国的真正实力，更容易忽视美国打压对手的战略意志与决心，在大国博弈过程中很容易出现连续的战略被动。

实际上，缺乏对霸权国家"衰落"的正确认知，无论对既有霸权国家还是"挑战国"都是危险的。约瑟夫·奈曾不无忧虑地指出："谈论'衰落'可能会导致危险的政策选择，因为它会鼓励俄罗斯那样的国家推行冒险政策，鼓励中国对邻国更过度自信，或鼓励美国出于恐惧而反应过度。"

第六个误解：无上限量化宽松将终结美元地位

自 20 世纪 60 年代起，许多人就不断地为美元发布讣告。虽然这些预言一再落空，但由于美元地位问题与世界格局高度相关，甚至在很大程度上决定着世界格局的未来，因而对美元地位的分析与判断格外重要。

现在，很多人认为，经过此次危机以及美联储的无上限宽松操作，美元霸权将迎来"最后的黄昏"。我对这种观点持有怀疑态度，这种局面在遥远的将来也许会出现，但用以认知、判断当前的美元体系和国际秩序极其容易产生误导甚至是战略误判。

自 2020 年 3 月 23 日美联储开始实施"无上限量化宽松"以来，不仅将利率降至零，更放出了约 16 万亿美元的货币量，相当于制造了一个欧盟的 GDP。到 2020 年 9 月，美国联邦政府债务总额达到近 27 万亿美元，美国国债占 GDP 的比重 2020 年将达到 98%，而且还在不断攀升……美元信用的风险以及安全资产的短缺的确是目前全球高度关注的问题。但关键问题在于，今后相当长时期内的世界，可能是一个"比烂"的世界，各国相互之间比照的不是谁更好，而是谁更不坏。正如货币的对外价格是一个相对概念一样，我相信，在当今和未来美欧日等主要发达国家中，美国的经济状况仍旧是最不坏的一个，欧盟的经济情况会比美国更糟。虽然美国的货币政策和财政政策在一定程度上透支着自己的信用，但其他国家的信用可能会更差。我们知道，安全资产很大程度上意味着大国政府的资产，不仅政治安全，政府的运作比较透明，行为可预期性强，而且政府不会实施可能导致通货膨胀的政策，所以其他国家的政府或个人才乐意付出合理甚至是较高的价格（意味着较低的收益率）来购买这种资产。

受到以往金本位制度价值稳定观念的影响，经济学家很容易把美元的价值稳定与否作为决定美元国际地位的首要因素，并在美元地位与美元价值稳定的信心之间构建了一个看似自洽的模型。这正是过往 60 年来几乎每隔 10 年就会出现一波美元衰退乃至崩溃论调的重要原因，也是当下学术界仍然根据美国巨大的经常账户赤字、财政赤字、外债以及美联储大规模无上限量化宽松等，对美元未来充满负面认知的主要原因。然而，这种纯粹经济学的分析忽视了两个方面的问题：一是美元体系下美元价值的波动已经不再是对美元地位及其信心的决定性因素，由于金融逻辑的改变，美元的内外价值已经成为调节国际资本流向与规模，进而确保美元体系顺利运行的重要手段；二是理论和经验证明，对美元地位的分析必须是综合性的。这种综合性既包括经济学视角的多样性，也包括政治因素的必要考量。毕竟，美元的国际货币地位与美国的霸权地位直接相关。

正是由于美元体系体现的是一种结构性权力，因而仅仅用可能的流动性泛滥或者国债规模膨胀作为判断美元信用高低的唯一标准，是缺乏科学性的。美国独一无二的具有深度、广度且颇具恢复能力（弹性）的金融市场本身，对这些流动性问题的消化、解决或者国际收支的延迟调整的能力是非常强的。针对后者，即美国金融市场的弹性或恢复能力，我们缺少认真的研究。长期以来，我们格外注重美国国际收支的流量调整，而忽视存量调整，即美国通过利率、汇率的内外价格变动，来缓解乃至解决对外债务的能力。这种存量调整能力也是其他国家不具备的一种结构性权力。除此之外，美元的结构性权力还表现在：贸易领域的巨大网络效应、对外政策关系的同盟效应——美元作为一种协商货币的功能，以及美国强大的全球军事实力所提供的安全效应，这些都是其他国家、地区难以企及或不具备的。在现今国际货币体系中居第二位的欧元，无论是在金融发展水平、贸易网络、对外政策关系还是军事安全等结构性系统中，无一可以同美元匹敌，其他国家的货币则更是如此。

我曾多次讲过，由于美元主导货币的地位以及美元体系一系列运行机制的作用，许多国家尤其是那些盈余国家希望美元保持币值的稳定。这甚至成为世界各国政府的共同目标之一。在这种情况下，虽然有些国家如日本和欧洲的一些国家在做一些预防性措施，比如削减美债甚至联合搞加密货币试验等，但这些都是避免风险的举措，而不是要颠覆美元体系。在现行国际货币体系下，许多国家都针对疫情冲击采取了大规模量化宽松政策，因而让美元保持足够的稳定性同如以往一样，仍将是美元体系中所有国家的共同目标，并将为此采取更多的行动。美元体系作为一个全球性资本控制系统所具有的"系统崩溃恐惧"，更使得人们手中持有的美元越多，越不希望美元贬值。无论如何，历史经验告诉我们，越是在金融动荡或是恐慌中，人们越是迫切需要安全感。更为重要的是，当今世界没有足以替代美元的安全资产，也没有能够替代美联储的最后贷款人，来防止、救助世界范围内的银行破产和金融危机。

当下一些国家所谓的"去美元化"举措都是被动的，即为了规避美元体系的强大制裁不得已而为之的举措，若以此作为全球"去美元化"大势已成的证据，不仅是错误的，更是自欺欺人。俄罗斯调整外汇储备以及贸易计价、结算货币的"去美元化"举措，以及欧盟为规避、减轻美国金融制裁而实施的与伊朗之间的贸易互换支持工具（INSTEX 机制），包括人民币跨境支付系统（CIPS）等，其主要目的不是另起炉灶，替代美元体系，而是为了规避美元体系的成本、风险以及强大的制裁能力所采取的补救措施，其本质不是美元体系的结构性变化，而是边际调整。

还有一点非常重要，无论如何，美国私人和公共债务的不断增长，对美元信心的影响不容小觑。但是，即便美元走向衰落的过程已经开始，其最终的衰落也将是一个漫长的过程。历史告诉我们，一个强国即便早已衰落，但由于货币国际使用所具有的路径依赖特征，其货币的衰落存在着相当长的时滞。例如，拜占庭帝国的金币苏德勒斯——后来在意大利的影响下又称作博赞特（bezant）——最早由君士坦丁大帝于公元 4 世纪早期所铸，此后不久拜占庭帝国便陷于不可逆转的衰败，但在此后将近 800 年的时间里，博赞特一直被作为头号国际货币使用，直到 15 世纪拜占庭帝国最后瓦解。其实，我们所熟悉的英镑的衰落历程也是如此。作为一个大国，英国的衰落在 19 世纪末之前已经开始，那时它的 GDP 先后被新兴的德意志帝国和美国所超越，但直到两次世界大战之间，特别是二战之后，经历了半个多世纪之久，英镑才彻底让位于美元。而且，英镑的最终衰落还具有两个重要的现实背景：一是经历了两次世界大战的巨大创伤；二是面对美国的强力打压，甚至二战中和战后初期为了接受美国援助尤其是"马歇尔计划"而不得不放弃唯一可以维系英镑地位的"帝国特惠制"。

这些都说明，从一种货币转换到另一种货币，潜在成本是非常高的，其过程是格外漫长的。

考虑到这一点，鉴于美国霸权与英国霸权的性质不同，而且美元体系与金本位制度下英镑的运行机制存在着更大的差异，美元的衰落过程绝不会短于英镑的衰落过程。而且，考虑到英国在衰落后很长时期里英镑国际地位长久续存的经验，今后美国通过与其他国家谈判、沟通以维持美元作为协商货币地位的立场，很可能会强化，并成为一种重要的政治选择。与英镑相比，美元作为协商货币的不利之处在于，美国没有可以通过安全、政治手段牢固控制的殖民地体系，如今美元体系内的国家拥有更多的政治权力去做出自主选择。为此，美国必须制造出诱人的环境或条件，引诱或胁迫其他国家响应美国的号召，做出支持美元的承诺与行动，同时对任何影响美元地位的国际政治经济动向都充满警惕。

美国不仅在欧元诞生前后如此，对中国"一带一路"倡议、成立亚洲基础设施投资银行（AIIB）以及扩大人民币贸易计价、结算和有关双边货币互换等措施的警惕，更是如此。因此，为了应对中国的这些"挑战"，美国依据"冷战"经验，最好的方式就是把中国确定为西方世界的敌人，渲染、挑动所谓的"中国威胁论"。因此，"新冷战"对美国的意义重大，事关美国整体的国家战略，包括美元体系的未来。可以说，这是美国搞"新冷战"的重要的金融背景——美元作为协商货币地位的提升，要求它制造出西方社会"共同的敌人"，进而更加注重制造和强化与盟国之间的政治共识。新一届美国政府无论谁做总统，一定会在这个方面做足功课，但若拜登当选，将会更加不遗余力。

三个基本结论

第一个结论：所谓"美国衰落"是相对的，其核心权力尚未发生动摇，当今世界格局的权力状态主要是权力分散或边际调整

早在 2013 ~ 2014 年间，我与李俊久教授进行过一项关于"美国霸权地位评估与新兴大国应对"的研究。结论之一就是，整个美国主导的霸权体系的领导能力并没有发生结构性转移，只是出现了分散化迹象，即美国试图让其他国家替自己分担更多的责任或成本。今天，我的这个看法依旧——现今出现的一切变化，不是美国拥有的结构性权力发生了转移，至多是一些边际调整。换言之，现阶段美国的核心权力即美元体系仍旧具有很强的可持续性，并未发生动摇。

所以，在国际政治经济学的理论和实践中，我们不能混淆统治与治理的内涵，相应地，也不能混淆国际体系"权力转移"与"权力分散"的概念。否则，难免带来战略误判。

第二个结论：当代世界格局正处于从第四次调整向第五次调整过渡的初始阶段

所谓世界格局，是指世界上主要大国及其集团在竞争与合作过程中相互之间的实力和利益达到某种相对稳定或均衡的状态。自 17 世纪中

叶民族国家出现以来，人类社会总体上经历了四次世界格局的调整。第一次是维也纳格局，即 1815 年拿破仑战争后战胜国重新划分欧洲及其海外殖民地导致的均势状态；第二次是一战后以《凡尔赛条约》为基础的世界格局，同样是战胜国重新划分了势力范围，同时伴随着欧洲之外美国和日本的崛起；第三次是二战后以雅尔塔体系为基础的"冷战"格局，欧洲势力遭到巨大削弱，一大批原有的殖民地半殖民地国家获得独立，世界以美苏两国为中心划分为全面对峙的两大集团；第四次是 1991 年"冷战"格局瓦解后所形成的美国一家独大、其他大国谋求更多权力的世界格局，或称一超多强的格局。

自 2018 ～ 2020 年开启的中美大国博弈，能否改变世界格局，对人类历史进程的意义重大。其中，中国的应对及其结果，决定着人类能否迎来第五次世界格局的调整或改变——核心不是霸权交替，而是大国共同治理。但需要肯定的是，现在我们尚处在第四次世界格局调整的初始阶段。

在此，有一个问题需要强调，即传统的关于世界格局和国际关系演变的思维方式与理论模式，严重地约束了中美双方对彼此的认知。

一方面，双方不同的历史进程及其背景，强化了对双边的"误解"。中国自秦以来的历史进程，是一个在基本固定的地理范围内以中央政权为中心的周而复始的兴衰过程。然而，欧洲历史进程中的帝国变迁，则表现为原来位于帝国秩序边缘的新兴帝国对衰退的中心帝国的取代，这是权力转移的后果并造成更大范围和规模的权力转移，由此形成一个漫长的帝国的空间序列——如雅典、罗马、西班牙、荷兰、英国等。在欧洲历史中，基本不存在老的或旧有帝国的重新振兴或复兴。从这个意义上讲，西方更加关注在帝国的"中心 – 外围"结构中外围或边缘各种权力政治空间的变化，即关注外部边缘新兴力量的崛起，并对此抱有天然的警惕。

相比较而言，中国则更加关注内部敌对或反叛力量的形成与发展。相应地，对于大国而言，中国人更加关注"复兴"，而西方人更加关注"中心－外围"结构及其内部的权力转移。两者权力转移模式的历史经验和叙事不同，对权力转移手段的影响巨大。西方的"中心－外围"权力转移模式要比中国的大国复兴模式更加需要和依赖武力手段，相比于西方，中国一般是在原来王朝的衰落或更替时期注重武力手段，平时则更加强调文化传承、社会和谐等方面的合法性。这种迥异的历史过程及其带来的经验认知差异，是导致中美两国学术界和政府之间经常相互"误解"的重要根源之一。由此可以理解，中国强调的"和平崛起"为什么不被美国人认同。同时，我们也必须学会理解米尔斯海默等人"进攻性现实主义"的有关中美之间"注定一战"（格雷厄姆·艾利森以此为题出版了相关图书）的主张，具备底线思维。

另一方面，正因为如此，在西方国际政治用语中，崛起（rise）与衰退（decline/fall）相对应，带有霸权交替、权力转移的潜在逻辑。因而，迄今为止所有的关于霸权周期的研究，无论是从政治、经济还是体系周期视角的研究，都是在西方历史经验的基础上，关注美国衰落的现实性及其速度、趋势，以及未来可以取代美国的下一代霸主究竟是谁，如苏联、1970～1980 年的日本以及进入 21 世纪以后的中国，等等。这种理论思维惯性在很大程度上也是导致中美关系恶化的思想或理论根源之一。实际上，美国是一个与所有既往霸权国家不同的新霸主，无论是其控制世界的手段还是规模，都与既往霸主有着很大甚至是本质上的不同，因而传统的霸权更替"规律"很大程度上将发生重大变化：一是共同世界秩序或规则下不同文明之间的大国冲突或者合作，将决定未来世界秩序稳定与否及其走向；二是伴随着全球化主体的多元化发展，世界秩序的治理而非统治日益成为决定世界格局的重要途径。一句话，大国之间的互补、合作而非相互取代将成为未来世界秩序的可能图式。

第三个结论：中美两国相对而言，都是各自遇到的前所未有的新对手

对美国而言，它首次面对一个古老且异质文明国家的强势崛起，而且这个国家已经深深地融入自己构建的全球体系当中，同自己有着千丝万缕的联系；对中国而言，它是第一次以崛起的姿态与世界上最强大的国家形成竞争关系，甚至是与其迎面相撞，而且其背后是一个强大的西方国家集团。因此，中国必须拥有足够的战略定力，极其强韧的耐心，戒急勿躁，将同美国的博弈当作一场世纪工程。我认为，目前中国所需要做的，主要有以下两点。

第一，就是科学、理性地认识美国这个强大的对手，以及美国霸权的本质及其运行机制，对世界格局的演变抱有客观、现实和更加耐心的态度与立场。关于美国霸权地位的认知，涉及一个国家对世界格局的基本态度、理念、立场和可能采取的行动。理性认识美国霸权及其地位并非一件容易的事情，尤其是对那些后发的、正在快速崛起的大国而言，理性与情感的矛盾、冲突会更加激烈，甚至会触及民族主义情绪中最热烈、最狂热和最难以抗拒的部分。但是，倘若认真分析历史上无数快速崛起的大国失败的案例，就会发现民众的狂热往往导致民族主义成为一种危险的情感，而不受约束的民族主义使得公民价值观日渐堕落，结果使得国家走向毁灭。在此过程中，知识分子的所谓理性经常是靠不住

的，在赶超强国的狂热民族主义热潮当中，很少有知识分子能够摆脱民众的狂热情绪，用独立、批判、理性、冷峻的目光审视现实并发挥出应有的作用。因此，在面对霸权国家不择手段的全方位打压、遏制的条件下，如何认识美国及其主导的世界格局，是每一个有良知的中国学者必须严肃思考的历史性的大问题。

对此，提出科学的观念和分析逻辑远胜于给出具有可操作性的答案，后者更多地属于政治家和行政官员的事务。在这个问题的回答上，任何情感的、狭隘民族主义的思考或煽动，都是不负责任甚至是误国误民的。我们不仅需要冷静认知美国及其在当今世界上的领导地位，还要客观评价中国崛起的内涵与前景，特别是要理性地思考如何才能保持中国崛起的可持续性，因为毕竟历史上有好多国家的崛起中断了，整个国家甚至一蹶不振，而成功崛起的国家却屈指可数。因此，我更相信木心先生的一句话：悲观是一种远见。

第二，就是要抛弃传统的"以不变应万变"的思维方式与做法，顺应时代潮流，练好内功，进一步扩大开放和深化改革。前者的本质是从"门槛式开放"过渡到"规则式开放"，后者的核心主要在于经济体制、制度的改革，其目标就是提升创新能力和经济效率，还有社会活力。这个问题过于宏大，不再多说。

总之，在经济全球化已经发展到如此深入、广泛的情形下，所谓的"脱钩"或者"新冷战"能否实现，已经不在于美国怎么做，美国的对华战略已经是阳谋，就摆在我们面前，关键在于我们自己如何应对。从这个意义上看，我同意张宇燕教授的一个看法：我们依然面临着新的历史机遇，这个新的历史机遇主要在内而不在外。经济史和国际关系史的分析，让我相信这样一个结论：全球化本质上是一个政治选择。

Double Shock

The Future of Power Games &
The Future of The World Economy

| 第五讲 |

"拜登经济学"将给世界带来什么[○]

导 读 〉〉〉

"拜登经济学"是对拜登执政以来渐现端倪的一系列经济政策的归纳与概括。它以中下层劳工为中心的包容性增长政策很大程度上是对"华盛顿共识"的背离或反叛,标志着美国政府的经济哲学正在发生重大转变,即将自由市场再度"嵌含"于社会体系当中。

与以往经济政策调整不同的是,一方面,作为大国博弈过程中服务于美国新的全球战略的组成部分,"国际经济政策的意识形态化"成为"拜登经济学"的核心内涵之一,它本质上是全球治理模式的调整,其核心是全球经济治理的"去中国化";另一方面,作为应对经济结构高度金融化及其后果的政策措施,扩张性财政政策同极度宽松的货币政策的合流,是"拜登经济学"的重要内涵之一。美联储经历从抛掉"黄金魔咒"到摆脱"央行魔咒"的一系列跨越,使美国经济运行的基本动力已经由"挣到钱"经过"借到钱"发展到直接"印出钱",这是极其危险的一步。可以预计,一场更为巨大的金融危机即将来临。只不过,我们不知道它在什么时候以什么样的方式到来。

○ 本文是作者于 2021 年 7 月 8 日在由中国人民大学国家发展与战略研究院主办的第二期中美政经论坛(视频会议)上的发言,原题目为"'拜登经济学'的背景、内涵与影响",本书收录时略有删改。

非常荣幸受邀参加中国人民大学国家发展与战略研究院举办的第二届中美政经论坛。刚才听了题为"大历史视野下的'拜登经济学'与中国"的报告，感觉非常有历史纵深感，尤其是对19世纪以来美国主导经济思想的演变与当下美国政府"拜登经济学"的指导思想、政策目标与手段的把握很确切，很有深度和新意，也受到不少启发。借此机会，我想就相关问题谈一些粗浅的看法。

首先，我赞同报告中的一个基本观点，即"拜登经济学"以中下层劳工为中心的包容性增长政策，是对20世纪80年代以来以里根经济学为代表的新自由主义经济思想的反叛，这种新时期的国家干预主义尤其是对产业政策的高度关注，意味着"华盛顿共识"的破产，在很大程度上也是20世纪30年代罗斯福"新政"和60年代约翰逊"伟大社会"纲领的回归。

"拜登经济学"是对拜登总统执政以来渐现端倪的一系列经济政策的归纳与概括。它的政策工具主要包括五个方面：一是大规模财政支出特别是社会福利支出、基建支出、科技创新支出等；二是大规模加税，提高包括个人所得税、企业所得税和资本利得税等税种的税率；三是加强企业监管和反垄断，尤其是以产业政策直接介入经济活动；四是接受在一段时期内通货膨胀率可以超过2%，以确保就业增长，维持宽松的低利率环境，其核心是以现代货币理论（MMT）为基石推行财政赤字货币化；五是将对外经济政策意识形态化，以价值观、意识形态为黏合剂来加强与盟国和准盟国之间的经济政策协调，推进全球经济治理与经贸规则的"去中国化"，等等。

我认为，这种经济思想的重大变化，特别是其国内经济政策的转向，是20世纪70年代初布雷顿森林体系崩溃后，特别是80年代美国经济结构高度金融化发展的必然结果，即外部的全球化发展与国内新自由主义理念下的金融化发展正在从经济、社会和政治等多个方面撕裂着美国。

从乔万尼·阿瑞基的"体系积累周期"理论来看，金融化正是美国周期最后的一个重要阶段，即全球化的迅猛发展导致金融业严重脱离实体经济运行而"空转"，而且金融资本集团的利益及其理念，渗透到社会、政治、经济生活的各个领域，甚至绑架了政府政策的制定和运行。所以，无论是收入分配不公平、社会分化，还是政治极化的形成与发展，很大程度上都是美国经济金融化的后果，用卡尔·波兰尼的理论来讲，就是经济生活已经与社会系统发生了严重的"脱嵌"，此乃当今美国国内外一切问题、困境的重要根源。从这个角度来看，"拜登经济学"的调整或转向意味着自由放任主义经济哲学的破产。

实际上，自由放任的市场经济同苏联的计划经济一样，是 20 世纪两场失败的乌托邦实验。市场本身不是目的，它是社会生活体系的重要组成部分而不是相反，这是 20 世纪 80 年代以来里根经济学所导致的社会经济后果给予人们的深刻教训；同样，美国将全球化视为美国市场经济体制与民主模式向全球推广的过程，更是一种基于基督教末世信仰的乌托邦，华盛顿共识作为一种特殊的经济文明理念，向全球普及的后果一定是把多样化的世界引向难以应付的冲突。经过 20 世纪 90 年代全球化的迅猛发展，全球自由市场作为一种经济生活的工具已经严重脱嵌于全球政治进程，超越了全球经济治理的发展阶段与水平，这是非常危险的。所以，"拜登经济学"在很大程度上表明，美国的经济哲学可能出现重大调整或转向，这将是一个决定美国命运的历史进程的开启。

对"拜登经济学"的实施及其后果，我们要有足够的耐心。这里有两个方面的问题：一是"拜登经济学"对"华盛顿共识"的背离或反叛仍旧没有超出一百多年来美国经济政策周期摆动的范围，因而它是否意味着中国模式、经验可以获得足够的世界关注或者认同？对这种认识，应该持有更加谨慎的态度；二是既要意识到"拜登经济学"的制定和实施必将面临许多障碍和困境，同时也要看到，面对这些历史性课题，无论是民主党主政还是共和党上台，它们在经济政策上的差别只能是技术上或手段上的，不会是方向上的。因为一方面，这种调整是内生性的；另一方面，历史经验证明，一旦这个"钟摆效应"得以开启，美国学术界的知识和思想能力，以及它在体制、制度上的巨大潜力，是不容小觑的，支撑其进行又一个长达三四十年的经济转型是可能的。

其次，报告用"以中国为中心"来定义"拜登经济学"的对外经济政策，是一个值得考量的问题。因为从根本上讲，"以中国为中心"不只是经济政策，而是美国全球战略的核心组成部分，国际政治与国际经济的性质、逻辑和政策有着很大的不同。2021年2月初，拜登上任伊始，就将中国定义为美国"最严峻的竞争对手"，认为中国对美国的繁荣、安全和民主价值观构成了挑战。所以，他修正特朗普政府时期的对外政策，缓和或暂停与盟友之间的经济贸易摩擦，与盟友达成许多有关全球经济规则方面的共识，并推动与欧盟在技术领域的合作以应对中国竞争。这些都是服务于美国全球战略调整的重要组成部分。所以，我认为，"国际经济政策的意识形态化"恰恰是"拜登经济学"的核心内涵之一，它是服务于美国新的全球战略的。

最后，"拜登经济学"实施及其影响的最大不确定性因素，是其扩张性财政政策与极度宽松的货币政策的合流对美元体系的影响。

自 20 世纪 70 年代布雷顿森林体系崩溃后，美国内外政策的核心都是在维护美元体系的顺利运转，这是美国的核心利益，任何对该体系发起挑战或者有可能形成挑战的国家，都将受到美国全方位的打击、遏制。然而，正如历史上多次再现的场景一样，最强大帝国的毁灭性力量，往往来自内部。新自由主义在打造全球化和金融化力量、强化美元体系的同时，同样在滋生着动摇美元体系的能量。

自 2020 年 3 月起，为抵御新冠肺炎疫情冲击对资本市场造成的影响，美联储推出了"无上限量化宽松"政策，大力扩张资产负债表，仅2020 年当年的增长就超过 3 万亿美元，这与 2008 年金融危机后 5 年内分 3 次推出的量化宽松总规模大体相当。目前，美联储的资产负债表已经创历史新高。正如报告中所列举的，美国总体政府债务占 GDP 之比已经从 2019 年的 135% 蹿升至 2020 年的 160%，美国联邦债务截至2021 年 6 月底已达历史新高，突破 28 万亿美元，且联邦政府财政预算赤字占 GDP 的比重已经从 2019 年的 4.6% 快速升至 2020 年的 14.9%，2021 年预计将超过 16%。

在我看来，"拜登经济学"最重要的特征之一，或者说与以往历届美国政府经济政策的最大不同，就是财政赤字货币化，虽然这不是拜登政府开启的，但它一定会在这条道路上走下去，这是由当下美国的经济结构决定的。

2020 年 8 月，美联储主席鲍威尔发表了"长期目标和货币政策策略声明"，明确将此前通货膨胀率维持在 2% 以内的货币政策目标更改为"平均通胀目标制"，意味着只要通胀在一定区间内维持在这个水平，允许通货膨胀率在某个时期超过该水平。其核心目的，在于最大限度地追求充分就业。这表明，美联储的货币政策目标从控制货币供应数量和价格转向了追求充分就业。

更关键的问题在于，早从2008年金融危机开始，美联储作为央行的地位与作用就发生了实质性的变化，即由传统的"最后贷款人"（Lender of Last Resort，LLR）转变为"最后做市商"（Market Maker of Last Resort，MMLR），此次疫情的暴发和冲击则坐实了这个转变。为了应对这场巨大的外生性冲击，美联储在金融市场出现集中抛售或交易停滞等困境时，通过入场买卖丧失流动性的资产或接受丧失流动性的资产作为回购、贴现窗口抵押品等方式，将市场风险暂时从市场主体手中转移出来，也就是说，用增加自身负债向市场提供安全资产的方式，帮助市场恢复流动性和融资功能。显然，这是美国经济高度金融化的一个重要后果，即金融市场的发达、深化发展使得市场主体的种类、形式日益多元，金融工具日益多样，导致传统的以应对银行为主体的市场流动性危机的央行"最后贷款人"职能，无法应对日益频繁且深重的金融危机。

许多学者担心美联储从"最后贷款人"到"最后做市商"的转变将扭曲市场定价，使金融机构甘冒道德风险，而且央行作为"最后做市商"将产生强烈的分配效应，刺激非生产性金融资本扩张甚至会陷入低利率陷阱，导致货币政策失效，等等。我认为，这些短期影响确实是存在的，但从长期来看，应该更关注它对美元体系的影响。

这份报告的关键词——大历史视野是格外重要的。很显然，美联储的这个转变，必须从历史视角进行观察方能看清其实质和发展趋势。美联储的货币政策及其调整在"拜登经济学"实施当中的地位与重要性是前所未有的，我将这个转变看成一系列的"跨越"。

第一个跨越：美联储对央行独立性的跨越

正是由于两次世界大战期间复兴的金本位制度未能继承一战前金本位制度远离政治的优点，屈从于刺激经济恢复、增加就业的政治需求，导致其严重缺乏可信度，这也是通过资本外逃等行为将有限的经济危机转化为巨大的经济冲击，进而产生大萧条的原因之一。而二战后福利国家的兴起及政府对充分就业的承诺，更是强化了央行货币政策的政治化倾向，损害了央行与长期福利政策无关进而确保自身独立性的重要前提。相对而言，在沃尔克时代，美联储的货币政策是比较独立的，但到1987年格林斯潘时代，美联储的货币政策已悄然变化，到2008年金融危机的伯南克时代，美联储独立性的边界越来越模糊，其货币政策的决策与实施过程已经超过了传统边界，涉及财富和权力的分配领域。正是在这个意义上，我将从那时开始的美联储货币政策的决策、实施及其影响的过程称为"美联储政治经济学"。

第二个跨越："美联储政治经济学"的全球化发展，即美联储跨越了主权国家边境，开始形成主要国家间的央行联盟

面对此次疫情的剧烈冲击，美联储将与其他5个发达国家央行之间的货币互换机制长期化（C6），并将临时互换机制进一步扩展了9个包括新兴经济体在内的央行（C15）。这样，15个主要国家和新兴经济体央行之间的这种货币互换和债务展期的合作机制，使得这些国家的央行占据了国内社会经济生活和全球经济生活的"制高点"，拥有了保罗·塔克所说的除了司法机构和军队之外第三个"未经选举的"至高无上的权力；实际上，这种权力不仅是未经选举的，也是无法监督的；更重要的问题在于，它们史无前例地扩张了自身的职能边界，从金融稳定到影响分配，进而刺激就业、经济复苏和增长，乃至亲自参与资本市场运

作，变成最大、最后的做市商。这种未经选举、无法监督的权力的全球化，其影响如何，颇值得我们深入思考和研究。

第三个跨越：美联储从抛掉"黄金魔咒"到跨越"央行魔咒"，很可能开启恶性通胀甚至是更严重的金融危机的潘多拉魔盒

20世纪70年代，美国通过抛掉"黄金魔咒"，不仅摆脱了国际收支对货币政策的束缚，获得了通过扩张性货币政策刺激增长、控制全球资本流动的权力，更达到了不再必须去"挣到钱"，而是通过在全球资本市场"借到钱"来实现经济扩张的目的；自此，国际收支逆差已经无法限制通货膨胀，遏制通胀的大门被打开了，这是20世纪70年代石油危机特别是"滞胀"得以发生的重要背景。然而，在不到半个世纪的时间里，伴随着美国经济金融化的高度发展，又一个巨大的鸿沟被跨越了，即从"借到钱"演变到"印出钱"，央行可以直接为政府财政的赤字买单，其前提是跨越"央行魔咒"，即央行必须保持独立性，将其职能专注于金融稳定，不能介入政府财政领域这个限制被抛掉了。这样，美国经济运行的基本动力已经由"挣到钱"经过"借到钱"发展到直接"印出钱"，结果是包括政府在内的债务人不再纠结于如何偿还债务（虽然它们原本就没想偿还），而是干脆通过央行"造币"的方式"直接偿还"债务。

无疑，美联储的这一系列跨越，尤其是货币政策与财政政策的共谋，是极其危险的一步。通货膨胀并不可怕，对于治理通胀，美联储已经积累了相当丰富的理论与经验，令人担心的是，一场更为巨大的金融危机即将来临。只不过，我们不知道它在什么时候以什么样的方式到来。

一旦如此，将对现行美元体系进而对世界经济造成什么样的影响？这是需要高度关注的问题。

最后，对于中国而言，短期内我们除了要关注美国经济复苏对中国许多行业出口的影响，也要关注美联储货币政策退出可能导致的资本跨境流动风险，以及可能带来的对国内货币政策的压力。2021年7月7日，美联储公布了6月份货币政策纪要。该纪要显示，美联储预计放缓资产购买速度的条件要比原来的预期来得更早，并因此上调了今明两年的通胀预期，实际上是在暗示进入加息周期的进程将快于预期。这将为国际资本流动、全球其他央行的货币政策等带来重大影响。

除此之外，我们还需要关注美国主导的全球经济治理的"去中国化"问题，这个影响将更加长远和根本。

美国对外经济政策的意识形态化，是全球化时代的新现象，其本质是全球治理模式的调整。我们应该如何应对美国公开主导的全球经济治理的"去中国化"？这很大程度上是没有历史经验可循的。毫无疑问，进一步扩大对外开放、谋求经济高质量发展等举措是必要的，但同时我们还需认识到，二战以来国际经济合作的发展尤其是大国之间的经济协调与合作，是需要以大国间的政治共识与合作为基础的；换言之，大国之间的经济协调与合作，仅仅凭借产业领域的分工或市场规模的扩张是不够的，真正紧密、长期和深入的经济合作不只有利益，还存在着身份认同问题。国际关系是一个互动的过程，一个国家的地位或者说影响力如何，是在同其他国家尤其是大国互动的过程中决定的。实事求是地讲，长期以来国内学术界对这些问题的研究是不够充分的。今后，我们对这些问题的反思、认知以及在此基础上的积极应对，将非常重要。

西方民主国家存在着军队、司法机构和中央银行这三个少有的未经选举的特殊技术集团,央行作为未经民主选举的特殊技术部门,拥有越来越多的至高无上的权力,操控着公民的生活、经济的增长,甚至直接或间接地影响政治生活。

　　　　　　　　　——保罗·塔克,《未经选举的权力》

| 第六讲 |

中美两国博弈的本质是一场改革赛跑

——新时期国际关系变化的几点思考[⊖]

导 读 〉〉〉

　　人类对于未来的认知，常常难以摆脱既有观念的影响。在当下中美两国日趋对立的情绪中，重要的是双方都应看到未来一定需要两国走向合作。这既是面对全球性问题和挑战的需要，也是由两国各自的内在问题所决定的。

　　目前，国际关系主体的扩展对主权国家的对外关系提出许多新的挑战。一个国家越是更深地嵌入国际关系网络当中，国家利益就越是一个被"国际社会化"的因变量；一个新的世界秩序的到来，不仅仅由大国间实力的此消彼长所决定，更是大国间协调、合作乃至一致行动的结果，其前提条件便是大国间寻求并达成更多的共识。

　　中美两国博弈的本质是一场改革赛跑，其核心是在新的历史条件下自我革新的能力，改革的进程和深度既关乎两国自身的前途，也决定着两国关系及世界秩序的未来。在此过程中，中美应该彼此尊重、增进共识，这对于弥合全球化分裂、共同承担全球社会经济稳定发展的责任十分必要。

　　⊖　本文是作者于 2021 年 4 月 17 日在由上海财经大学主办的"国际经济合作动向与抉择"研讨会暨"国际经济合作研究院"更名仪式上的发言，本书收录时略有删改。

危机，是历史的加速器。它意味着快速地告别过去，同时也预示着人们不得不面向未知的、不确定的未来。这个转向或者摸索的过程，可能非常痛苦，但是无疑，它需要更多的理性和智慧。

国际经济合作是国际关系领域的重大课题之一。我个人的学术体会是，理性的研究者大多不会去接触"合作"这一话题，借用本杰明·科恩的话来说，合作犹如狂热的爱情，看上去很美好，却难以持久，虽然他强调的是货币合作，但实际上所有的国际合作大抵如此；更重要的是，国际经济合作问题不是独立存在的，它是一个复杂系统中的重要组成部分，需要在与其他国际关系领域的互动中发展，并时刻受到这些关系变化的影响。在此，我主要谈谈近期关于国际关系变化的三点思考。

国际关系主体的扩展对主权国家的对外关系政策提出许多新的挑战

不久前，BCI（瑞士良好棉花发展协会，Better Cotton Initiative）作为一家总部位于日内瓦、拥有超过 400 名会员的非营利国际性会员组织机构，宣称"中国新疆存在侵犯人权和强迫劳动的风险"，H&M 等服装品牌随即做出"停用新疆棉花"的决定。这一系列事件激怒了中国民众，引发广泛的抗议与抵制活动。中国人的愤慨是自然的，作为学者则有必要去思考更多、更深层次的问题。比如，为什么一家非政府组织的动议或行动会产生这么大的国际和国内影响？

迄今为止，国内学术界对国际关系的思考，更多的是以国家行为者作为对象。但 1945 年以来的全球体系与 19 世纪大不相同的一个现象，就是非国家行为者的队伍日益庞大并具有越来越大的国际影响力；换言之，一些既不具有法律属性也不具有领土属性的无主权行为者，在国际舞台上的行动、地位和影响与日俱增。

现代国际关系已经成为一个由国家、政府间组织、跨国公司、各种非政府组织和行业协会等构成的复杂网络。其中，这些组织通过有约束力或没有约束力的国家法律和机构错综复杂地联结在一起。它们更多地由民间自发组成并独立开展活动，对传统意义上的国家主权产生巨大的冲击和影响。现代国际关系主体和内涵的这些新变化，对每一个国家的对外关系政策、手段都提出了新的更高的要求。比如，如何通过民间团体、非政府组织的发展，让它们自发地积极参与非国家行为者的全球交流活动，等等。否则，如果我们仍旧用传统的主权国家的思维方式和对外政策手段予以应对，以不变应万变，将会面临越来越多的问题。

产业协会、行业协会等非国家行为者的观念和行动，更多地体现着知识、理念、价值观甚至是宗教情结，它们的价值观念及其行动同我们熟悉的主权国家的理性、利益偏好及其行为有着很大不同。实事求是地讲，我们对这些非国家行为者的观念、行为及其发展趋势是比较陌生的。改革开放四十多年来，我们更加习惯、熟悉同主权国家打交道，理论界也主要是以此为出发点来思考、探讨和研究国际问题。但是，在四十多年后的今天，在中国不断崛起、走近世界舞台中央的过程中，倘若仍然将对外关系活动集中于主权国家，忽视越来越多的非国家行为者的活动及其与日俱增的影响力，只能说明我们的对外开放是初步的。

因此，中国新一轮高水平对外开放的一个重要方向或课题，就是从社会到国家层面如何应对这些非国家行为者的理念与行动，更多、更大程度地向它们开放，与它们进行更深层次的互动。这样，既可以增进与其他国家国民、社会之间的深入交流与相互理解，增进这些非国家行为者对中国社会经济发展、进步的认知，也能够提升中国社会发展的水平和文明程度，全面提升中国在经济、社会和政治等领域与国际社会的交流水平与互动能力。

值得注意的是，国际关系主体和内涵的扩展，使得经济关系之外其他领域的互动日益成为国家间交往的重要渠道。这些渠道构建的方式、水平及其是否通畅，会形成对国际经济关系的巨大反作用。例如，二战后伴随着国际经济合作的进展，国际法体系发生了一系列重大变化。其中有两点最为明显：一是国家与个人，包括非国家行为者越来越难以成为彼此隔离的独立行动者，国际公法规范国家间关系与国际私法处理个人事务之间的界限日益模糊。联合国的诸多制裁行动实质上在许多方面已经混淆了公共与私人的界限，并造成两类国际法的互相抵触；一些个人和非政府行为者，也越来越拥有资格和权力向具有法定资格的法庭针对一些国家的政府或个人提起诉讼，这在很大程度上迫使一个国家将传统思维中的内政问题演变成国际问题，而且要接受国际社会或其他国家的价值观审视，被它们的法律所审判。二是区域主义或区域一体化进程的发展，使得区域经济合作作为一项集体行动更多地体现为规则或者法律关系。

迄今为止，国内有关国际经济合作问题的思考与研究，更多地集中于贸易、投资等领域，即便对《区域全面经济伙伴关系协定》（RCEP）与《全面与进步跨太平洋伙伴关系协定》（CPTPP）等一些问题的探讨，也多集中在成本收益分析或者政治影响等方面，基本上缺少从规则特别是国际法层面的思考。事实上，从《罗马条约》到欧洲经济共同体、欧洲共同体再到欧盟的相关规则、法律的形成与演进过程，能给予我们很多深刻的启示。一方面，区域经济合作是一个区域性国际法的构建过程，国际法和地区性法律在区域经济合作和地缘经济关系构建中的地位是不容忽视的；另一方面，在此过程中，许多传统的硬性的法条、法规所具有的严谨约束在很大程度上被一些软性的规则、规范所替换或补充，而这些更加软性的规则、规范，更多地同该区域相近或相同的文化传统、价值观等高度相关。

实际上，区域化或者区域主义作为弥补全球化所导致的矛盾与问题的重要步骤，早在 20 世纪 90 年代已经开始起步，对外经济、政治关系的区域化发展已经成为大国博弈的重要舞台。正因为如此，如何突出区域文化传统、价值观的共性或兼容性，减弱异质性，成为当下和今后需要高度关注的课题。

一个国家走向内卷化的重要前提条件，就是将国家利益自变量化

一个国家越是深入地嵌入国际关系网络当中，国家利益就越是一个被"国际社会化"的因变量。国家利益是国际关系理论的核心问题之一，也是有关国际经济合作研究的基本出发点。但长期以来，学术界的相关研究基本上都是将国家利益视为既定的。如果说在 19 世纪国际关系内涵与行为主体较为单一的情况下，本杰明·迪斯雷利的那句"没有永远的敌人，也没有永远的朋友，只有永远的利益"是正确的话，那么在 20 世纪尤其是二战后国际关系内涵及其行为主体有了巨大扩展的情况下，国家利益本身也同样发生着调整和改变。正如卡尔·波兰尼有关经济活动"嵌含"于社会系统中的理论逻辑一样，处于日益复杂的国际关系网络中的国家，其利益本身并非固定不变，由于国家"嵌含"到稠密的、跨国的和国际化的社会关系网络当中，它的利益在很大程度上是

由国际关系的互动建构的；国际关系网络不仅限制、规范国家行为，也将会影响或改变国家偏好，传授或产生新的价值，进而改变国家利益的内涵及其边界。所以，国家利益不是一个自变量，而是一个被"国际社会化"的因变量。[1]除非一个国家愿意像朝鲜等少数国家那样封闭于国际社会中，即它的国家利益是预先设定且固定不变的。这从另一个角度也说明，一个国家走向内卷化的重要前提条件，就是将国家利益自变量化。

需要指出的是，中国国际关系学界以及世界经济、国际经济学界对有关国家利益的认知基本上是比较传统甚至肤浅的，在实践上则表现为对外政策的强度过高而柔韧性不足。我们应客观、理性地认识到，作为一个正在快速崛起的大国，必须要用更高水平的理论与实践突破历史经验的约束。

五百多年前，随着欧洲殖民势力向世界的迅速扩张，从前相互隔绝的地方被日益紧密地联系到一起，它们带来的不仅仅是新工艺和经济技术，还有新的知识和理念，也有新形式的政治压迫和剥削。这些早期的全球化过程给世界所带来的经验和记忆并非美好，更多的是巨大的冲突、灾难和威胁，这一后遗症至今仍在继续发酵，影响甚至约束着当代许多国家对全球化内涵和形式的理解，限制着各国社会和思想上的沟通、理解或整合。

实事求是地讲，在通过一种制度安排协调、开展区域或全球范围内的集体行动方面，中国缺乏相应的历史经验，与之有关的理论建树更少，这同中国独特的历史进程以及近现代国家建构和进入国际体系的经验高度相关。更为重要的是，历史上特殊的地理环境、文化传统、国家体制及治理理念，决定了中国特有的"天下"观念，同17世纪中叶威斯特伐利亚体系形成以来的近代主权国家和国际关系的理念之间，存在着潜在或者显在的矛盾与冲突，这些都是当下和今后中国必须直面的理论和现实课题。

大国政治合作是世界经济稳定发展的重要基础

一个新的世界秩序的到来，并非仅仅是由大国间实力的此消彼长决定的，更是大国间协调、合作乃至一致行动的结果，其前提条件便是大国间寻求并达成更多的共识。

历史告诉我们，民族国家是人类（主要是欧洲人）的一项重大发明，种族、宗教、思想文化和价值观是影响人们彼此认同、理解生活现实、解释生活前景的重要因素，因而国家共同体本身就是一座人们拥有共同想象的建筑。这种共同的想象在凝聚民族国家的同时，也使得世界变得更加多样化。正如在一个社会中人们的身份是由社会规范、规则、理解及其与他者的关系塑造，在世界上一个国家的身份、地位同样是由国际规范、规则、价值观（共识）及其与其他国家之间的关系塑造。

这使得国际关系的内涵及其运行至少具有两个方面的特征：一是国际关系不仅仅是物质层面的关系，更有社会的、观念层面的互动。国际贸易、投资和国际金融等并非国际关系的全部，它们是国际关系中非常重要的组成部分，但它们的运行或发展必须按照某些约定俗成的或者人为设计、协商的规则、规范来进行，这些人为因素的作用伴随国际经济交流规模的日益扩大、水平的提高而不断增强，尤其是价值观或意识形态的影响力将越来越大，并深刻地影响着全球经济网络中国家间互动的规模和方向。二是同国内社会一样，国际社会运行的核心内容是规则、制度与价值观，国际社会中的国家行为尤其是大国行动需要寻求、达成共识，无论是两次世界大战之间伦敦世界经济会议失败的教训，还是二战后布雷顿森林体系以及当今美元体系运行的实践，都告诉我们，良好、稳定的世界经济运行是大国政治协调的产物，因为共同的行为规范和价值共识可以让不同类型的行为主体采取同样的行动，减少国际关系中的交易成本，否则，大国间的理念冲突和行为摩擦将会增加，甚至彼此间难以相向而行，具体到当今世界，就是导致全球化分裂——主要大国之间在有关什么是经济全球化以及需要怎样的经济全球化等方面失去了共识。

人类的生活相隔遥远，不仅体现在空间距离上，还体现在各自的认知框架上。北京大学王缉思教授最近在一篇文章中指出，[2] 在过去的半个世纪里，中美两国之间的交往迅速扩大。2017 年前后，中美每年双边贸易总额达到 6 000 亿美元左右，访问美国的中国公民和访问中国的美国公民包括旅行者，每年达 200 万人次以上。中国在美国的留学生接近 40 万，在美国的华人有 500 万以上，包括 200 多万在中国出生的人。但是，相互关系的远近亲疏同相互了解的深度没有必然联系，仅仅是加强沟通，了解对方的想法，未必能够起到缓解矛盾的作用，反而可能是相互了解越多，彼此间认知的差距越大，甚至认为沟通失去了意义。问题的关键在于，了解不等于理解。人类的特点，就是善于从自身的价值观和行为准则去认知、判断对方，因而理解的关键在于价值观或意识形态的接近或一致。因此，人类的相互理解是非常困难的。没有理解就没有信任，于是就会产生不安，就会焦虑，就会误判，就会贸然（做出错误）行动，导致矛盾激化甚至是冲突。

价值观、意识形态和体制因素在国际关系中的作用，是让行为主体彼此间能够形成稳定的行为预期，相近或相同的价值观可以增进互信。最近，新加坡总理李显龙在接受 BBC 采访时指出，希望中国能够成为一个世界各国都能接受的国家。⊖这表明，如何在沟通过程中增进彼此的理解和互信，是一个重要的国际关系课题。其中，大国之间努力通过沟通、理解，在相互尊重的基础上寻求并达成价值观领域的某些共识是非常必要的。换言之，中美两国作为可以影响世界的大国，在有关人类生存、发展和进步的基本价值等方面，是应该拥有共识的。前不久，在北京举行的"蓝厅论坛"上，国务委员兼外交部部长王毅明确指出："民主不是少数国家的专利，而是全人类的共同价值。实现民主的形式丰富多彩，没有固定模式，也不存在标准答案。真正的民主必须扎根本国土壤、服务本国人民。"⊜

中国是美国在二战后遇到的第三个对手，对于前两个对手——苏联和日本，美国构造了不同的叙事方式与逻辑，然而对于中国这个对手，美国的叙事方式与逻辑要更为复杂，绝非像米尔斯海默、艾利森等新现实主义者所鼓吹的那样，仅仅是崛起大国与守成大国之间的权力矛盾与冲突，其中的价值观与意识形态冲突是显而易见的，其在大国博弈中的分量是不容忽视的。

目前，伴随着中美大国博弈和全球化分裂的加剧，以往那些支持全

⊖　当地时间 2021 年 3 月 2 日，新加坡总理李显龙在接受英国广播公司（BBC）采访时，谈及新冠肺炎疫情、公民信息、全球化和重大国际关系问题等。资料来源：新加坡总理公署（Prime Minister's Office Singapore）官网，https://www.pmo.gov.sg/Newsroom/PM-interview-with-BBC-for-Talking-Business-Asia，最近登录日期：2021 年 3 月 17 日。

⊜　2021 年 2 月 22 日上午，由中国公共外交协会、北京大学和中国人民大学联合主办的"对话合作，管控分歧——推动中美关系重回正轨"蓝厅论坛在京举办。国务委员兼外交部部长王毅出席论坛开幕式并发表致辞，表态"中美关系须拨乱反正，重回正轨"。资料来源：中国外交部官网，https://www.fmprc.gov.cn/web/wjbzhd/t1855497.shtml，最近登录日期：2021 年 3 月 17 日。

球化发展的政治因素遭到严重削弱。从美国国内营造的社会政治环境、情绪还有与中国互动所表达出来的信息来看，美国大有与中国势不两立之势。在这个看似曲折的隧道中，果真看不到光明的未来吗？答案是否定的。

人类对于未来的认知，常常难以摆脱既有观念的影响。三年前，当美国挥舞起贸易保护主义大棒时，许多人轻松地认为这不过是一场商业价格游戏，仅仅局限于贸易领域；今天，在美国对中国的遏制战略昭然若揭且大国博弈全面升级的情况下，无知者亢奋无比，有识者忧心忡忡，但我们最需要的是在亢奋、喧嚣或沉重的担忧中看到世界的未来——中美一定是要走向合作的，这不仅仅是由于存在着日益增多的需要共同面对的全球性问题，也是由两国各自国内社会经济发展及其所面临的问题决定的。

中美两国都需要改变，而且这种改变首先都需要侧重自身的内部问题：美国的问题聚焦于经济结构高度金融化所导致的贫富两极分化、社会分裂以及政治极化等，中国面临的主要问题则体现在如何促进创新能力与社会活力、做强做优做大国企以及健全法制与社会公正等许多方面。因此，中美两国都需要大力推进改革。从这个意义上看，中美两国竞争、博弈的本质是一场改革赛跑，其核心是在新的历史条件下自我革新的能力；改革的进程、深度及其成败，决定着未来中美两国的可持续发展能力，决定着两国未来国际地位的演变，也决定着两国关系与世界格局和秩序的未来。在此过程中，中美两国在彼此尊重的基础上寻求并达成更多、更大范围的共识，对于弥补全球化分裂，共同承担起全球社会经济稳定发展的责任，是十分必要的。

早在20世纪90年代中期，哈佛大学商学院的乔治·洛奇就曾预见到价值观分歧是全球化发展的重大障碍。他指出，关于全球化的目标及其应取的方向各国并未达成共识。因此，全球化在困境中前进，随着全球化趋势的加强，关于它的影响和发展重点方向的意见冲突会更加突出，这些意见分歧是由不同的价值体系造成的。[3] 同样，在联邦德国前总理施密特看来，全球化既是一个实践 – 政治话题，也是一个社会 – 经济话题，此外，它还是一个思想话题。[4]

的确，迄今为止的全球化发展，在带来日益增强的经济相互依赖的同时，并没有自动地带来一套共同的理念或价值观。未来的世界走向何方，中美两国责任重大。针对前几轮全球化浪潮中思想、价值观的沟通远远落后于实体经济层面交流、合作的状况，中美两国都需要做出深刻的反思：我们需要构建一个什么样的世界？需要以什么样的观念和行动去重构全球化？

注　释

1. 参见（美）玛莎·费丽莫著，袁正清译：《国际社会中的国家利益》，杭州：浙江人民出版社 2001 年中文版，第 7 ～ 8 页、第 150 页和第 170 页。
2. 参见王缉思：相互了解能缓解中美矛盾吗．https://www.thepaper.cn/newsDetail_forward_11258784, 2021-02-08.
3. 参见（美）乔治·洛奇著，胡延泓译：《全球化的管理：相互依赖时代的全球化趋势》，上海：上海译文出版社 1998 年中文版，第 4 页。
4. 参见（德）赫尔穆特·施密特著，柴方国译：《全球化与道德重建》，北京：社会科学文献出版社 2001 年中文版，第 3 页。

未来的世界中美一定是要走向合作的。中美博弈的本质是一场改革赛跑，其核心是在新的历史条件下自我革新的能力。改革的进程、深度及其成败，决定着未来中美两国的可持续发展能力，决定着两国未来国际地位的演变，也决定着两国关系与世界格局和秩序的未来。

——李晓

《双重冲击：大国博弈的未来与未来的世界经济》

第二篇

未来的世界经济与
全球化分裂

新冠肺炎疫情作为一场突发性外部冲击不仅对世界经济造成巨大损害，更与大国博弈的升级合流，成为全球化分裂的加速器。

我们现今所经历的一切，本质上并非"逆全球化""反全球化"，而是全球化分裂，即世界上主要大国尤其是第一、第二大经济体之间在有关经济全球化的内涵、规则和方向上不再有共识，两者秉持着各自的自由贸易理念背道而驰。

全球化分裂使得经济全球化处于新一轮调整过程中，其核心是在金融全球化格局即美元体系依旧的条件下，在产业链布局和贸易、投资规则等领域正在出现规则分层化、范围区域化的重构。

当今的经济全球化态势及其特征并非"逆全球化""反全球化"，而是"全球化分裂"，即世界主要大国尤其是第一、第二大经济体之间对经济全球化的内涵、规则和方向失去了共识，经济全球化呈现出"规则分层化""范围区域化"和"内涵分裂化"的分裂态势。

——李晓
《双重冲击：大国博弈的未来与未来的世界经济》

Double Shock
The Future of Power Games &
The Future of The World Economy

| 第七讲 |

全球疫情能否成为
世界经济衰退的加速器[⊖]
——兼谈中国的应对策略

导 读 >>>

　　2020年最大的"黑天鹅"新冠肺炎疫情的急剧扩散正在对世界经济产生严重冲击,任何国家都无法独善其身。本文探讨了疫情对世界经济增长、深层次结构以及全球经济治理等领域可能造成的冲击,认为世界经济秩序和国际经济关系都将受到重大影响,全球化进程可能呈现出碎片化的发展趋势,全球治理赤字更加凸显且内容更加广域化,跨国公司的产业链重构进程将有所加快并更加注重安全因素。

　　在这种严峻形势下,中国应采取更加系统的应对措施,短期内宏观经济政策重心应该从"保增长"调整为"保就业",并努力确保外向型产业链稳定;中长期应该更加注重扩大内需,进一步扩大金融业开放和积极推进国际经济协调。

　　⊖　本文是作者于2020年3月24日在"新冠肺炎疫情下的世界经济与中国"视频研讨会上的发言,后作者与博士生陈煜合作形成论文"疫情冲击下的世界经济与中国对策",发表在《东北亚论坛》2020年第3期上。本书收录时略有删改。参加本次视频会议的学者有上海社会科学院张幼文教授、厦门大学庄宗明教授、辽宁大学程伟教授、南开大学佟家栋教授、南京大学张二震教授、东南大学徐康宁教授、北京师范大学贺力平教授、中国社会科学院孙杰研究员、中国人民大学雷达教授和中央财经大学张礼卿教授。作者感谢他们富有见地的观点,感谢硕士研究生李博图在数据整理和验证方面的协助工作。

问题的提出

自 2020 年年初，新冠肺炎疫情（以下简称"疫情"）在全球暴发并迅速传播，给世界造成巨大冲击。3 月 11 日，世界卫生组织（WHO）正式将其定性为"全球性大流行"，主要西方国家和国际组织陆续将其定性为史上罕见的公共危机。可以预计，疫情将使全球遭遇超乎想象的社会经济挑战。

作为一场典型的外部冲击，疫情的全球扩散短期内对世界经济造成了剧烈冲击，全球资本金融市场随之发生剧烈动荡。3 月 9 ~ 18 日，美国股市在 10 天内接连四次触发熔断机制，连带十几个国家的股市或股指期货触发熔断机制。面对市场日益加剧的恐慌情绪，美联储（FRB）采取了前所未有的极限措施。[1] 当地时间 3 月 27 日，美国政府签署通过了高达 2.2 万亿美元的经济刺激法案。3 月 26 日，二十国集团（G20）领导人举行特别峰会后发表声明，将向全球经济注入超过 5 万亿美元资金。与此同时，主要国家间日趋严厉的边境封锁措施使得全球产业链的运行从供给和需求两端遭受"硬脱钩"，造成国际分工体系局部运转的"骤停"。

目前，受疫情严重影响经济体的 GDP 占全球总量的 80%，影响的供应链占全球的 90%，世界经济运行的三大中心——供给中心中日韩、需求中心欧美和能源中心中东均遭受严重冲击。基于疫情对世界经济可能造成的冲击，国际组织纷纷下调世界经济增长预期。1 月 8 日疫情尚未全球扩散时，世界银行在《全球经济展望》报告中将 2020 年世界经济增速下调 0.2 个百分点至 2.5%，理由是贸易和投资的复苏慢于预期，债务和地缘政治等因素仍对经济增长构成风险；3 月 9 日，联合国贸易和发展会议表示，疫情所引发的冲击可能使 2020 年世界经济增速降至 2.5% 以下；[2] 3 月 27 日，国际货币基金组织（IMF）召开国际货币与金融委员会（IFMC）紧急视频会议，表示全球卫生流行病已经转变成一场经济和金融危机，伴随着经济活动突然停滞，2020 年全球产出将严重收缩。[㊀] 摩根大通银行近期的预测显示，2020 年世界主要发达经济体都将陷入经济衰退。大部分学者、机构也越来越倾向于认为经济衰退已经成为事实，担心陷入一年以上的严重经济萎缩。

关于这场疫情的扩散和控制程度及其对世界经济可能造成的影响，国内外经济学界出现了较大分歧。有的学者认为，目前情况表明世界经济正在走向 20 世纪 30 年代那样的大萧条，[3] 疫情对实体经济的冲击将影响金融系统，进而对实体经济造成二次打击，最糟糕的时刻还远没有到来；[4] 也有学者持不同看法，认为尽管本次疫情的暴发速度与波及范围前所未有，但目前断言世界会再次陷入经济大萧条还为时尚早。从影响上看，虽然本次疫情对世界经济和全球化的冲击超过中美贸易摩擦，[5] 但目前世界经济的持续动荡更多是由于外生冲击而非金融系统自身问题所致，[6] 各国的经济基础与社会基础也与 20 世纪有很大区别。[7] 只要各国政府和企业采取的措施得当，虽然经济衰退无法避免，但不可能出现当年的大萧条。

在人类共同的不以人的意志为转移的自然灾害面前，经济学家任何基于理论和经验的判断都不应绝对化。目前，人们多用"灰犀牛遇见黑天鹅"来描述疫情对世界经济的冲击。我们认为，这主要有三个层面的

㊀　随着疫情在全球的迅速蔓延，全球机构关于 2020 年经济增长预期也一再调低。3 月 3 日，经合组织（OECD）表示，如果疫情继续蔓延，全球经济增速可能降至 1.5%；3 月 18 日，高盛集团（Goldman Sachs）也将全球增速预期下调到 1.25%，并预计全球主要发达经济体会先出现衰退；美国银行（Bank of America）更预测全球经济增长的最坏情况可能为 –2%。

含义：一是在世界经济的宏观层面，在经济增速不断下降或者说在缓慢衰退过程中突然遭遇到巨大的外部冲击；二是在世界经济的微观层面，全球贸易和产业链在贸易保护主义浪潮中又遭遇到外生性中断，贸易保护主义不一定减少贸易量，主要是增加贸易成本或者出现更多的贸易转移，但此次疫情却导致大规模的交易中断；三是在国际政治或者国际关系层面，正当主要大国关于什么是全球化的共识破裂、导致全球化分裂的过程中，疫情冲击很有可能使得全球化市场呈现出碎片化的发展趋势。基于此，本文试图通过探讨疫情可能对世界经济造成的冲击，分析中国在此过程中应采取的应对策略。

疫情对世界经济的影响

畅销书《世界是平的》的作者、美国著名作家托马斯·弗里德曼（Thomas Loren Friedman）在最近一篇文章中指出，新冠肺炎疫情将改变人类历史进程，或将成为"公元前和公元后"一样历史分期的起点，即 B.C.（Before Corona）与 A.C.（After Corona）。这种表述反映了人们对疫情影响的忧虑。我们将从世界经济增速、结构性变化以及全球治理等方面，探讨疫情对世界经济的短期和中长期影响。

疫情对世界经济增长的影响

任何对世界经济增长的判断都必须基于全球疫情扩散与防控的情况来进行。疫情扩散与防控拖延得越久，其对世界增长的危害就越严重。参考各个国际组织不断修正的预测，基于疫情的全球扩散与防控情况，可以将世界经济增速的判断归纳为三种情况：一是如果全球疫情扩散在第二季度被控制住，世界经济增长将会在 1% ～ 2%，而且被阻碍或压制的需求会使得经济出现一波爆发式反弹；二是如果全球疫情的控制拖延至第三季度，全球经济增长可能在 1% 以下，甚至出现零增长、负增长，但 2021 年经济反弹的可能性仍会存在；三是如果疫情扩散跨年度甚至更长时间，一场经济衰退将难以避免，至于是否会进入全球性大萧条，需视具体条件而定。总体上看，现阶段疫情对世界经济造成冲击的渠道主要有以下五个。

1. 全球产业链突发性中断

主要国家之间越来越严格的隔离措施严重打击了以中间产品贸易为基础的全球产业链运行，使得供给和需求两端陷入突发性中断状态。不仅是需求方不能及时复工、复产，供给方即便生产出产品也不得不堆放在仓库里或码头上。伴随着经济全球化的发展，半个世纪以来中间产品贸易所占比重已经从 20 世纪 70 年代的 30% 左右扩大到今天的约 70%。因此，如果疫情继续扩散下去，全球产业链将会受到巨大的冲击和影响。

2. 全球贸易需求萎缩

由于现阶段疫情扩散严重的国家几乎都是欧美发达国家，它们每年的货物进口额占世界出口总额的比重超过 30%，[8] 因疫情扩散与防控导致的需求锐减无疑会严重损害世界贸易的发展，近期全球范围内有两个现象值得关注，均预示着国际贸易将出现严重萎缩：一是既有订单的"退单潮"开始大规模出现；二是主要粮食出口国开始禁止粮食出口，[9] 由此人们担心引发全球粮食危机。

3. 国际资本流动的方向发生变化

疫情的全球扩散促使投资者的市场预期发生改变，近期股票、石油、黄金等几乎所有资本品的价格都在下跌，而美元却在升值，这在很大程度上意味着人们只关注流动性而非价值，是比较典型的危机时期的心理特征。这种情况直接导致新兴经济体的资本外流以及本币汇率贬值。[⊖]类似的国际资本流动方向与规模在短期内急剧变化与波动，极易造成 1997 ～ 1998 年那样的新兴经济体货币金融危机的重演。

4. 各国庞大财政刺激政策的隐患有可能不断显现

面对汹涌而至的疫情及其导致的社会生活、经济活动的骤停，出于避免企业破产倒闭和确保社会稳定的需要，各国政府纷纷出台了以补贴、免税等为核心的财政刺激政策。这些政策的出台无疑有助于缓解疫情造成的社会经济冲击，但也会导致两个方面的问题：一方面，应对疫情所采取的这些政策的目的是抗疫，这类政府支出往往是没有生产性或经济性的，倘若用力过猛，会损害后期政府应对可能出现的经济危机的能力；另一方面，政府庞大的财政支出会加重主权债务负担，目前意大利、西班牙的疫情非常严重，按照疫情的发展势头，未来这些南欧国家还将被迫有更大规模的财政支出，由于欧元区国家没有独立的货币政策，而且欧元区又没有统一的财政政策，欧洲央行能否为日益增加的主权债务融资在很大程度上决定着它们的主权债务状况，因而不能排除伴随着疫情扩散、经济停滞而使得部分南欧国家再度陷入主权债务危机的可能，除非欧元区财政政策一体化能够出现突破性进展。

5. 国际经济协调应对缓慢

面临疫情扩散及其导致的经济停摆困境，原本应该出现的全球共

⊖　2020 年 3 月以来，美元相对主要新兴市场国家货币普遍升值（其中美元兑人民币 +1.5%、兑印度卢比 +5.3%、兑墨西哥比索 +19.4%、兑俄罗斯卢布 +18%、兑南非兰特 +13.5%）。

同行动、统一面对、共同协调的情况迟迟未能出现。直至 3 月 26 日二十国集团领导人应对新冠肺炎特别峰会以视频会议的形式召开并达成共识，与会各国强调应该采取全球行动以抗击疫情，并承诺"正在向全球经济注入超过 5 万亿美元，以作为有针对性的财政政策、经济措施和担保计划的一部分，抵消大流行病对社会、经济和金融的影响"。[10]

疫情对世界经济发展的深层次影响

大部分学者认为，此次全球疫情无论何时结束，都将会对世界经济的长远发展产生重要影响，甚至引发国际关系、国际格局的重大变化。

美联储实施超级量化宽松的原因与影响

美国在经济上是世界经济的核心力量，又是此次全球疫情的"核心"，再加上美联储（FRB）作为当今"美元体系"的核心或全球意义上的中央银行，[一]其货币政策的实施具有世界意义；此次 FRB 无上限的超级量化宽松（QE）政策的实施，必将对世界经济增长产生重要影响。

在迄今为止一个月左右的时间里，FRB 采取了一连串前所未有的举措挽救市场。从 2020 年 2 月 19 日开始，美股累计暴跌近 20%。3 月 3 日 FRB 宣布降息 50 个基点，将基准利率降至 1.00% ～ 1.25%；3 月 13 日，美国宣布进入国家紧急状态，美股继续下跌，面对股票市场因

　　[一]　这主要是指全球金融危机期间 FRB 提供美元流动性或与其他央行货币互换的"最后贷款人"身份。

疫情扩散导致的快速下跌以及市场恐慌情绪，3 月 15 日 FRB 再度宣布降息至接近零利率水平（0 ～ 0.25%），并启动了一项规模达 7 000 亿美元的大规模 QE 计划，其中购买国债至少 5 000 亿美元，购买机构抵押支持债券（MBS）至少 2 000 亿美元；3 月 17 日，FRB 启动多种短期流动性供给机制，包括商业票据融资机制（CPFF）、一级交易商信贷便利机制（PDCF）和货币市场共同基金流动性工具（MMLF）等。这期间，3 月 9 ～ 18 日美股连续触发四次熔断机制；⊖3 月 23 日，FRB 更是火力全开，宣布一系列新举措，包括开放式资产购买，并将建立新的计划来支持"信贷向雇主、消费者和企业的流动，该计划将共同提供高达 3 000 亿美元的新融资"，同时，来自财政部外汇稳定基金的 300 亿美元将为该计划提供支持。[11] 此外，美国参议院通过了总额为 2.2 万亿美元的财政刺激计划，几乎是 2009 年用于经济刺激计划的 8 310 亿美元的 3 倍。[12]

FRB 上述一系列措施有三个显著特点：一是毫无底线，放手宽松；二是救市与经济刺激并举；三是其货币政策的财政补贴味道颇浓，实际上是开启了财政政策货币化进程。FRB 动作如此之大，当然表面原因是出于疫情冲击下提振市场信心的需要，但其背后反映的则是美国经济基本面及其面临的主要风险。

1. 整体债务结构发生了较大变化

与 2008 年金融危机时期相比，家庭和金融机构的资产负债表得到较好的修复，而美国政府尤其是非金融企业的资产负债表则扩张迅速。因而，FRB 所面对的市场流动性危机不是 2008 年那种金融机构之间发

⊖ 美国股市的四次熔断时间分别为 3 月 9 日、3 月 12 日、3 月 16 日及 3 月 18 日。据统计，历次美股标准普尔 500 指数跌幅达到 20% 所需时间：1987 年历时 38 天，2000 年历时 244 天，2007 ～ 2008 年历时 188 天，而 2020 年受本次疫情冲击影响仅历时 16 天。

生的传统的流动性危机。仅就金融市场的表现来看，不仅市场隔夜回购利率（Overnight Repo Rates）走势并未发生 2008 年那样的急速上升，反而由于 FRB 回购力度加大而出现下降，而且三个月期 Libor/OIS 息差（Libor-OIS Spread）也远没有达到 2008 年的恶化程度，说明银行间的借贷意愿并未发生剧烈变化，金融市场发生美元流动性危机的证据不足；同时，近日美国非金融企业商业票据利差却急剧上升并已超过 2008 年危机时的高点，表明目前市场面临的主要问题不是 2008 年因金融机构杠杆破裂出现的流动性危机，而是市场对实体经济的流动性比较悲观。

2. 本轮长达 11 年的股票市场普涨很大程度上不是经济基本面良好所致，而是在较长时期低通胀条件下政府、企业及居民消费部门低成本融资，尤其是通过大量的杠杆融资实现资产负债表扩张的结果

在此过程中，2020 年 3 月 6 日沙特阿拉伯与俄罗斯关于原油限产的谈判破裂导致国际油价狂跌，致使生产成本高达每桶 40 美元以上、用高杠杆推动起来的页岩油企业的高负债链条（目前负债本息高达 9 300 亿美元）难以承受，由于石油不仅是能源产品，同时也是金融产品，资本市场对页岩油企业债券违约进而导致金融风险的忧虑急升。此外，其他非金融企业的管理层通过回购公司股票抬高每股盈利（EPS）进而增加分红，已经成为美国股票市场的正常现象。据统计，过去 15 年间，美国上市公司 EPS 年复合增速为 11%，而企业利润复合增速为 8%，表明在目前美股 EPS 增长中公司回购股票的虚增贡献高达 30%。[13]而且从整体上看，过去 10 年虽然美股涨幅超出 2008 年金融危机前高点 3 倍，但美国制造业产出水平仅比 2007 年年底低 2%，工业总产出在过去 12 年里总共才提升 4%；更为重要的是，上市公司经营者与股东的利益高度一致，使得美国企业的创新投入大幅下降，企业研发支出占现金的比重仅为 11%，远低于用于股票回购的 27%。[14] 正因为如此，美国经济本轮扩张的基础脆弱，经不起任何较大风险的冲击。一旦市场出现转向下行的动能或压力加大，大量杠杆资金支撑的资产面临巨大赎回压力，结果一定是流动性短缺。

3. 服务业在美国产业结构中所占比重高达 80%，是受疫情冲击最为严重的领域

服务业经营有两个主要特点：一是就业比重高，遭遇危机时极易产生大规模失业；二是相对而言收入以现金为主，一旦现金流出现问题，其债权债务就会出现快速收缩，影响到大批供货商的财务指标。据美国劳工部的数据，截至 2020 年 3 月 21 日，当周申请失业救济金的人数多达 328.3 万，这是美国历史上第一次超过 300 万人的失业，比 2009 年 3 月创造的 66.5 万人的历史纪录高出近 5 倍。[15]

总体而言，尽管 2008 年以来美国银行系统和金融机构伴随着清除有毒资产，目前看似比较稳健，但企业层面的债务增长过快，其资产负债表比较脆弱。据统计，美国非金融企业债务占 GDP 的比例已经高达 74%，[16] 超过 2008 年金融危机前的水平。如果非金融企业资产负债随着消费下降、产业链中断等导致债务违约，将连带银行、金融系统出现系统性风险，形成"企业财务问题—债务违约—金融机构风险"的恶性循环。事实上，美国资本市场已经出现了危险的苗头。伴随着资本市场出现前所未有的四次熔断行情，已导致"牛熊通杀"的量化基金的业绩大跌，全球三大量化投资巨头文艺复兴（Renaissance Technologies）、Two Sigma 和德劭（D. E. Shaw）均出现严重亏损。业界表示，在如此波动的市场条件下，多空都很难做，预计 2020 年量化投资基金亏损将达 14%。[17]

可以说，上述问题是 FRB 加大 QE 力度的根本原因。此番操作中，它绕过商业银行直接购买企业无担保商业票据，很大程度上并非为绕开"沃尔克规则"⊖的限制挽救金融机构，而恰恰是为了向市场直接注入流动性以应对疫情对实体经济的冲击。针对 FRB 的超级 QE，国内外学术界存在着两种近乎对立的评价：一种观点认为 FRB 出手及时，对挽救因疫情冲击而备受打击的市场信心意义重大，2020 年 3 月 26 日 FRB 主席鲍威尔在接受美国全国广播公司《今日》（Today）节目采访时表示，FRB 仍有政策空间，借贷方面的弹药还没有用尽；[18] 另一种观点则认为，由于此次金融动荡与 2008 年大为不同，个人、政府、金融机构和企业之间的债务结构发生了很大变化，资产负债表恶化的主要不再是金融机构，而是企业，因而 FRB 如此大力度操作是用传统的应对 2008 年金融危机的办法来拯救股市，无异于"用治疗感冒的药来治拉肚子"。[19]

实际上，针对疫情冲击导致的股市暴跌，FRB 的紧急救助无疑是必要的，起码起到了安抚市场信心的作用。相较于 1929 ～ 1933 年经济大危机时 FRB 的毫无作为，2008 年金融危机期间 FRB 出手及时且功效显著，此后数年它又在实践的基础上不断地进行着充分的理论准备，此次超级 QE 的出台很大程度上正是这些经验与理论的应用。然而，FRB 的此番操作无疑会对美国经济和世界经济带来重大影响。这主要体现在以下几方面。

1. FRB 的资产负债表将急剧膨胀

在自 2020 年 3 月 18 日开始的短短一周内，FRB 已经购买了 5 870

⊖　"沃尔克规则"由奥巴马政府时期的经济复苏顾问委员会主席保罗·沃尔克（Paul Volcker）提出，内容主要是禁止银行使用参加联邦存款保险的存款进行自营交易、投资对冲基金或私募基金。该规则由时任美国总统奥巴马于 2010 年 1 月正式公布。

亿美元的债券，经过此番超级 QE，FRB 的资产负债表可能会扩张到 5.2
万亿美元，未来一两个月内如果 FRB 进一步购买或者宣布新的工具，
其资产负债表很可能在 6 月前扩张至 7 万亿美元，预计所有救市行动过
后其资产负债表可能飙升至近 10 万亿美元。[20]

2. FRB 的政策工具选项依然很多，轻易不会实施负利率

一方面，2008 年金融危机期间 FRB 曾经推出过许多政策工具，如
资产担保商业票据货币市场基金流动机制（AMLF）、商业票据融资机制
（CPFF）、资产购买计划（CPP）、货币市场投资者融资（MMIFF）以及
定期资产抵押证券贷款机制（TALF）等。其中，只有 CPFF 在此番救市
中被再度启用，并创设了类似资产担保商业票据货币市场基金流动机制
（AMLF）的货币市场共同基金流动性工具（MMLF）；另一方面，未来
FRB 有可能参照日本央行的做法，购买股票交易所交易基金（ETF）和
企业债券等，但短期内不太可能实施负利率，这不仅是因为欧洲、日本
等央行已经是负利率，更主要的是对美元的国际货币地位不利。

3. FRB 的超级 QE 一定会对现行的国际货币体系即"美元体系"产生重大影响

此次美国推行的超级 QE 引发的两个问题更值得思考。一是本轮
QE 何时退出？2008 年后 FRB 用了 5 年时间退出，考虑到疫情冲击的
各种可能影响，恐怕此次"退出"需要的时间更长。在这种情况下，资
本市场与实体经济将更加脱离，实体经济将更加趋向虚拟化发展，美国
业已高度金融化的经济结构将更加稳固；相应地，其对外部资金的依赖
也将更为严重，并对国际资本流动、产业链布局以及国际关系格局产生
重大影响。

二是此轮超级 QE 对"美元体系"的影响究竟如何？换言之，疫情

之后美元的国际地位将会发生何种变化？这将是影响世界经济与国际关系的重大问题。一旦渡过流动性危机，FRB 的超级 QE 政策客观上完全符合所谓的现代货币理论（Modern Money Theory，MMT），即只要政府有信用，完全可以靠发债来支撑经济运行且一直能够持续下去。如此，必将导致全球美元泛滥，带来各种资产价格的上升或价格剧烈波动，同时使得持有美国国债的主权国家遭受损失；更为重要的是，美元很可能快速进入一个贬值周期，进而抬高其他货币汇率，或引发剧烈的汇率波动。但问题仍然在于，无论从各国综合实力还是国际货币体系的网络外部性等角度看，任何国家的货币都无法单独取代美元的地位。这种矛盾将会在疫情期间及其过后更加快速地得到积累，因而货币体系碎片化发展的进程很可能有所加快，区域货币合作将得到进一步的深化发展，尤其世界上两个最大的美国国债持有国中国和日本之间，在"清迈倡议"（Chiang Mai Initiative，CMI）时隔 20 年之后再度开展合作，促进东亚地区货币金融合作深化发展的可能性非常大。○

疫情将加剧世界经济业已存在的结构性问题

本次疫情对于各国而言，是一场重大公共卫生事件，对于企业则是非周期性的突发外在冲击。总体而言，疫情对于世界经济发展造成的冲击是典型的外生变量。常识和经验告诉我们，外因一定是通过内因产生作用的。因此，关于疫情对世界经济冲击、影响的判断不应再以某一个国家的宏观经济周期，或者 2008 年全球金融危机的经验来观察，而是

○　实际上，自 2008 年全球金融危机爆发后，中日两国相互间的货币金融合作日程不断加快。2012 年 1 月初中日两国签署了用本币相互购买国债的协议，6 月初签署了人民币和日元不经美元直接对价的协议，等等。然而在同年 9 月日本政府提出所谓"购买钓鱼岛"计划后，两国间恶化的政治关系阻碍了货币金融合作的进一步开展，并使之陷入停滞状态。

需要从世界经济发展的整体结构视角进行深入分析，由此方能更为清楚地看出此次疫情为何可能成为世界经济衰退的加速器。总体来看，历经近四十年的发展，世界经济主要存在着两个方面的结构性问题。

1. 世界经济发展的新"中心－外围"结构使得主要发达国家应对危机的政策走上了一条不归路

20世纪70～90年代，世界经济结构发生了一次巨大的变化，主要表现在自16世纪大航海时代开创的地理空间革命走到了尽头。尤其是伴随着中国改革开放、加入WTO以及东欧剧变、苏联解体等，全球范围内可以被纳入国际分工体系的国家或地区基本上都被吸纳完毕，全球经济竞争系统在平面的地理空间上的布局已经完成，难以再有可开拓的新疆域；在此过程中，只有美国、英国等少数国家通过经济金融化发展开辟了立体的空间意义上的新竞争系统——具有广度与深度的金融市场，并获取了该领域的绝对竞争优势。由是，世界经济的发展结构由单一的"地理－实体经济空间"转向了与"电子－金融经济空间"相交织的立体结构。[21]

这一过程对美国而言犹如一枚硬币的两面：对内是经济高度金融化，拥有全球竞争优势的金融服务业，对外则是"美元体系"的全球拓展与运行。随之，当今世界经济发展中出现了一种双重"中心－外围"结构：一重是高度金融化发展的美国国内出现了严重的两极分化，中产阶层破产，导致剧烈的社会政治危机；另一重则是在世界经济发展中出现了以美国为代表的"金融国家"与其他发达国家、新兴经济体组成的"贸易国家"之间的分化。在上述两个方面的作用下，自20世纪80年代拉美债务危机开始，所有全球性经济危机都不再是生产过剩危机，而是由货币金融危机引发的。

相应地，主要发达国家应对危机的主要手段走上了一条僵化的不归路：基本上都是用"救市"的方式来金融化处理问题，通过印钞、货币放水的方法借新债还旧债，经济恢复基本上都是靠宽松的货币政策修整长期存在的问题，但诸如次贷危机、欧洲主权债务危机等问题却未从根本上得到解决。在这种形势下，2008年以来的世界经济增长，大体上是通过货币放水"救市"来延缓问题，没有科技领域的重大突破，没有新兴产业的拉动，只有业已成熟的实体经济部门在全球范围内通过产业链的不断延长、深化来带动，也就是靠着实体经济的全球化动力勉强拉动世界经济实现3%以下的增长（2010～2011年及2017年除外）。这是疫情有可能成为压倒已经脆弱不堪的全球产业链分工的那根稻草，甚至重创世界经济的原因。由于目前主要发达国家央行的政策空间基本耗尽，世界经济在经历了漫长的经济复苏之后，疫情冲击很可能使其走上一个较长周期的衰退。

2. 现阶段的国际分工机制出现了严重问题

其主要表现在两个方面：一方面，宏观层面的全球经济规则不再统一，特朗普贸易保护主义的出现、中美贸易争端的加剧、WTO争端解决机制的停摆以及发达国家之间更高标准的新贸易规则的谈判等，表明世界经济第一、第二大经济体之间有关经济全球化的共识发生了严重破裂；另一方面，在此过程中，微观层面的产业链出现脱节或者中断的动向，"去中国化"进程日益明显。正是在这种背景下，各国针对全球新冠肺炎疫情暴发的处理使得二战以来不断趋于深化发展的国际分工机制出现了严重问题。值得注意的是，疫情的全球扩散不仅使得一般商品的生产过程被"硬脱钩"，就连抗疫急需的卫生防疫用品、医疗器械等的生产与供应也出现中断，无法满足全球激增的需求，甚至出现了各国相互争夺医疗资源的现象。这些都表明，以全球产业链为代表的经济全球化进程存在着脆弱性。

疫情对全球经济治理体系的影响

过去数十年，全球化为世界经济带来了巨大发展动力，同时也留下了许多亟待解决的问题，如全球范围内收入不平等扩大、环境恶化、民族主义和民粹主义兴起以及恐怖主义日益猖獗等，亟须全球治理体系予以积极应对。然而，在此次疫情暴发和扩散的过程中，人们看到更多的是传统的全球经济治理体系正在遭到冲击。

第一，中美两国间的裂痕在扩大，各领域的分歧在增多。疫情的发生与扩散，本应是中美两国间开展大国协调与合作，比如医疗信息沟通、疫苗共同研发以及确保全球产业链运行稳定等的良好时机，然而迄今为止的两国关系不仅未能向着协调、合作的方向发展，反而使得双方的分歧或对立从经济领域扩展到政治、社会、文化、外交等各个方面。疫情发展到今天，中美关系并未向着弥合分歧的方向发展。这种状态若继续发展下去，显然不利于中美关系的稳定与发展，更不利于今后全球经济治理机制的重建。

第二，全球疫情发生后，G7、G20等国际经济协调机制的行动迟缓，传统的协调机能几乎失灵，直至2020年3月26日G20领导人应对新冠肺炎特别峰会才在中国、法国等国家的倡议下召开。在此次G20特别峰会召开前，包括诺贝尔经济学奖得主斯蒂格利茨在内的全球20位顶尖学者发表联名公开信，指出疫情使得"整个联合国系统以及相关的国际金融机构——在两次人为灾难和大萧条之后建立的世界银行和国际货币基金组织——将受到前所未有的考验""如果我们不能力挽狂澜，将会受到历史的严厉审判"。[22] 国家主席习近平在此次 G20 特别峰会上表明了中国积极推进全球合作、共同应对疫情以及中国将同世界各国一道加大对相关国家和地区组织的支持力度，并积极扩大开放，为世界经济稳定做出贡献的立场。[23] 然而，美国却担忧中国借疫情之际通过对外医疗、经济等援助扩大自身的国际影响，提升自身的国际地位。

第三，疫情发生和全球扩散以来，世界各国除了相互封锁边境、控制人员流动以外，还采取了越来越多的各自为政、各扫门前雪的政策措施，甚至出现了许多扣留他国医疗资源的情况。如果疫情不能得到及时控制，各种资源的匮乏将使得民族主义情绪高涨、民粹主义势力趋于强劲，加之一些国家限制粮食出口和可能导致的农产品价格上涨等因素的影响，很容易促使一些国家为减少外部风险而采取降低对外依赖程度、自给自足的策略，国际经济合作将随之受到严重影响。

基于上述分析，我们认为，疫情将对世界经济秩序和国际关系产生十分重大的影响，并促使全球经济治理有可能在宏观和微观层面出现如下四个重要变化。

首先，中美之间的经济实力差距有可能进一步缩小，相互间的矛盾、摩擦有可能继续增多。一方面，由于经济结构差异，疫情之后美国股市存在着缩水的危险，而中国实体经济占比相对较高，若复工、复产及时且经济政策有效，两国在 GDP 核算上的差距可能进一步缩小；另一方面，超级 QE 所导致的流动性过剩、美元贬值有可能加快促使中国GDP 的"被动"上升。从理论上讲，大国间经济力量的加速变化往往不利于国际协调或全球治理的顺利开展。如何理性、冷静地处理好中美关系，是关乎世界经济发展与稳定、全球治理体系完善的重大问题。

其次，相应地，主要大国之间业已存在的"全球化分裂"即关于经济全球化共识的破裂会更加严重，很有可能出现全球化进程的碎片化、多层次化或多元化发展，区域经济合作将重新抬头或走向深化。

再次，全球治理赤字更加凸显，治理内容将更加广域化。疫情的发生与全球扩散表明，伴随着全球人口增多、资源能源稀缺的状况将有所加剧，全球范围内的经济不平衡会更加严重，各类突发性自然灾害也日益增多，因而全球治理的赤字化更加明显，而且主要国家之间的经济协调已经不足以覆盖全球问题，卫生防疫、公共管理以及社会管理等诸多问题都亟须主要国家之间加强沟通与协调，并将成为全球治理的主要内容。

最后，跨国公司层面的产业链重构进程将有所加快。由于疫情对全球产业链的巨大冲击，传统的劳动成本因素在跨国公司产业链调整或重构过程中的地位将会有所下降，鉴于疫情冲击下全球产业链的脆弱性表现，跨国公司将更加注重其全球产业链的安全性，一方面会将部分产业链条本土化，另一方面将更加重视包括大国关系、民族主义情绪等在内的国际政治因素对投资环境的影响。

总之，疫情是对全球化的一场突然的压力测试，它暴露出世界经济发展中的一系列问题。其中，有些问题及其影响是短暂的，疫情过后就会得到缓解，有些问题则是持久性的，甚至将长期存在。因此，我们必须严肃地思考，这一轮经济全球化的黄金时代是否已经过去？但无论如何，就目前疫情冲击下世界经济发展所暴露出的这些问题而言，期望世界经济短期内复苏甚至实现快速增长，是比较困难的。

中国应采取的对策

国内疫情得到基本控制后面临的主要问题

疫情对中国同样是一场严重的外部冲击，且这种冲击是在中国经济内部经历"三期叠加"、外部经历中美贸易争端的关键时期发生的，其影响不可低估。但对此不应过分悲观，应当看到，重大挑战的背后往往隐藏着机遇。一方面，国内疫情已经基本得到控制，这在一定程度上有助于增强全球投资者对中国的信心；另一方面，2020年3月27日中共中央政治局召开会议，研究部署进一步统筹推进疫情防控和社会经济发展工作，伴随着中国率先进入复工、复产阶段，疫情得到控制后被抑制的个人消费需求可能会有较大反弹，这些都将增强经济增长的信心，对后疫情时代的世界经济增长起到拉动作用。然而与此同时，我们也不能因此而盲目乐观。综上所述，中国采取的所有应对策略都要考虑疫情对世界经济的冲击和影响，目前及今后相当长时期内，仍然有以下四个方面的问题需要予以高度重视。

1. 抗疫可能从"歼灭战"转为"持久战"

国内"抗疫"仍旧存在着部分病例愈后复阳、无症状感染者增多以及外部病例输入的风险，因而依旧需要在疫情防治、公共卫生管理、信息透明、社会管理以及心理疏导、安抚等方面做大量细致的持久性工作。

2. 经济政策的目标与重心面临重大调整

目前，全国经济工作重心正在从抗击疫情转到"保增长""保就业"，但仍然面临两个方面的问题：一是迄今为止国内各界关于疫情对经济的影响及其对策的思考主要集中于抗疫和复工、复产这两个阶段，而对因世界经济形势可能恶化造成的反向冲击即萧条或危机阶段的重视不足；二是近四十年来中国经济政策的重心一直是关注经济增长速度，此次疫情虽然使中国经济面临更大的下行压力，但现实情况却是同强调"增长速度"或"保增长"相比，"保就业"的形势与需求更加重要。这是关乎社会稳定、政治稳定乃至国家安全的重大问题。相应地，国家经济政策的核心也需从偏重国有企业转变为更进一步地全面扶持、支持中小企业。

3. 防止因疫情暴发加快全球产业链的"去中国化"

与美国产业结构以文化服务业、房地产业和金融业为主不同，中国当下的产业结构是以电子、汽车、机械等产业为主。这些产业在此次疫情中均易发生产业链断裂，疫情持续越久，影响越严峻。产业链跨越国界具有全球性，在全球疫情尚未得到控制尤其是欧美疫情仍在梯次发展的情况下，复工的成本较大，无法发挥规模经济效应，企业运营成本上升，而且即使部分省市实现复工、复产，亦会受制于周边地区的外溢影响而不得不承担额外成本。更为重要的是，如前所述，在全球产业链中断后的重构过程中，跨国公司不仅要考虑资源配置效率，还将更加重视大国关系、民族主义潮流等安全因素。因此，不能因中国国内产业体系健全、市场广大、消费能力强而忽视疫情过后部分跨国公司产业链的"去中国化"风险。

4. 如何处理好疫情期间和疫情过后中国与世界的关系

这是当下中国面临的重大课题之一。该问题涉及的领域非常多，但总体而言目前尤为迫切的，我认为主要有四个方面的内容：一是如何增强国际信任或者说互信？这不仅是国际形象的问题，也是涉及投资环境的重要问题，国际互信的核心不是怎样去"说"，更重要的是怎样去

"做"；我们在认真总结自身抗疫经验和教训的同时也要客观看待其他国家抗疫的政策措施，要认识到各国抗疫模式都是符合各自国情的选择，提倡相互学习、团结合作，否则会引起国际社会的警惕或过度反应。[24] 二是如何处理好中美关系？毫无疑问，中美关系是今后相当长时期内中国对外关系的核心，不能将中美关系简单地看作"你输我赢"的二元选择，如何处理好中美关系是关乎中国未来、世界未来的重大问题。三是如何积极开展国际经济协调？这不仅影响到未来中国经济和世界经济的增长与稳定，也是关系到中国能否通过国际舞台的集体行动逻辑平等地与美国进行对话、实现双边约束平衡的问题。四是如何量力而行地开展对外援助？中国应基于人道主义的目的去开展对外援助，而且对外援助特别是对外医疗援助要有针对性地慎重实施，一方面应针对真正需要援助的国家，另一方面要考虑到对外援助与疫情发生后对国内救助之间的平衡。

上述四个问题的处理方式及其成效在很大程度上影响着未来中国经济的发展和国际秩序的基本走向，决定着我们能否真正迎来并把握住战略机遇。

近期中国应采取的经济对策

2020 年 1～3 月，中国经济经历了两轮巨大冲击：第一轮是停工停产，消费、投资急剧缩减；第二轮是来自海外的订单出现大批取消的状况，不仅复工、复产面临巨大压力，本年度出口也面临重大挑战，总体上消费、投资和出口三驾马车的表现均不乐观。我们认为，目前思考中国应采取的经济对策时首先应立足于两个视角：一是疫情对中国经济冲击的可能长度与程度，二是世界经济可能遭受冲击的长度与程度。

目前，国内经济学界讨论最多的是这两轮冲击可能对中国经济造成的影响，但现实情况是疫情对世界经济的冲击尚处在第一阶段，也就是救灾和救市的阶段，后面第二阶段主要是全球范围内的复工和复产，然而倘若疫情扩散长期化，不可避免地会出现第三阶段即反危机阶段。实事求是地讲，现在我们对第三阶段的认识不够充分。一旦疫情全球扩散时间过长，导致全球需求极大萎缩，就会形成更为严重的反向冲击，再加上疫情的"逆向输入""二次复发"等风险，必须对第三阶段的冲击做好思想与政策上的足够准备。如果第一阶段用于救灾的政策支出发力过猛，这种没有生产性的政策措施不仅会增加政府的财政负担，也会过早地耗尽宏观经济政策的资源空间。而且，前两个阶段的经济政策主要是各国独立实施，后一阶段的宏观经济政策则需要高强度和高频度的全球宏观经济协调。因此，中国必须以更为深重的危机意识、更长远的底线思维和更为宏大的全球化视野，着眼于疫情冲击的三个阶段予以应对。具体而言，中国应采取的经济对策可以分为短期和中长期两个方面。

短期内实施宏观经济政策重心调整和确保外向型产业链稳定

1. 宏观经济政策重心应该从"保增长"调整至"保就业"

如何应对剧烈的外部冲击，经济政策上并无固定的良药，关键是根据具体情况对症下药，即主要的政策重心（对象）以及政策工具的选择。面对如此猛烈的疫情冲击以及四十多年来积累的各种矛盾与问题，尤其是疫情导致的失业率急升，[25] 中国宏观经济政策的重心应该不再是"保增长"，而应是"保就业"。"保增长"意味着只要速度上去了，其他可以不惜一切代价，而"保就业"意味着更大规模的财政支出、企业减免税费以及财政转移支付，尤其是对那些因疫情而陷入破产状态的实体经济领域的中小企业予以更多财政支持，对那些因疫情而陷入失业、贫困状态的人群予以补贴、救助，等等。

这在很大程度上意味着针对疫情冲击的第一、第二阶段，宏观经济政策的重心应该以财政政策为主，[26] 以货币政策为辅；鉴于中国现阶段资本市场比较稳定以及通货膨胀率居高不下的状态，货币政策应适度宽松，不宜采取欧美国家那般激进的宽松政策，[27] 进而为有可能出现的第三阶段留有宽裕的政策空间。更为重要的是，要在政策上确保广大民营中小企业的生存与发展，疫情冲击下的企业倒闭与竞争性倒闭不同，后者会有大批新兴企业崛起、加入竞争过程，而前者倒闭就是死掉，很少可以再生。因而，确保对就业具有巨大贡献率的民营中小企业活下去，是"保就业"政策的核心之一。为此，应该认真反思前一阶段的政策并做出相应的战略调整。

2. 全力确保主要跨国公司在中国产业链的稳定

疫情对产业链的冲击将呈现出先供应端、后需求端的顺序。中国作为世界第二大进口国以及欧美主要国家的重要贸易伙伴，受到该地区疫情冲击最严重的，首先是产业链的需求端即中国的进口供应链遭受中断，其中风险最大的行业有汽车、机械设备、发动机类、化工产业、医药行业、航空航天等。[28] 这些领域的复工、复产应得到全力确保，以便随时可以为疫情过后域外生产能力的重启做好准备。同时，也要做好应对国际市场需求端下滑冲击的准备。

中长期内注重扩大内需、扩大金融业开放和推进国际经济协调

1. 消费拉动应成为今后中国经济政策的重中之重

中国是在这一轮经济全球化的高峰期加入世界经济体系的，出口与投资自然成为拉动中国经济四十多年高速增长的核心动力，然而此次疫情对全球化的冲击巨大，外部市场的不确定性高于以往任何时期，伴随着中国人均 GDP 的不断提升，提高消费在经济增长中的拉动作用是必然之举。2020 年 2 月 21 日中共中央政治局会议曾对投资着墨甚多，但仅仅一个月后 3 月 27 日中共中央政治局会议就更加侧重消费，寄希望于内需拉动的信息强烈。今后，投资的重心也不应再是确保经济增速，而是促进消费；最近被大力提倡的"新基建"的重心，并非应该是传统基础设施甚至仅仅是 5G 等现代通信设施建设，而是应关注超大城市群的建设。通过超大城市群的建设，不仅可以发挥交通、通信等新老基础设施建设的作用，更有包括农民工安置、户口等相关制度的调整与改革，[29]即通过新型城市化进程加快扩大内需。

2. 进一步扩大金融业开放

坚决落实 2019 年 7 月中央政府进一步扩大金融业开放的方针，通过金融业的进一步开放吸纳新的全球化力量，同时加快经济体制改革步伐。金融业的开放与发展同制造业有一个重大区别，即它对制度环境的依赖更高，对产权保护、国家治理能力、治理体系与水平的高低有着更为严格的要求，所以金融业进一步开放不仅仅有利于吸引外资、稳住外资，对中国今后的现代化发展同样有利。实际上，无论是金融开放还是产业链重构，都需要中国在制度现代化方面做出加倍的努力，这应是今后中国的改革开放进程与迄今为止四十多年的改革开放进程较大的不同之处。

3. 积极推进国际经济协调，努力深化区域经济合作

中国应更加主动地拥抱世界，更加积极地参与全球经济协调，同世界各国共同应对疫情及其导致的世界经济衰退。这主要有以下三个方面的内容。

首先，处理好中美关系，努力确保双边关系可控。按照如今美国在世界经济中的地位和作用，其"救市"行动对包括中国在内的世界各国的经济稳定是有利的。因而一方面，中国应利用疫情及其带来的冲击努力降低双方"贸易争端"的规模与程度，另一方面不做任何可能"对冲"美国货币政策或其他宏观经济政策的事情，更不能做出抛售美国国债、主动与美国"脱钩"的行为。[⊖]

其次，与包括美国在内的世界各国增进合作尤其是开展疫情通报、信息交流与全球公共卫生体制合作，并将其纳入全球宏观经济协调当中，尽力发挥 G20 的集体行动逻辑，争取与美国进行更多的集体博弈。

最后，疫情过后的世界经济很可能出现国际货币体系的混乱及其风险，以及全球产业链重构带来的巨大压力，全球化的碎片化发展将促使中日韩等东亚国家和地区进一步增强在产业链、货币金融、能源保障以及公共卫生防疫等领域的合作。因此，中国应大力加快推进中日韩自贸区建设，努力推进 RCEP 达成协议，并积极探讨加入现今由日本主导的CPTPP 机制，为自身参与国际分工和国际经济协调建立牢固的立足点。

⊖　任何主张通过抛售美国国债打击美国的做法，都是有违常识的。中国目前持有的美国国债约 1.1 万亿美元，约占美国国债外国投资者持有总额的 16.8%（近年一直呈下降趋势），约占美国国债总额的 5.2%（目前 FRB 是美国国债的最大债权人，持有约 2.9 万亿美元，主要通过前几轮 QE 增持）。因此，如此作为打击的恐怕不是美国，而会导致自己同美国经济的全面脱钩。数据源自美国财政部官网，https://www.fiscal.treasury.gov/reports-statements/treasury-bulletin/current.html，最近登录日期：2020 年 3 月 31 日。

注　释

1. 具体内容详见美国联邦储备系统官方网站，https://www.federalreserve.gov/，最近登录日期：2020 年 3 月 27 日。

2. 世界银行（World Bank）官方网站新闻发布，https://news.un.org/zh/story/2020/01/1048851；联合国（United Nations）官方网站新闻发布，https://news.un.org/zh/story/2020/03/1052371，最近登录日期：2020 年 3 月 29 日。

3. 当地时间 3 月 24 日，法国经济部长勒梅尔（LeMaire）表示，疫情可能对全球价值链产生持续影响，这种情况只有 1929 年的经济大萧条可与之相提并论。https://www.reuters.com/article/us-health-coronavirus-france-economy/french-economic-activity-at-65-of-normal-business-morale-in-record-drop-idUSKBN21D0LV，最近登录日期：2020 年 3 月 29 日。

4. 3 月 22 日，英国伦敦政治经济学院教授接受网易财经专访表示，按照西方国家的策略，经济停滞的时间可能较久，全球将面临的是比大萧条更严重的挑战。http://finance.sina.com.cn/zl/china/2020-03-26/zl-iimxy-qwa3272330.shtml，最近登录日期：2020 年 3 月 29 日。

5. 3 月 17 日，耶鲁大学终身教授陈志武接受凤凰卫视采访表示，近期经济的动荡并非金融系统自身的问题，主要是受疫情影响。中国更应关注疫情所导致的经济结构变化（小微企业受损巨大）和外部环境变化（疫情过后，中国与西方国家的关系可能重新界定，这种"脱钩"的风险对中国非常不利）。http://share.fengshows.com/article.html?id=ba2234e8-0eff-40e5-ade3-ffe9976634f0，最近登录日期：2020 年 3 月 29 日。

6. 京东集团副总裁、京东数字科技首席经济学家沈建光发表观点于澎湃新闻，https://www.thepaper.cn/newsDetail_forward_6730927，最近登录日期：2020 年 3 月 29 日。

7. 3 月 25 日，上海市人民政府参事、中欧国际工商学院教授盛松成接受时代财经专访时发表观点。信息来自 https://www.jiemian.com/article/4173337.html，最近登录日期：2020 年 3 月 29 日。

8. 依据 WTO2019 年发布的《世界贸易报告》，https://www.wto.org/english/res_e/reser_e/wtr_e.htm，最近登录日期：2020 年 3 月 29 日。

9. 受疫情影响，小麦面粉主要输出国哈萨克斯坦已经禁止出口相关农产品，越南暂停签署新的大米出口合约，塞尔维亚、俄罗斯等多国也相继实施出口禁令。彭博社新闻，https://www.bloomberg.com/news/articles/2020-03-27/vietnam-will-stockpile-190-000-tons-of-rice-for-food-safety，最近登录日期：2020 年 3 月 29 日。

10. 二十国集团（G20）官方网站（G20-2020 沙特阿拉伯）新闻发布，https://g20.org/en/media/Pages/pressroom.aspx，最近登录日期：2020 年 3 月 29 日。

11. 美国财政部新闻，https://home.treasury.gov/news/press-releases/sm951，最近登录日期：2020 年 3 月 30 日。

12. 信息来自《华盛顿邮报》(*The Washington Post*)，https://www.washingtonpost.com/business/2020/03/25/trump-senate-coronavirus-economic-stimulus-2-trillion/，最近登录日期：2020 年 3 月 26 日。

13. 数据来自高盛集团研究报告，https://www.goldmansachs.com/insights/topics/covid-19.html，最近登录日期：2020 年 3 月 30 日。

14. 数据来自彭博社（Bloomberg），https://www.bloomberg.com/markets/stocks，最近登录日期：2020 年 3 月 29 日。

15. 数据来自美国劳工统计局，https://www.bls.gov/lau/，最近登录日期：2020 年 3 月 30 日。

16. 该数据截至 2019 年第三季度末。美国联邦储备系统官网，最近登录日期：2020 年 3 月 27 日。

17. 信息来自美国《金融时报》(*Financial Times*)，https://www.ft.com/content/438854a8-63b0-11ea-a6cd-df28cc3c6a68，最近登录日期：2020 年 3 月 24 日。

18. 美联储（FRB）主席鲍威尔访谈来自 https://www.nbcnews.com/business/markets/we-may-well-be-recession-says-fed-chairman-jerome-powell-n1169291，最近登录日期：2020 年 3 月 30 日。

19. 3 月 28 日，中银国际研究有限公司董事长曹远征在专题交流会"疫情会引发新一轮金融危机吗？——对中国的启示"中发表观点。

20. 美联储主席鲍威尔访谈来自 https://www.nbcnews.com/business/markets/we-may-well-be-recession-says-fed-chairman-jerome-powell-n1169291，最近登录日期：2020 年 3 月 30 日。

21. 参见李晓、丁一兵："世界经济长期增长困境与中国经济增长转型"，《东北亚论坛》2017 年第 4 期第 3～16 页和第 127 页。

22. 经济政策研究中心官网（the Centre for Economic Policy Research，CEPR），https://voxeu.org/article/covid-19-pandemic-letter-g20-leaders，最近登录日期：2020 年 3 月 31 日。

23. 外交部副部长马朝旭就国家主席习近平出席二十国集团领导人应对新冠肺炎特别峰会接受采访。信息来源新华社，http://world.gmw.cn/2020-03/25/content_33684018.htm，最近登录日期：2020 年 3 月 31 日。

24. 3 月 23 日，欧盟外交与安全政策高级代表博雷利（Borrell）对欧洲各国疫情期间接受援助的地缘政治风险发出警告，敦促欧盟国家准备好迎接一场"全球话语权之战"中的"影响力之争"。信息来自欧盟对外行动署（European Union External Action），https://eeas.europa.eu/headquarters/headquarters-homepage_en，最近登录日期：2020 年 3 月 31 日。

25. 2020 年 1～2 月城镇调查失业人口已上升至历史最高水平。数据源国家统计局，http://www.stats.gov.cn/tjsj/zxfb/202003/t20200316_1732232.html，最近登录日期：2020 年 3 月 31 日。

26. 3 月 27 日召开的中共中央政治局会议在政策表述上有一个重要特点，即首次提出了"一揽子宏观政策措施"，包括发行特别国债、提升财政赤字率等内容。由于 2019 年中国财政赤字率为 2.8%，尚未达到 3% 的警戒线，因而 2020 年财政赤字率突破 3% 将是大概率事件。信息源自光明网，http://news.gmw.cn/2020-03/28/content_33692972.htm，最近登录日期：2020 年 3 月 29 日。

27. 张明. 为什么当前中国货币政策不宜发力过猛. https://mp.weixin.qq.com/s/6n3Ivrc-ULmWjn1dyhvDclw.，3 月 27 日在《财经》上首发。

28. 徐奇渊. 疫情切断中国进口供应链，哪些行业风险最大. https://mp.weixin.qq.com/s/jijh47S8enoPo-tRZqx47Q，3 月 27 日在《财经》上首发。

29. 刘世锦认为，十年内中国最大的结构性潜能在于城市群的建设。资料来源：http://opinion.caixin.com/2020-03-28/101535432.html，最近登录日期：2020 年 3 月 27 日。

| 第八讲 |

双重冲击下世界经济格局演变的四大趋势^㊀

导 读 》》》

　　为了在充满不确定性的世界中寻找某些确定性，对现实世界的理性认知至关重要。后疫情时代世界经济格局的发展将呈现四个趋势：一是国家化，即国家在社会经济生活中的地位再度大幅提升，有管理的全球化将成为常态；二是区域化，即区域经济发展、合作与地缘政治关系成为大国博弈的重要舞台；三是全球化分裂加剧了全球治理困境，全球金融治理面临的问题尤为突出；四是"新冷战"态势正在形成，能否成为格局尚无定论。

　　美国构建"新冷战"叙事框架和逻辑的目的有迹可循，主要包括转嫁国内矛盾、遏制中国崛起、确保自身在西方世界的霸主地位，以及构建支撑美元体系的国际政治体系。鉴于美国霸权的重要经济基础即美元体系尚未从根本上动摇，我们既不能过早判断美国霸权作为一种国际秩序已经结束，也不能低估美国维护美元及其权力的战略意志和手段。"新冷战"一旦成为现实，将对美国维系自身霸权极其有益，而这一局面能否成功，不完全取决于美国，还取决于中国的战略选择与应对。

　　㊀　2021 年 4 月 17 ~ 18 日，作为厦门大学百年校庆纪念活动之一，由中国世界经济学会、厦门大学经济学院、厦门大学王亚南经济研究院联合主办的主题为"世界经济格局演变新趋势与中国对外贸易面临的新挑战与新对策"的中国世界经济学会国际贸易论坛（2021）在厦门大学召开，本文为作者在论坛上的大会发言，本书收录时略有删改。

当今，整个世界发展的重要特征之一就是充满不确定性——人类历史究竟是走向"至暗时刻"还是光明未来？对于在不确定的世界中寻找某些确定性而言，对现实世界的理性认知至关重要。在这里，我想谈谈双重冲击下世界经济格局发展变化的四个趋势。

第一个趋势：国家化，
即国家在社会经济生活中的地位再度大幅提升

在 20 世纪的大部分时间里，国家在社会经济生活中的地位一直在上升。20 世纪 70 年代中后期"滞胀"的出现导致新自由主义思潮勃兴，尤其是伴随着布雷顿森林体系崩溃及美元体系的形成和发展，国际资本流动对国家行为产生了很大的制约作用，国家在社会经济生活中的地位和功能开始急剧下降，相应地，这一轮美国主导的经济全球化达到高潮。可以说，这是二战后世界经济发展的一个重大转折。但是，2008 年全球金融危机的爆发，敲响了新自由主义的丧钟。2020 年疫情的暴发、扩散与防控不力，更是给予美国自由市场经济体制致命一击。

正如人类历史上众多灾难发生时一样，疫情的暴发在国家与市场、社会的天平上出现更有利于国家的倾斜，使得政府的各项公共职能得到更多、更有力的发挥。比如，最近拜登政府采取的一系列大规模的经济刺激计划在很大程度上是不得已而为之的社会补救措施，即无上限 QE 政策所导致的更大规模的财富再分配效应，产生了更为严重的社会两极分化，美国政府不得不采取更具干预主义色彩的社会经济政策，甚至引发剧烈的社会变革。按照卡尔·波兰尼的逻辑，就是将"脱嵌"的自由市场拉回到原本应该置于其中、受其约束的社会体系中来。其实，这也反映出美国式自由市场经济与民主体制之间的悖论：自由市场经济是无

法生存于真正的民主政体下的，因为它本身就是反社会的。从这个视角来看，这种国家地位与作用的提升，不仅仅体现在力度上，更体现出思想、逻辑和经济哲学上的重大变化，值得我们高度重视与研究。

值得注意的是，疫情冲击下国家地位的上升正在成为一种全球性现象，所谓在市场无法正常运行的地方往往孕育着国家主义的温床，正是这个道理。疫情极大地增强了人们的安全意识、边界意识和民族意识，民族主义情感或国家主义理念更加高涨，各国政府对国内社会、经济、政治生活以及对外关系领域的干预程度及其权力都有了大幅度提升，从而使得全球范围内政治家们的选择对后疫情时代经济全球化的发展具有前所未有的重要影响，"有管理的全球化"将成为常态。

第二个趋势：区域化，即区域经济发展、合作与地缘政治关系成为大国博弈的重要舞台

在全球实体经济层面上，制造业跨国公司全球产业链的重构正在强化世界经济的板块化趋势，美、亚、欧三大区域板块已经成形，而且围绕区域经济增长与合作所展开的区域政治协调，正在重构区域主义，二战后以罗斯福主义构建的全球范围内包容性多边主义发生了重大转型，这将对后疫情时代的世界格局和国际关系产生重大影响。

在此过程中，有三个问题值得关注：一是区域金融合作的发展，二是区域政治协调与合作，三是区域主义的性质与方向。

当今世界经济秩序的一个巨大矛盾就是经济全球化"内涵分裂化"，即20世纪90年代达到高潮的那种全球范围内金融、贸易和投资齐头并进、相互拱卫的全球化格局已经发生显著改变，在美元体系主导的金融

全球化格局依旧的条件下，全球投资、贸易的发展遭遇保护主义冲击并日益走向"规则分层化"和"范围区域化"——这三者构成了"全球化分裂"的核心内涵。由于金融全球化的本质与制造业的全球化发展有着巨大差异，存在着短期性、投机性与生产性、长期性之间的巨大鸿沟，两者间的"脱钩"加大了世界经济的不稳定和风险，甚至使得世界经济的增长存在致命的脆弱性。

我们无法想象在一个国际货币体系高度不稳定的世界里，人们会专注于追求财富与创新活动，尤其对那些以实体经济为主的"贸易国家"或地区而言，推进区域货币金融合作的进一步深入发展是至关重要的。

正如布雷顿森林体系和美元体系的运行所证明的那样，任何规模、范围或形式的货币合作都需要稳固的政治秩序。20世纪70年代布雷顿森林体系崩溃后所有区域货币合作取得的成就，都是国家权力谋求和达成政治共识的结果。因此，稳定区域政治关系、开展区域政治协调与合作，正在成为许多国家尤其是大国应对美元体系脆弱性，推进区域货币金融稳定，顺应世界经济板块化、区域化发展的必然趋势。

值得警惕的是，日益高涨的区域主义的性质和方向正在朝着封闭的区域主义发展。世界经济的区域化或板块化发展，如何在"规则"与"范围"之间寻得某种平衡，正在成为一个政治问题。大国在这方面的认知、智慧与行动，很大程度上决定着后疫情时代世界经济区域化发展是走向开放的区域主义还是封闭的区域主义。无论怎样，区域经济发展、合作以及地缘政治关系作为大国博弈的重要舞台，将对后疫情时代的世界格局和国际关系产生深远的影响。

第三个趋势：全球化分裂加剧了全球治理困境，全球金融治理面临的问题尤为突出

全球化及其所带来的一系列问题，必然需要全球治理。在当前国家化、区域化趋势明显增强的历史时期，特别是大国博弈和全球化分裂日趋严重的情况下，主要大国之间针对全球治理的态度和立场正在发生重大变化。值得注意的一点，就是在后疫情时代的全球治理体系中，美国既需要中国在诸如气候、反恐和核安全等全球治理中发挥应有的作用，同时也将在一些重要的全球经济治理中遏制中国的作用与影响，即全球安全治理中的"求中国化"与全球经济治理中的"去中国化"并存。

全球化分裂加剧全球治理的困境在全球金融治理中体现得格外突出。大家应该注意到，近年来西方发达国家货币政策实践的一个显著特征，就是利率下降的幅度明显超过经济增长下降的幅度；或者说，经济增速下降一点，就会以利率更快速的下降来应对。目前，主要国家的利率水平已经降至零，甚至越过了地平线，进入了负利率时代，原因何在？我认为，这在很大程度上是美国经济结构高度金融化的结果。

乔万尼·阿瑞基在布罗代尔有关体系积累周期概念的基础上，将资本主义的发展归纳为四个积累周期，即15世纪到17世纪初的热那亚周期、从16世纪末开始贯穿整个18世纪的荷兰周期、18世纪下半叶开始到20世纪初的英国周期，以及19世纪末开始一直持续到现在的美国周期。虽然这四个周期越来越短，但都持续了一个世纪之上，而且都有一个重要特征，即在周期开始或结束阶段都有一个显著的金融扩张过程。具体到今天，就是自20世纪80年代开始美国经济的高度金融化。正是在这个阶段，美国人更改了人类的金融逻辑，即由"债权人逻辑"转变

为"债务人逻辑"。相应地，包括货币政策在内的宏观经济政策的核心从更有效地"赚到钱"转变为更多地"借到钱"，进而又发展到当下更多地"印出钱"。由此，传统宏观经济学有关货币政策应对实体经济供给或需求冲击的理论与逻辑失效了，美国货币政策作用的对象是高度金融化条件下的资本市场等金融经济运行，其本质就是债务积累。因而，其货币政策面临着"造币"无法解决根本问题，但是不"造币"万万不能解决问题的困境，这也就是利率下降的幅度高于经济下降的幅度的根本原因。

毫无疑问，这将产生两个危险。一是经济结构的分化使得"金融国家"与"贸易国家"之间的宏观政策协调更加困难。这种困难自 20 世纪 80 年代的美日经济摩擦尤其是在"广场协议"等一系列博弈中已经非常明显，只是我们当时未能看清其实质。其重要结果之一，就是美国货币政策的公共产品性质日益淡薄，越来越具有孤立主义性质，这是当今世界动荡的根源之一。二是对于经济结构以实体经济为主的"贸易国家"而言，货币政策等宏观经济政策的自主性越来越重要。必须认识到，现代货币理论（MMT）的背景是美国经济的高度金融化，在这样的经济结构中 MMT 也许暂时适用，但无疑是饮鸩止渴，而且在以实体经济为主的经济结构中采用这套理论与实践只能是邯郸学步，贻害无穷。上述两种威胁相结合，很可能产生一个重要的后果，即全球范围内贸易、投资领域的所谓"再全球化"将比货币领域的合作容易得多，全球货币政策协调将面临越来越大的困境。

显然，加强对美元体系下资本流动的全球监管，控制其成本与风险，尤其是约束美国货币政策的自利行为，成为全球金融监管的重要课题。但是，这一课题在当下全球化分裂的情况下却面临着严峻的挑战。

一方面，美元体系是确保美国对外负债可持续性的核心所在，美国将使用一切手段延续美元体系的寿命，任何妨碍、阻挠甚至破坏这种结构性权力的国家，都会遭到美国的全力打击、遏制。另一方面，20 世纪80 ～ 90 年代的各种金融危机大多发生在外围国家或边缘地区，传染路径较窄，传染效应也不大，因而 IMF 等国际金融机构在危机救助中发挥了主导作用。然而进入 21 世纪以来，国际金融危机大都发生在美国这样的中心区域，直接引发了全球性金融海啸，IMF 等国际金融机构便鞭长莫及了，反倒是美联储作为"最后的贷款人"发挥着救火队队长的作用。现在，发达国家央行行长们通过货币互换、展期等手段，在"借到钱""印出钱"等方面拥有越来越多的至高无上的权力，诸如从 C6 到C15 的形成与发展，很大程度上标志着一个新的、有影响力的中央银行网络的形成及其权力结构的变化：世界很有可能被分化为"依赖美联储政策的国家"和"被美联储政策伤害的国家"。相应地，IMF 等国际金融机构的地位被边缘化，功能被麻痹化，传统的全球金融治理面临着重大挑战。

第四个趋势："新冷战"态势正在形成，但能否成为"格局"尚无定论

从 2020 年 7 月 14 日《纽约时报》的专题文章"'意识形态斗争升级'，美国和中国滑向'新冷战'"到 7 月 23 日美国前国务卿蓬佩奥在加利福尼亚州尼克松故乡发表的题为"共产中国与自由世界的未来"的演讲，再到拜登政府联合盟国试图孤立、围堵中国的一系列行动，都意味着"新冷战"正在成为不可忽视或回避的问题。

同二战后美国曾经的两个对手苏联和日本相比，美国刻意将中美博

弈植入所谓"新冷战"的叙事框架和逻辑当中，其目的是多重的。

第一个目的：转嫁国内矛盾

经济结构金融化所导致的国内经济社会矛盾激化，金融资本塑造、绑架国内政治使得美国无法改革以及政治极化等诸多困境，正在使美国面临着类似 19 世纪 60 年代国家分裂的巨大风险。在这种情况下，寻找一个"共同的敌人"，不仅有助于弥合社会分歧、分裂，也有助于缓和政治极化造成的消极后果。其实，特朗普上台执政伊始，就认识到"攻击中国"对弥合美国社会分裂具有重要作用，因而直至其下台，特朗普对中国的立场都是始终如一的，拜登政府更是采取了团结盟友、围堵中国的实际行动，这在很大程度上是由当代美国国内深刻的社会经济和政治矛盾所决定的。

第二个目的：遏制中国崛起

在长达近半个世纪之久的"冷战"中，苏联的 GDP 从来没有超过美国的一半，即使在苏联经济最强盛的时期，该比例也只有 42% 左右，苏联解体前该指标为 32%。而中国自 2001 年加入 WTO 以后，与美国经济体量的差距迅速缩小。进入 21 世纪之后，中国经济总量不断逼近美国。到 2020 年，即便受到疫情影响，中国经济总量按照美元计算已经创纪录地达到美国的 71%，而且仍有巨大的增长潜力，很多人预计，中国经济总量将在 2030 年前后超过美国。面对如此巨大的经济竞争压力以及由此产生的战略焦虑，美国需要用意识形态划界，借助西方世界普遍存在的康德 – 黑格尔的"自我 – 他者"人类社会关系的哲学范式，将中国置于西方"共同的敌人"的境地，通过构建所谓的"反华联盟"遏制中国崛起。所以，高举"新冷战"的意识形态大旗不过是美国掩人耳目的战略措施，按照进攻性现实主义代表人物约翰·米尔斯海默的观点，无论中国是否实行民主制度以及开放与否，只要它成为经济强国，就必须予以遏制，而且他毫不掩饰地表示，美国遏制中国的目的就在于使得中国经济走下坡路，这样方能减少美国的恐惧，进而减弱美国的敌意。[1]

第三个目的：确保美国在西方世界的霸主地位

然而，美国发动"新冷战"的目的远非如此，"新冷战"还有着更加深刻的国际政治背景，其核心是确保美国在西方世界的霸主地位。这是美国发动"新冷战"的第三个目的。苏联的突然垮台，令美国措手不及。虽然福山自信满满地强调"历史的终结"，但美国以往面对一个强大对手而凝神聚力的能量突然消失了，而且它吃惊地看到，在原盟友对它的战略安全需求迅速下降的同时，彼此间在各个领域中的竞争关系日益凸显。吉尔平对"冷战"结束后美国与盟国之间战略利益的变化、分歧和矛盾忧心忡忡；[2] 甚至在沃勒斯坦看来，"冷战"的结束实际上终结了美国霸权的合法性。[3]

在这种情势下，利用中国在迅速崛起过程中展示出的信心和对自身制度优势的弘扬，以及西方世界特别是周边国家对中国快速发展的担忧和戒备心理，鼓吹"中国威胁论"，以意识形态划界组建围堵、遏制中国发展和崛起的同盟，是由美国霸权的历史经验与现实需求所决定的，有助于美国把自己打扮成"自由世界"的领袖和代言人，维持或提升其在西方世界的领导力。

第四个目的：构建支撑美元体系的国际政治体系

美国积极推动"新冷战"，还有着深刻的国际金融背景。"冷战"格局下的西方政治合作是二战后国际经济秩序尤其是布雷顿森林体系的政治基础。但是"冷战"的结束，尤其是在经历了 1997 年亚洲金融危机、2008 年全球金融危机之后，整个世界对现行美元体系的弊端及其风险的认知更加清晰，加之自 2020 年开始美联储无上限 QE 政策所可能导致的一系列矛盾和问题，美国的行为以及美元体系正在面临两个方面的约束：一是自发的金融市场力量日益对美国政府、美联储的行为行使隐蔽而有效的实际否决权——对通货膨胀和公共债务失控的国家给予资本流出等形式的处罚，以约束其过度的行为；二是在国家行为上，面对美元体系运行日益增大的风险，越来越多的国家和地区选择采取远离或"隔绝"的措施，储备货币多元化便是这种"隔离"的结果之一。

这在很大程度上意味着，国际社会对美国的错误，尤其是那些导致、纵容金融危机或加剧美元体系不稳定的错误不再宽容。正因为如此，面对美元作为顶级货币地位的下降，强化美元作为协商货币的地位，即围绕确保美元地位与权力的货币外交活动将日益强化，并成为美国重要的国际政治选择。

在此过程中，在美国原有的"双赤字"负担的基础上，公共、私人债务的不断增长特别是美联储无上限 QE 政策的实施，导致风险敞口不断增大，再度触发金融危机的可能性非常高，这些因素时刻威胁着美元资产的价值以及美元资金的回流。在利率接近于零或者为负的条件下，为增加美元资产的吸引力、促进美元资金回流，除了要考虑其他主要经济体及其金融市场的利率水平等因素外，主要依靠两个途径：一是美联储缩表，在债务货币化规模过大使得债务结构日益内生化的情况下，适时和适当的缩表是确保美元回流的重要方式；二是通过制造全球冲突尤其是"敌对国"周边的冲突来遏制资金外流，美国这种手法在欧元诞生初期曾经有过先例。此外，伴随着大国博弈的激烈化以及常态化，美国动用货币金融手段即美元体系的"武器化"来打压、遏制对手的需求将会日益增多。

总之，根据上述有关后疫情时代世界经济格局变化的分析，我们可以得出以下四点结论。

第一，目前说美国霸权作为一种国际秩序已经结束为时过早，因为二战后美国霸权的重要经济基础即美元体系尚未从根本上动摇。

第二，不能忽视和低估美国为了美元及其权力而"不惜一切代价"的战略意志及其手段。

第三，"新冷战"一旦得以持续，甚至成为现实，将使得美元体系的结构性权力更加稳固并得以提升，因而对美国维系自身霸权是极其有益的。

第四，美国发动"新冷战"的策略能否成功，不完全取决于美国，还取决于中国的战略选择与应对。中国的战略智慧、战略设计、战略意志及其有效实施至关重要，可以说在很大程度上影响着美国及其盟友的战略选择。我们的目的只有一个，绝不能落入美国设计好的"新冷战"陷阱。

注　释

1. 参见（美）约翰·米尔斯海默著，王义桅、唐小松译：《大国政治的悲剧》（修订版），上海：上海人民出版社 2015 年版，第 3 页、第 160 页。

2. 参见（美）罗伯特·吉尔平著，杨宇光、杨炯译：《全球资本主义的挑战：21 世纪的世界经济》，上海：上海人民出版社 2001 年版，第 9 页、第 11 页和第 15 ～ 16 页。

3. 参见（美）伊曼纽尔·沃勒斯坦著，谭荣根译：《美国实力的衰落》，北京：社会科学文献出版社 2007 年版，第 10 页。

无论中国是否实行民主制度以及开放与否，只要它成为经济强国，就必须予以遏制，美国遏制中国的目的就在于使得中国经济走下坡路，这样方能减少美国的恐惧，进而减弱美国的敌意。

——美国进攻性现实主义代表人物约翰·米尔斯海默

| 第九讲 |

从"全球化幻想"到"全球化分裂"

——警惕全球化的"去中国化"⊖

导 读 >>>

长期以来，经济学界对经济全球化的认知存在四个误区，可以将其称为"全球化幻想"：一是把经济全球化当作全球化；二是认为经济全球化是一个"去国家化"的进程；三是认为经济全球化是美国式自由市场经济在全球推广的过程；四是认为经济全球化是可以一直持续下去的线性发展过程。"全球化幻想"的存在，是导致中国经济学界在中美贸易争端尤其是大国冲突日益升级过程中集体失语的重要原因之一。

当今的经济全球化态势及其特征并非"逆全球化""反全球化"，而是"全球化分裂"，即世界上第一、第二大经济体之间针对经济全球化的内涵、规则和方向失去了共识，具体表现在"规则分层化""范围区域化"和"内涵分裂化"三个方面。对于正在崛起的中国而言，不仅要关注国际贸易、产业链的调整或脱钩问题，更应警惕全球化的"去中国化"。

⊖ 2020 年 8 月 15 日，中国世界经济学会和中南财经政法大学举办了主题为"全球经济治理体系变革与中国全面深化改革开放新机遇"的中国世界经济学会国际贸易论坛（2020）视频会议，作者在会议上做了题为"抛弃经济全球化幻想 警惕全球化的'去中国化'"的发言。为避免重复，在将其收录本书的过程中，针对发言内容作者进行了一些补充和修改，一是增加了作者于 2017 年 12 月在昆山市举行的由中国人民大学雷达教授发起的内部会议上发言的部分内容，这个发言后以"全球化分裂：成因、未来与对策"为题发表在《世界经济研究》2018 年第 3 期；二是增加了作者在《东北亚论坛》2021 年第 1 期上发表的论文"美国大选后的世界格局与中美关系"中的部分内容。

今天我要谈的不是国际贸易问题。一是因为我不是这个领域的专家，二是因为当前大家所高度关注的中美关系的实质早已超出了国际贸易争端的范畴，或者说从来就不曾是国际贸易问题。正如我两年多以前说过的那样，"贸易争端"不过是中美两个世界大国世纪性博弈的一场序幕。

只有两年多一点的时间，中美关系走到今天已经不单是自由落体的速度，更有加速恶化的趋势，因为双方将一场有关价格（关税）的争端快速转变成全方位的大国博弈。当然，中美关系恶化的主要责任在美方。问题在于，我们学术界特别是经济学界是不是需要反思些什么？

这里，我主要谈三个方面的问题：一是反思普遍存在的"全球化幻想"，这些幻想严重误导了我们对世界经济和国际关系的基本认知；二是现阶段的经济全球化究竟处于怎样的态势，有哪些主要特征；三是基于这些认知，中国应采取什么样的对策？

第一个问题：经济学界应该认真反思有关全球化问题的认知，尤其是需要正视影响我们基本判断的"全球化幻想"

迄今为止，在我个人的记忆中，2010 年之前国内外只有五位学者曾经预测到中美两国的这场世纪性冲突：国外是保罗·萨缪尔森、塞缪尔·亨廷顿和保罗·克鲁格曼；国内有两位，一位是香港科技大学的著名社会学家丁学良教授，另一位是清华大学原教授、著名学者秦晖先生。

刚才张宇燕会长、佟家栋教授都提及萨缪尔森的那篇以中国、印度崛起为背景，针对国际贸易在国家之间利益得失所写的著名论文。实际上，亨廷顿在 1993 年美国《外交》杂志上发表的"文明的冲突"一文，以及 1996 年在《文明的冲突与世界秩序的重建》一书中都曾系统地阐述过对中美之间大国冲突的担忧。他认为，如果中国在未来 10 ~ 20 年仍旧保持非常快的增长速度，那么中国将有能力重新恢复自己在 19 世纪 40 年代之前的那种在东亚地区的主导地位，而美国的长期国家战略是防止任何强国主宰欧洲和亚洲，并为此参加了两次世界大战，因此中国的发展必将导致中美冲突。

在 20 世纪 90 年代中期，保罗·克鲁格曼根据 20 世纪 70 ~ 80 年代以来美国掀起的打压日本、德国的贸易保护主义思潮，关注到那一时期美国政界、学界强调所谓"国家竞争力"的现象，预计到美国的贸易保护主义会从强调要在工资水平相近的国家之间开展自由贸易，发展到主张在市场规则、制度相近的国家之间开展自由贸易；而且他注意到，对一般国家而言，赤字国通常是通过汇率调整即本币贬值而不是工资和价格下调的方式进行调整，但美国由于美元体系的缘由，大幅度贬值不可能，盈余国也支持美元坚挺，最后只能导致国内工资、价格的下降，其结果一定是美国贸易保护主义尤其是民粹主义的兴起。这种观点同卡尔·波兰尼关于 19 世纪金本位制度所导致的外部均衡与内部均衡的冲突在很大程度上导致一战爆发的分析逻辑是一致的。

丁学良教授早在 1999 年 12 月，也就是二十多年前，就从意识形态、种族或文明以及经济规模及其实力这样三项标准，认定在进入 21 世纪后的 15 年左右的时间里，中美之间必将产生一场严重的历史性冲突。他从社会学理论、国际关系理论和自己多年国际游学的观察与思考，认为"冷战"结束后美国一直在寻找下一个可能的对手，要想成为美国的对手或敌人不难，具备上面三项标准中的任何一两项都可能成为美国的敌人，比如苏联、古巴、日本、伊朗和朝鲜等，都曾被美国当成主要对手，但关键问题在于，能将这三项标准合为一体的国家才能成为美国的"头号敌人"，这是非常不容易的，当今世界唯有中国可以做到；而且，美国不会给中国很长的时间去处理、解决问题或者谋求发展。所以他认定，在2015年前后，中美之间的大国冲突一定发生。丁学良的这个预见在当时似乎危言耸听，结果却非常准确。

2008～2010年，秦晖先生也曾做过中美两国迟早要发生冲突的预见。他从社会主义的类型划分出发，指出中国社会主义道路的特殊性，尤其是在劳工福利及其标准的国际比较中所呈现出来的特色，使得建立在这种特殊性基础上的外向型工业化进程，迟早要与以美国为首的西方发达国家的价值观、政治理念及其劳动阶层的利益发生根本性冲突。虽然他没有像丁学良教授那样做出具体时间的预测，但这种问题导向的趋势性预测依然格外准确。

整体而言，中国经济学界就这个问题基本上是集体失语的。不是说经济学一定要对大国关系进行准确预测，经济学原本就不是搞预测的，经济学家做预测好像也几乎没有准确过，即便有，也属于占卜性的。针对大国冲突问题让经济学家做预测，更是过分的要求。但问题在于，为什么大部分经济学家在中美贸易争端业已开始后依然认识不到问题的严重性？仍然在用狭隘的经济学视角同美国算"经济账"，而无法认识到大国博弈的政治逻辑与经济逻辑有着本质的不同？在我看来，分工过于专业、细化的理论无法分析和解释经济全球化问题。经济学就是这样一门学科。不仅宏观经济学基本不考虑货币金融问题，而且自1890年马歇尔的《经济学原理》出版以来经济学也早已不再是政治经济学，且将政治、社会、民族、国家等问题抛到九霄云外。我们在精细化的专业领域里越走越深入，在数量化、模型化的道路上越走越坚定，结果自然是，在严格的、选择性的前提假设下论证的结果，严重脱离了实际。我们甚至不愿意在外面早已风雨交加、电闪雷鸣的时候，从自己栖身的地方走出，看看漫天翻滚的乌云的模样。

长期以来，这种状况尤其体现在对经济全球化的认知上。这在很大程度上可以解释：为什么两年多来，从贸易、科技、教育、人才、企业一直到意识形态等领域，我们的研究都是一步步被人家牵着鼻子被动地走到今天。

作为一个崛起中的大国，中国是需要研究国际战略问题的。对这一研究，如同任正非强调的加强基础科学研究一样，必须通过诸多基础学科的交叉、合作方能顺利开展。经济学就是其中一个重要的基础学科。因此，当今时代，中国的经济学研究需要扩展视野，提升与其他学科的交叉能力，结合现实来进行。需要指出的是，迄今为止，在对经济全球化的认知方面，经济学界乃至整个国内外学术界的很多理解是存在误区的。

关于全球化，经济学家、社会学家、政治学家、历史学家、哲学家甚至法学家都从各自的角度进行过分析，发表的研究成果汗牛充栋，却很少有学者进行综合的整体分析并能够得出一个令所有人满意的答案。在经济学家当中，关于这个问题的分歧同样不小：有人从贸易视角、有人从投资视角、有人从资本流动视角、有人从跨国公司视角，都曾做过大量有建树的研究，但同样没有得出比较一致的结论。在此过程中，学术界对经济全球化问题始终存在着至少四个方面的错误认知和理解，我称其为"全球化幻想"。

第一个"全球化幻想"

　　第一个"全球化幻想",认为全球化就是经济全球化,忽视其他领域诸如社会、文化或政治等方面的全球交流、发展,或者将它们简单地归结为经济全球化。

　　这是枉顾历史与现实的,也可以说是社会科学界所谓"经济学帝国主义"的一个重要表现。经济全球化无疑是全球化的重要组成部分,而且是全球化进程中唯一发展成效显著或令人瞩目、影响巨大的历史过程。这也正是导致人们出现这种"全球化幻想"的重要根源。经济全球化本质上是全球范围内各国、各地区之间经济不断走向融合的过程,表现为跨越国界的贸易发展、资金流动和生产、服务等经营活动的全球扩展,以及在此基础上市场经济运行规则的全球一体化。经济全球化作为一个过程主要有两个层面的含义:一是跨越国界的贸易、投资以及全球范围内的生产和服务等经营活动的快速发展与规模扩张;二是市场经济运行规则的日趋一体化,这既涉及市场运行的基本层面或交易层面的市场规则,如跨国公司的内部贸易、产业链管理、资本市场运行以及大宗商品交易等都要求参与者遵循相同的市场规则,也包括市场经济体制或模式,并因此受到各国、各地区的政治、社会、文化等因素的影响和制约。前者是经济全球化的主要表现,后者是其本质。换言之,如果没有市场经济运行规则的全球一体化,便不会有经济全球化的诸多具体表现形式在更大规模和更快速度上的发展。

　　经济学家们所关注和谈论的经济全球化,正如经济学内部的分工与专业化发展日益精细且壁垒森严一样,是非常狭隘的,它一般是指贸易、投资、金融等领域的全球自由流动,或生产过程的全球配置与重组，反映的是世界各国经济日益相互依赖和融合的过程。然而事实上，这种认知忽视了经济全球化是一个高度政治化的过程，它首先是政治决策的结果，其次是受到政治理念、意愿和价值观等方面的制约或影响。这是一个典型的政治经济过程，而非单纯的经济过程。

四十多年前，正是里根、撒切尔夫人等美欧领导人的政治选择导致了以新自由主义为核心的经济全球化的迅猛发展；那一时期，中国的改革开放以及随后的市场化进程，同新自由主义的理念发生了趋势性类同，这是中美两国在某些价值观层面迅速走近、两国关系发展比较顺利的重要原因之一。当然，这也是使得美国对中国发生它所期望的转变抱有幻想的重要原因。如今，同样是特朗普总统的政治选择，导致全球化的政治环境发生了翻天覆地的变化，所谓的"逆全球化"浪潮迎面扑来。同以往相比，政治因素不仅从全球化的幕后走到台前，更使得经济全球化的未来充满不确定性。这种政治选择甚至比技术进步对企业经营、经济增长的影响更大、更直接，而且几乎完全出乎经济学家们的预料。

第二个"全球化幻想"

第二个"全球化幻想"，认为全球化发展使得国家的地位与作用遭到严重削弱，民族国家很大程度上成为服务于全球资本的地方性机构。

显然，这是第一个"全球化幻想"的衍生物。20 世纪 90 年代以来，学术界关于全球化进程中国家主体与非国家主体之间的关系存在着激烈的争论。这一切皆源于二战后兴起的这一轮全球化所具有的前所未有的特征。这就是，在自 1648 年《威斯特伐利亚和约》签署以来的漫长时期里，各种形式的民族国家一直是国际社会中经济、政治和社会生活的基础，而这一轮经济全球化进程中出现了一种新的力量并使其自身的活动超越了民族国家，其典型代表就是跨国公司。自 20 世纪 60 年代起，以跨国公司为代表的跨国资本，包括那些无国籍的全球资本，开始打破或超越以往经济全球化所形成的民族国家疆界。在此过程中，全球经济体系的运行规则及其基础虽然没有发生重大变化，但行为主体发生了明显改变，跨国公司和跨国资本拥有了更多的在全球范围内选择的权力。尤其是它们打破了国家对生产体系的垄断，把所有参与进来的国家重构成为一个全球性生产网络，并深刻地影响着这些国家、地区的社会经济发展进程。

正因为如此，相当多的人开始认为，经济全球化的最主要特征就是"去国家化"——以跨国公司为代表的全球化主导力量可以摆脱一切国家的控制与影响，甚至有学者认为，民族国家经济以及与之相应的国家政策的时代已经一去不复返了。因此，不仅民族国家体制过时了，与全球市场和跨国公司预期相抵触的国家内部的货币政策和财政政策也过时了，民族国家再也不是一个强有力的经营者了，它只能提供国际资本认可的那些必不可少的社会经济环境和公共服务，而且管理成本要尽可能低。一句话，民族国家已经成为全球化体系中的地方性权力机构，其职能就是为全球资本服务。

这种"全球化幻想"的问题在于，它只关注全球化对国家力量的冲击或削弱，没有看到国家仍有技术能力、政治意愿及选择来影响全球化进程。一方面，只有当资本输出国政府允许，资金才能被转移到纳税避风港和海外金融中心去。如果美国政府决定对这些资本转移进行阻止或惩罚，那么大多数纳税避风港的银行和金融机构就会倒闭，正是由于发达国家如美国、英国等鼓励放松管制，才使得大规模的资本国际转移成为可能。20世纪70年代末80年代初西方新自由主义经济思潮的兴起，正是主张放松管制的政治决策的结果。另一方面，历史地看，19世纪后期的英国和20世纪后半期的美国在自由贸易的旗号下鼓励自由竞争，同样不只是一种经济考量，也是一项政治选择，倘若忽视这种选择的本质，仅将其当作权衡经济利益的结果，自然导致人们对全球化进程做出粗浅的认识与判断，并为此付出代价。如今，以美国为首的发达国家之间重新谈判贸易规则、市场规则的过程，吸引或迫使跨国公司产业链回归或转移的手段，以及对一些中国高科技企业通过经济制裁进行长臂管辖的事例，都活生生地告诉我们，所谓"去国家化"的"全球化幻想"是多么的天真和有害。

第三个"全球化幻想"

第三个"全球化幻想"，认为美国式自由市场经济体制即自由放任的市场经济将在全球范围内得到推广，成为统一并主导世界的市场经济模式，简言之，全球化的自由市场不可避免。

英国著名政治思想家约翰·格雷（John Gray）将"冷战"结束后以"华盛顿共识"为核心、认为民主资本主义很快会被全球所接受、一个单一的全球自由市场即将成为现实，即经济全球化意味着全球自由市场形成与发展的观念及其过程，称为"伪黎明"，并将其喻为同苏联中央计划经济的乌托邦一样，是一种"全球自由市场的乌托邦"，虽然这个乌托邦还未以苏联方式导致人类付出巨大代价，但随着时间的推移，其造成灾难的程度正在开始超过前者。

20世纪70年代"滞胀"的出现，扭转了二战后长期以来推行的凯恩斯主义经济哲学，新自由主义的信奉者将资本主义"黄金时代"积累的所有问题归咎于主张国家干预的凯恩斯主义经济理论，在 80 年代实施了大刀阔斧的新自由主义改革：实施以私有化、放松政府管制、降低税率和压制劳工团体等促进自由放任的市场发展为核心的社会经济政策。正当 80 年代末 90 年代初信息技术进步带来的"新经济"高歌猛进之时，"冷战"的结束以及随后亚洲金融危机的爆发，更加强化了美国人对自由放任主义的自信和傲慢。在他们看来，前者证明了计划经济的破产，后者则证明了非美国式市场经济（资本主义）存在着诸多问题，因而全球化的终极目标应该是实施自由放任的市场经济。

然而，自由市场经济在证明其具有创造性的同时，也同样证明了自身所拥有的无比强大的毁灭性力量。历史证明，自由市场不是人类社会发展进程中的铁律，而是强政府催生的特殊历史阶段的产物。19 世纪中叶，维多利亚女王治下的英国通过圈地法、济贫法和废除谷物法等，将土地、劳动和粮食都转变成商品，自由市场成为经济运行的核心机制。这些都充分表明，自由市场是用国家权力干预和建设的产物。更重要的是，其发展本身恰恰证明自由市场是一种反社会的过程。它是在公民权尚未普及，少数大资产阶级主导、控制议会条件下政治抉择的产物，换言之，它并非与关注国民福祉和利益的民主政治相伴而生，而且，它导致的一系列深刻的社会矛盾引发了诸多社会苦难。

马克思及其同时代的许多思想家都曾无情地揭露、批判了自由市场经济给资本主义社会带来的严重问题。这些社会矛盾和问题，摧毁了社会制度和个人幸福，人们对经济安全的本能需求引发了政治反抗运动，从而彻底改变了自由市场经济甚至使其搁浅。维多利亚时代中期的那种纯粹的自由市场经济，自 19 世纪下半叶随着公民权的扩大，遭到了民主政府日益强烈的社会控制，最终迅速消亡。然而在国际社会，由于无政府状态的持续，自由市场进入 20 世纪后仍如脱缰野马，狂奔不止，其带来的一系列社会灾难以及由此引发的国际关系张力，成为导致两次世界大战以及期间大萧条的重要原因，自由主义的国际经济秩序也在这些灾难中诞生的独裁政权的暴力下走向解体。

那么，在当今时代，全球自由市场的发展前景会更好吗？

今天，美国在经历四十年新自由主义主导的自由市场扩张之后，贫富差距急剧扩大、社会矛盾激增、政治极化日益严重，这已经导致无法挽回的后果；特朗普的上台本身，就是美国式自由放任市场经济发展及其所导致的诸多社会矛盾的一个极端表现。当一个民主制度不再属于全体公民，而是属于那些为了保护自身社会经济优势而参与甚至影响投票的人，结果便是政府不再考虑国民的社会需求。于是，民众的不满情绪只能在政治生活的边缘地带通过民粹、野蛮甚至暴力的运动来表达，如今美国社会日益严重的种族矛盾、民粹主义兴起等都是对美国民主体制造成巨大伤害的抵制或反抗。

美国展现给世界的各种社会经济和政治矛盾充分表明，自由市场所起的作用是分裂和削弱国家。如果国家缺乏维护社会凝聚力的资源及能力，就必然会面临各种崩溃的社会现实，相当部分的社会阶层及其利益就要被他们不能控制的市场力量所抛弃。这本身说明，一方面，自由市场经济是反社会的，它要求社会服从于市场的要求，不考虑社会代价地追求经济效益，这种将经济需求置于社会需要之上的诉求和行为本身，于人类社会发展而言是本末倒置的；另一方面，自由市场是高度不完全的体制，要使它正常运转，不仅需要更多的政策干预和调控，还需要进行更为积极的社会管理，尤其是政府和企业（金融机构）必须承担其应有的社会责任。

　　既然自由市场经济有如此之多的问题和缺陷，为什么美国还具有如此强烈的自由市场经济的情怀呢？针对许多学者关于美国文明和制度天然地拥有对全人类的制度和行为进行彻底改革的必要性与可能性的观点，约翰·格雷认为，这本质上显示出美国文明与西方的历史经验和当代政治存在着严重的隔绝。虽然自由放任主义是美国的政治经济纲领，但美国并非一直支持自由市场，它在大部分历史进程中把自己隔绝于世界，并在此基础上培养出了对世界独一无二的使命感。美国文明的这种封闭性不仅仅源于历史、地理等因素，同样源于文化因素，即美国无法像欧洲各国那样承认并忠实于启蒙运动的价值，其条件是首先承认文化之间的差异、尊重文化的多元性，因而当那些曾被认为是理所当然的"欧洲至上"的观念早已一去不复返，即大多数欧洲国家都已进入"后启蒙文化"之时，美国仍旧与世隔绝并坚守着传统的启蒙纲领，并将其作为一种现行的政治信仰。

　　在二战结束后的四十多年里，自由主义和苏维埃式的发展理念这两个产生于欧洲文明最核心部分的启蒙意识形态之间，爆发了前所未有的冲突。所以，"冷战"在本质上是同一个启蒙纲领中两个对立的变种之间的斗争，它们的启蒙纲领都是要用一种单一的文明取代人类文化的历史多样性；两者之间的对立与冲突，不是西方与非西方之间的问题，而是西方意识形态内部的争吵。从这个意义上看，"冷战"的结束不是西方战胜了它的一个敌人，而是21世纪最雄心勃勃的一种西方启蒙主义社会试验的失败。然而在今天，美国试图将一个在独特的地理、历史环境下诞生的特殊的自由市场理念推广到全球的过程，不啻为又一个极端的社会工程试验。历史告诉我们，这个过程注定要为美国带来灾难，同样也将给世界带来混乱。自由市场控制的全球化，无异于走向新的"奴役之路"：本应由社会系统控制的市场经济，演变为市场力量从社会生活当中脱嵌，甚至形成了市场力量左右、控制社会发展进程的市场社会。

将经济全球化视为将自由市场经济推广到全球的过程，无论在理论还是实践中都将导致日益严重的全球经济治理困境。以"华盛顿共识"为核心的自由放任资本主义不仅不尊重世界的多样性，还将破坏各国政府保护社会凝聚力的资源和能力，这实质上是赋予美国资本以更多的全球特权。显然，与罗斯福构造的全球多边主义的高贵与慷慨相比，进入21世纪之后的美国经济政策既庸俗又吝啬（自私）。可以说，如果美国不改变或调整这种乌托邦的价值取向，世界经济体系改革或全球经济治理难以有突破性进展。

自由放任市场经济将推广到全球的"全球化幻想"导致的另一个严重问题在于，它威胁到了国际和平。这不仅是因为它将导致越来越多的国家间的利益矛盾和文化冲突，还在于现阶段的国际经济体制或秩序缺少有效保护自然环境的机制，这将促使主权国家陷入争夺日益减少的自然资源控制权的竞争，甚至引发军事冲突。

关于全球自由放任主义的未来，历史经验尤其是两次世界大战和期间大萧条的教训表明，除非发生比人类经历过的危机更深重的经济危机，这种"全球化幻想"才有可能发生转变。

第四个"全球化幻想"

第四个"全球化幻想"是达尔文主义的，它认定全球化是一个线性的发展过程，会一直持续下去，甚至在过去三四十年的时间里，全球化会一直持续下去成为世界经济运行的三大假设之一（另外两个假设是贸易为国家富强之路、经济权力正在从西方转移到东方）。

全球化一直会持续下去的"幻想"是前三个"全球化幻想"的自然产物，即将全球化视为单一的经济过程、政府权力将被严重削弱和超越，以及全球化就是美国式自由放任主义市场经济推广到全球的过程的综合产物。在这种幻想的场景中，全球化自然是无法遏制地一直奔跑下去。过去几十年里，全球化的迅猛发展掩盖了大国之间关于全球化的重大分歧乃至对立。但历史经验告诉我们，全球化本质上是一种政治选择，经济的逻辑是其基本动力，政治的逻辑是其方向盘。

第二个问题：现阶段经济全球化的基本态势和特征是"全球化分裂"

全球金融危机爆发以来的十年里，曾经高歌猛进的全球化突然发生了重大转折。英国脱欧，高举"美国优先"旗帜的特朗普当选美国总统并宣布退出跨太平洋伙伴关系协定（TPP），世界贸易与投资增速大幅放缓，贸易争端阴云密布……对此，国内外学术界多以"逆全球化""去全球化"或"反全球化"予以概括。我认为，这种认知是不准确甚至是错误的。

自1492年大航海时代开启迄今，所谓的全球化经历了近五百年的缓慢发展，直至20世纪90年代初期方才达到高潮，除了科技革命的巨大贡献之外，还有两个特别重要的原因：一是二战后以GATT（后为WTO）、IMF等为代表形成了全球市场规则的日趋统一；二是中国的改革开放尤其是苏东国家融入全球经济体系所导致的全球市场规模的统一。因此，全球化本身是无法被阻挡的，更是不可逆的过程。我们现阶段所经历的一切，本质上是全球化分裂，即世界主要大国尤其是第一、第二大经济体之间在有关经济全球化的内涵、规则和方向上不再有共识，两者秉持着各自的自由贸易理念不是相向而行，而是背道而驰。具体来看，现阶段的全球化分裂主要表现在三个方面。

1. 经济全球化的"规则分层化"

伴随着中国经济崛起以及以中国为代表的 G20 力量的日益强大，美国认定它曾经支持并主导的 WTO 规则等对自身造成了巨大损害，必须重新组建并主导新的、更高规则水平的贸易体系，并将中国排除在外，其目的就是要搞经济全球化的"去中国化"，即构建一个或多个排斥中国的、由少数发达国家或周边国家、地区组成的更高市场规则标准的自由贸易体系。其本质，是要搞全球化规则的分层化。

2. 经济全球化的"范围区域化"

20 世纪末 21 世纪初，新区域主义浪潮开始兴起。一方面，在全球多边贸易安排受阻的情况下，全球性的区域贸易合作和一体化进展迅速加快，相互临近的国家或地区纷纷构建更加符合自身利益的区域性制度安排，如目前仅在东亚地区就交叉存在着至少七个区域性多边合作框架（谈判进程）；另一方面，伴随着技术进步，跨国公司企业组织和经营模式转变以及不同国家、地区之间要素资源价格的变化，发达国家产业链布局的区域化（本土化）调整早已开始，新冠肺炎疫情的暴发及其全球扩散更是加快了这一进程。事实上，以美国为首的发达国家要实现产业链与中国"脱钩"，无论是否真正可行，都不意味着去全球化，而是将原来过于依赖中国的产业链布局进行新的区域化（本土化）调整。在这方面，中国并非完全被动，而是有许多主动的战略空间。

3.经济全球化的 "内涵分裂化"

自20世纪80年代开始，美国经济结构日益金融化，脱实向虚的发展进程不断加快。其主要后果之一，就是美元体系的强化，它控制了全球资本流动的规模与方向，因而20世纪90年代达到高潮的这一轮经济全球化的核心内涵之一，就是金融、贸易和投资全球化的齐头并进、相互拱卫。然而进入21世纪尤其是特朗普执政后，经济全球化在内涵上发生了明显分裂：在贸易和投资领域出现分层化、区域化发展态势的同时，最符合美国利益也是其最具竞争力的金融全球化却依然如故，美元体系的逻辑与权力并未出现任何调整的迹象。因而，仅仅关注全球贸易、产业链的调整是片面的。

归纳起来讲，全球化分裂正使得经济全球化处于新一轮调整过程中，其核心是在金融全球化格局即美元体系依旧的条件下，在产业链布局和贸易规则等领域做出规则分层化、范围区域化的重构。无论如何，这都不是 "逆全球化" 或 "去全球化"，而是将原有的全球化架构进行拆解，试图组合成一种新的体系结构。其核心目的，就是确保美国对新的经济全球化进程的主导和控制，同时孤立、打压和遏制中国崛起。

第三个问题：中国作为经济全球化的主要受益者之一，应高度关注全球化分裂的走势，尤其是应警惕全球化的 "去中国化"

理性、客观地认知现阶段经济全球化的状态及其发展趋势，是一个至关重要的课题。全球化分裂的现实表明，美国不是在搞 "逆全球化" "反全球化"，而是要搞另一套经济全球化，即没有中国的经济全球化。对中国而言，最应该警惕或防范的不单是产业链脱钩，而是经济全球化的"去中国化"。对此，中国作为当今世界上最主要的"贸易国家"，既是经济全球化的主要受益者之一，也是全球化分裂成本或风险的主要承担者之一，必须客观、冷静地予以应对。就此，需要关注以下三个问题。

1. 作为一个正处在崛起中的国家，必须冷静地认知自身崛起的性质

决定中国崛起的最主要因素之一是对外开放，即通过将中国经济融入美国主导的全球经济体系当中，融入"美元体系"而获得经济高速增长的空间，并通过购买美国国债等途径成为该体系最主要的支撑者之一，自然而然地也成为该体系潜在或显在的受害者，这是一个正常的逻辑过程。因此，必须对中国崛起的性质存有理性认知：一方面，中国崛起在很大程度上是在"美元体系内的地位提升"；另一方面，中国崛起的内涵不仅是经济上的，它是一个综合性概念，与经济实力的提升相比，对真正的大国而言，软力量的塑造更为重要。

由于上述"全球化幻想"的存在，长期以来我们没有意识到，四十多年来中国参与经济全球化的进程，很大程度上相当于我们的"身体"进入了"体系"当中，而其他部分包括文化、价值观、意识形态、政治理念等诸多"头脑"领域从未进入也不可能进入这个"体系"。因此，当我们的身体日益强壮，与强者的触碰越来越多、交流越来越紧密时，上层建筑领域的矛盾必然会凸显，冲突将会增大。应该理性地认识到，价值观、意识形态、政治体制等因素是中美两国冲突的重要根源，所谓"实力接近"导致守成国对挑战国的竞争性打压只是重要原因之一，并非充分必要条件。正如修昔底德本人曾经把伯罗奔尼撒战争或所谓的"修昔底德陷阱"的本质视为斯巴达的贵族制与雅典的民主制之间的冲突一样，实力彼此消长所导致的大国之间的压力与威胁并非冲突原因的全部。

2. 在今后相当长时期内，美国不会成为"正常国家"，更不会"收缩"，这不过是以往"美国衰落"话题的同义反复

从历史经验与当今的现实来看，美国正在做的事情主要有两个。一是更改并引导新的全球贸易规则，它不仅要确保自身从中获利，更要遏制"对手"或"敌人"的收益，所以，尽管特朗普暂时退出了TPP，但美国迟早会重新参与或引导TPP的构建，这不是为了维系与盟国的关系或改变国家形象，而是因为其经济结构及其核心利益的变化。二是将中国视为其最主要的"对手"或"敌人"，并动用一切可以动用的软硬力量予以遏制、打击。美国的这种战略调整已悄然进行了十余年，如今已跃然台上，此乃当今中国国际关系中最大的战略定数而非变数。

自20世纪以来，通过两次世界大战以及随后的"冷战"，美国已经认定，它绝不允许欧亚大陆上出现可与己匹敌的竞争对手。因此，虽然经济全球化使得中美两国在经济上形成了高度的相互依赖关系，但考虑到国际政治竞争与国内政治竞争的性质不同，任何一种形式的均势都无法避免危险状态的形成，诸多历史经验证明了这一点，切不可掉以轻心。

3. 大国竞争的本质在于制度竞争，这在全球化分裂的状态下体现得更加明显

我们必须在以下几个方面有所思考。

第一，在理论研究上，不应仅仅关注大国崛起的经验，更应着重分析历史上西班牙、法国、德国、俄罗斯等失败国家的教训，尤其是它们在规则、体制和制度安排方面的教训。

第二，在战略考量上，应更多地关注崛起的可持续性，而非获得更多的国际主导地位，因为在全球化分裂状态下，任何大国都无法提供得到国际社会普遍认同或遵守的国际规则，所以应将主要精力聚焦于国内制度建设，以及加快进一步扩大对外开放的步伐，其目标是构建一套可以进行持续性国际竞争并胜出的制度安排，其核心是提高效率、激发活力。

第三，在具体策略上，应将同美国的竞争关系控制在贸易领域，个别产业部门的贸易竞争或国际诉讼的失败无碍全局，但货币金融领域的竞争涉及全局，且目前中国金融体系的发展水平和质量同美国相比远不在一个层级，故必须尽力避免货币金融领域的冲突，日本在这方面的教训值得我们铭记于心。

第四，将现阶段对外关系的重心放在周边，全力协调、处理好周边关系。无论是从当前中国经济的实力，还是从周边一些国家试图凭区域经济合作抗衡中国的企图来看，我们都应将国际关系的重心放在周边。如何管控或尽快消除与周边国家间的各种矛盾、冲突，经营好周边，是我们面临的重要课题。

"冷战"结束后以"华盛顿共识"为核心、认为民主资本主义很快会被全球所接受、一个单一的全球自由市场即将成为现实，即经济全球化意味着全球自由市场形成与发展的观念及其过程，是一种"伪黎明"，是一种"全球自由市场的乌托邦"。

——英国著名政治思想家约翰·格雷

Double Shock
The Future of Power Games &
The Future of The World Economy

| 第十讲 |

全球货币超发对世界经济发展的影响[○]

导 读 **》》》**

2020 年以来，面对新冠肺炎疫情的巨大冲击，以美国为首的发达国家采取的史无前例的量化宽松政策引发了全球范围的货币超发。同 2008 年之后的危机救助相比，本轮货币超发有许多新的特征，尤其是在此过程中发达国家央行的地位和性质发生了深刻变化。

全球货币超发对世界经济的影响，从短期看，流动性泛滥和美联储退出 QE 的潜在风险值得关注；从长期看，世界主要央行的角色转变以及全球金融治理体系变革面临的困境将给世界经济带来深远影响。对此，中国需做好积极且稳妥的应对。

○ 2021 年 6 月 19 日，由中国世界经济学会与横琴智慧金融研究院 / 吉林大学横琴金融研究院联合主办的 "横琴智慧金融论坛暨中国世界经济学会国际资本流动专题研讨会" 在珠海横琴召开。本次研讨会主题为 "全球货币超发背景下的国际资本流动：问题、趋势与新发展格局下大湾区建设"。本文为作者在此次会议上的发言，本书收录时略有删改。

在这场疫情造成的外部冲击下，美国的货币超发导致资本大规模流入，这从美元体系的避险机制角度很好理解，但与以往不同的是，这次资本大规模流入的结果却是美元贬值。这个问题很有意思，值得我们思考。

今天，我想跟大家交流一下关于以美联储为核心的全球央行货币超发及其对世界经济的影响，最后谈谈中国面临的挑战与应采取的应对措施。

第一个问题：全球货币超发的现实与新特征

作为一场突发性的外生冲击，新冠肺炎疫情的暴发迅速在全球金融市场引发剧烈震荡。2020 年 3 月，美国股市前所未有地在极短时间内触发 4 次熔断，道琼斯指数最低时跌到了 18 000 点附近，达到近 4 年以来的最低水平，直至 9～10 月才开始回升，这一过程让美联储非常紧张。实事求是地讲，美联储经过 2008 年金融危机后在理论和实践上积累了非常丰富的经验，这次危机的应对也很及时。它采取了前所未有的量化宽松（QE）的极限措施，旨在快速稳定市场预期，延缓疫情冲击向经济金融体系蔓延，避免造成更严重的经济衰退乃至大萧条。

从数量方面看，自 2020 年 3 月起，美联储推出"无上限 QE"，大力度扩张资产负债表，当年规模达到 3.05 万亿美元——这与 2008 年金融危机后 5 年 3 轮 QE 的总规模（3.5 万亿美元）相当；2020 年，美联储总资产已经扩张到 7.5 万亿美元，创历史新高。这意味着将私人市场风险大规模转移至央行等公共部门。

从货币政策方面看，美联储更改了沿用 30 年的货币政策目标框架，放宽了对通货膨胀的容忍度，更加注重充分就业目标。2020 年 8 月，美联储主席鲍威尔发表了"长期目标和货币政策策略声明"，明确将通货膨胀率目标改为"平均通胀目标制"。此前，美联储的通货膨胀率目标维持在 2% 以内，今后意味着只要长期内通货膨胀率维持在这个水平，便允许通货膨胀率在一段时间内超过该水平。值得注意的是，美联储将有关就业目标缺口的评估标准从"就业人数对最高水平的偏离"改为"就业人数对最高水平的不足"。这意味着它的货币政策目标从控制货币价格、数量转变为最大限度地追求充分就业。

值得注意的是，疫情暴发后全球范围开启了大规模的"印钞潮"。2020 年，全球主要八大经济体新增 14 万亿美元货币，其中美国增发货币量占比近 30%，欧元区占比约 20%；全球主要十二大经济体的货币供应量已经高达近 100 万亿美元。与 2019 年相比，十二大经济体的货币供应量增幅近 20%。全球主要经济体，包括发达经济体和新兴经济体，它们的财政盈余与债务总体水平之比在 2020 年达到高峰，此后急剧下降，这是很明显的变化。基于上述事实，我将本次全球货币超发的新特征归纳为以下四点。

1. 背景更加复杂

不同于 2008 年金融危机后为解决内生性金融、经济危机所推行的 3 轮 QE，本轮 QE 是为应对突发性巨大外部冲击所导致的经济衰退和债务危机。直观来看，疫情暴发引起金融资产与原油价格暴跌，美元市场以及美元标价的资本市场出现流动性短缺。对此，美联储的应对措施主要不是针对传统宏观经济指标，而是针对金融市场价格信号等微观指标。深层次看，新冠肺炎疫情导致的全球范围的经济封锁或"硬脱钩"状态，对美国实体经济造成了严重冲击，需求和供给的同时减少导致企业和居民的现金流出现问题，因而本轮 QE 中企业和政府成为加杠杆的主体，居民家庭则成为财政政策补贴的主要对象。

2. 开启了"危机工具箱"

美国在应对本次危机的过程中，重启了 2008 年金融危机后 3 轮 QE 期间使用过的政策工具，并创设了更多有针对性的政策工具，以增强金融市场的流动性，推动其平稳运行。其中，重启工具主要包括为外国央行、各级金融机构注入流动性，保障外汇市场和货币市场平稳等；新设工具则主要是通过向市场投资者提供财政和信用支持，为股票市场和企业债券市场有针对性地补充流动性，发挥遏制流动性短缺、提振市场预期的作用。

3. 规模巨大且执行迅速

从政府月度收支和预算赤字/盈余可以明显看出，美国在财政方面做出了很大的努力。截至 2020 年 12 月，美联储本轮 QE 资产扩张 3.05 万亿美元，约占当前美国 GDP 的 20%。与此同时，2020 年 3 月 2.2 万亿美元的财政刺激计划是美国历史规模之最，约为 2020 年联邦政府全年财政预算支出的 42%。

4. 以美联储为代表的央行的地位发生了重大变化

这也是疫情冲击后世界经济领域影响最大的变化，即央行从"最后贷款人"（LLR）变成了"最后做市商"（MMLR）。2008 年金融危机后，以美联储为首的主要发达国家央行已经开始成为"做市商"，但这次疫情冲击则强化了这个转变。LLR 是央行构建的传统金融安全网的重要支柱，当以银行为中心的金融机构的流动性需求发生异常且无法从其他渠道获得流动性时，央行可以通过发挥 LLR 功能对其进行流动性救助。这一功能是在 19 世纪中叶英格兰银行的实践中逐渐成形的。对此，沃尔特·白芝浩在《伦巴第街》一书中曾有过详尽阐述。自那时起一百多年后，伴随着金融市场直接融资功能的增强，金融机构的种类、形式及其开发的金融工具日益丰富、复杂，更重要的是，由此发生金融危机的可能性急剧增加，以美联储为代表的发达国家央行在救助危机的实践中，不得不采取越来越多的替代传统信贷渠道的手段，针对更为广泛、深入的金融市场本身和金融产品进行救助，即开始发挥重要的 MMLR 的功能。在金融市场出现集中抛售或交易停滞等问题时，央行通过入场买卖丧失流动性的资产或者接受丧失流动性的资产作为回购、贴现窗口的抵押品等方式，将市场风险暂时从市场主体手中转移出来——用增加自身负债向市场提供安全资产的方式，帮助市场恢复流动性和融资功能。LLR 操作是基于对银行和其他金融中介的信任，而 MMLR 操作则是基于对金融市场抵押品的信任，通过抵押品的价值稳定来维护金融市场的稳定。

MMLR 操作可能带来的问题主要有两个方面：一是短期内，扭曲风险定价和市场需求，助长金融机构产生道德风险，而且容易导致实施容易退出难的局面，甚至导致央行资产负债表恶化，不仅造成公共资金损失，更导致央行货币政策失效；二是中长期内，MMLR 政策具有强烈的分配效应，会扭曲资本持有者与非资本持有者之间的收入分配，刺激非生产性金融资本扩张，且这种非常规货币政策一旦常态化，甚至会陷入低利率陷阱，使得银行很难从信贷过程中获利，迫使私营部门投资从生产领域转向金融市场，刺激社会资金脱实向虚，最终导致央行货币政策失效。

实际上，无论从短期还是长期来看，央行资产负债表的过度扩张会限制货币政策的实施，并削弱货币总量与货币政策目标变量之间的联系，损害央行信誉。它实际上不能从根本上消除金融市场上导致金融危机的风险，只是将这种风险从私营部门转移到了公共部门。这意味着以美联储为首的发达国家央行的地位与性质发生了巨大变化。

第二个问题：货币超发对世界经济可能带来的影响

美元体系下，美联储的货币超发将导致全球范围内信用货币价值的重估。这些新印刷的美元进入全球市场分为两部分：一部分买入新的股票或债券，推动股票和债券价格的上涨；另一部分进入实体经济，用以购买各国（包括美国）生产的商品和服务，理论上讲，这些额外的购买能力有助于推动全球商品和服务价格的新一轮上涨。近期国际大宗商品价格的上升，正是这种效应的体现，虽然主要国家经济的快速恢复也是其重要原因。新印刷的美元流向世界不仅会抬升全球商品、服务和资产的价格，而且其本身会造成其他国际货币供应增加，可能导致全球信用货币新一轮的贬值。

此外，众所周知，在 2008 年金融危机后，美联储于 2013 年把同其他五家央行的临时货币互换协议（C6）转换为长期协议，疫情期间这一机制不仅得到巩固，还进一步扩展为 C15，这从客观上增加了其他经济体提供流动性的能力。

总体上看，全球范围的量化宽松政策通过上述机制创造了史无前例的流动性，并对世界经济造成了综合且复杂的影响，其中有四点我觉得有必要着重说明。

1. 全球范围内流动性过剩趋势明显

美、日、欧三大央行的资产负债表规模之和在 2020 年前 10 个月从 14.7 万亿美元骤增至 21.8 万亿美元，增速很快。G20 发达经济体和新兴市场经济体的加权政策利率较 2015 年分别下降了 0.14% 和 1.87%。以上数据显示全球正面对一个共同趋势，资产负债表的急剧扩张透支了本已受限的政策空间。事实上，2020 年 3 月以来，以美元定价的商品价格大幅上涨，全球楼市、股市、大宗商品、比特币等几乎都创下新高。从全球通胀的绝对水平看，欧美经济体并不算高，但足以引发近期经济学界的热烈争论，即美联储是否退出宽松政策。就在 2020 年 5 月，美国 CPI 已经达到 5%，明显高于 4.7% 的预期水平，进而引发全球性关注。

与此同时，通胀上行加大了金融市场的调整压力，迫使部分新兴经济体提高基准利率以应对资本外流压力，例如土耳其等新兴经济体就出现了一些金融动荡。大家不难发现，历次危机中都是这些新兴经济体率先出现问题。

当然，货币超发对供给端和需求端、不同行业以及不同经济体的影响也是不同的。从工业品的供求和贸易来看，货币超发对全球主要经济体的供给端和需求端同时造成严重冲击，随着疫情防控的推进，两端都处于反弹阶段，但当前供给明显不足，需求复苏快于供给，这种趋势的背离会在全球经济复苏的过程中逐渐得到解决，但会在短期内给各国带来一定困难。从行业横向对比来看，在疫情冲击下，受影响较大的行业门类是制造业、建筑业，特别是批发零售业，还有艺术、娱乐和休闲等，影响较小的行业门类是信息和通信、金融和保险，房地产行业受影响也较小。以上行业整体受冲击和复苏的过程在不同类型的经济体中表现出不同的态势，以采购经理人指数（PMI）来分析，新兴经济体的制造业整体受影响程度较发达经济体更轻，但两者都陷入了不同程度的衰退，其中的例外是中国。中国制造业虽然也受到一定程度的冲击，但因为疫情控制措施得力，经济最早进入复苏阶段，受国内外需求影响，PMI 一直稳定在 50% 的景气分界点附近，这已是相当不易的成绩。而服务业方面，发达经济体和新兴经济体的 PMI 都经历了和制造业相同的"受创 - 复苏"过程，但受影响的程度无疑比制造业要严重得多。

2. 美联储退出 QE 可能会对世界经济造成第二波冲击

货币超发给全球经济带来的最大问题，是美联储何时退出 QE 以及这种退出过程会对世界经济造成何种影响。

当地时间 2021 年 6 月 10 日，美国劳工部公布了 5 月份 CPI。数据显示，当月美国 CPI 同比大涨 5%，超过市场预期的 4.7%，增速创 2008 年 8 月以来新高；核心 CPI 达 3.8%，超过市场预期的 3.5%，增速创 1992 年以来新高。美国 CPI 数据大超市场预期，无论是 CPI 还是核心物价都创下了多年来的高位，进而促使市场不得不重新评估美联储加息收紧货币政策的预期。既然美联储的核心政策目标已经盯住了充分就业，我们可以通过数据来评价其效果。美国自 2020 年 3 月以来已累计出台总额达 5 万亿美元的经济刺激措施，加之美联储"无上限 QE"政策，通货膨胀的压力逐渐增加，就业情况却仍然不容乐观。当地时间 6 月 4 日美国劳工部公布的 5 月份就业情况数据显示，当月美国失业率从 6.1% 下降 0.3 个百分点，至 5.8%；失业人数下降 49.6 万，至 930 万；非农就业人数增加 55.9 万。与 2020 年 4 月的近期高点相比，美国失业率大幅下降，但仍远高于新冠肺炎疫情暴发之前的水平（2020 年 2 月分别为 3.5% 和 570 万）。从横向对比来看，无论是通胀率水平还是失业率水平，目前美国经济都明显好于 2014 年年初美联储开始退出 QE 时的状况。

可以预计，除非疫情持续恶化或发生无法预料的国内外危机，否则美联储或许很快进入加息周期。值得注意的是，在 2021 年 6 月 16 日美联储公开市场委员会（FOMC）会议上，18 位官员中有 13 人支持在 2023 年年底前至少有一次加息操作，有 11 位官员预计到 2023 年年底前至少有两次加息操作，还有 7 位官员预计在 2022 年开始加息，这反映出美联储官员对加息操作的支持有了明显增加。况且，考虑到 2021 年第三季度以后美国经济的恢复和反弹可能会非常猛烈，一旦就业目标超过预期，最早 2021 年最晚 2022 年，美联储有可能开始退出 QE。

3. 关于美联储政治经济学的思考

需要强调的是，由于美联储的地位和作用由 LLR 转变到 MMLR，退出 QE 的过程可能要比 2014 年那次退出更复杂，因而值得我们持续关注。我之所以将有关美联储地位与作用的探讨称为"美联储政治经济学"，主要是因为，美联储已经从一个纯粹的货币政策的制定与监管机构，开始转变为干预、操纵财富和权力的机构。最近我读到一本很有趣的书，是英国央行前副行长保罗·塔克所著的《未经选举的权力》。书中提及，西方民主国家存在着军队、司法机构和中央银行这三个少有的未经选举的特殊技术集团，央行作为未经民主选举的特殊技术部门，拥有越来越多的至高无上的权力，操控着公民的生活、经济的增长，甚至直接或间接地影响政治生活。因此他的结论是，未经选举的权力往往是至高无上的权力，最大的权力。

实际上，米塞斯早就在理论上解释过，货币所体现的不仅是不平等的债权债务关系，央行的货币政策同样是非中立的。2008 年金融危机彻底改变了美联储的地位及其性质。事实上，从 1979 年沃尔克（Volcker）执政到 1987 年格林斯潘（Greenspan）接任，美联储的货币政策已经开始发生变化，再到 2008 年金融危机期间伯南克（Bernanke）时代，这种变化更加深入，传统央行的独立性边界越来越模糊，美联储的决策过程超越传统的独立性边界，开始涉及财富和权力的分配领域。不单美联储，现在主要发达经济体的央行都在越来越向这个方面发展。

在 2008 年全球金融危机爆发后，美联储货币政策的制定者做出了重大的分配抉择，在 QE 政策尤其是大量购买政府和私人机构发行的债券的过程中，制造出大量的赢家和输家：富人们由于不断被推高的资产价格更加富有，而中等收入家庭和领取养老金的人（他们是终生依靠储蓄收入的）则因美联储压低利率而遭受巨大损失。在 2008 年之后迄今，包括美联储在内的发达国家的央行通过史诗般的干预活动和权力积累，前所未有地通过资产负债表操作（量化和信贷宽松），几乎干预到债券和贷款市场的每一个环节；起初，它们的目的是遏制市场混乱、稳定市场，这符合央行的职责，但是后来则演变为刺激经济复苏，已经越界到政府的职能范围；实际上，它们通过改变国家综合资产负债表的规模与状况，表明自身已经成为财政部门的一部分。

此外，货币政策与财政政策的隐性或显性合流对美联储信誉的负面影响更加直接。理论上，只有财政政策具有资源的定向配置功能，货币政策一般具有普遍性而非针对性，然而 2008 年之后，包括美联储、英格兰银行和日本银行在内的发达国家央行，采取了大量旨在刺激私人部门向借款人提供信贷，甚至有意将信贷引向特定部门的行动。这将产生两个方面的问题：一是向特定部门或领域的借款人分配或引导信贷的做法，与央行被授权的操作标准不符，因为这涉及选择支持谁的政治问题；二是直接购买有风险的债券本身孕育着更大的风险，因为这些领域的风险溢价往往高得令人望而却步，很容易使得纳税人承担更大的成本。事实上，央行的"创新"举措远不止于此。许多国家的央行已经跨过"地平线"进入到负利率的世界，甚至抛弃了几百年来不向存款准备金支付利息的传统，开始按照政策性利率向银行支付准备金利息，如2008 年金融危机前的欧洲央行和英格兰银行，以及危机后的美联储。

无疑，这些前所未有的举措极大地改变了包括美联储在内的发达国家央行的地位与职能。一方面，它们占据了社会经济生活的"制高点"，拥有了至高无上的用保罗·塔克的话来说是未经选举也未经监督的权力；另一方面，它们史无前例地扩张了自身的职能，从金融稳定进一步扩展到影响分配、刺激就业、经济复苏和增长，乃至亲自进入资本市场，变成最大、最后的做市商……这个过程，是美联储通过跨越"黄金魔咒"和"央行魔咒"（即央行必须确保自身独立性，将其职能专注于金融稳定领域）完成的。正因为如此，美国经济运行的基本动力经历了"挣到钱"—"借到钱"—"印出钱"的发展路径，恶性通货膨胀的大门被开得越来越大。

显然，"挣到钱"偿还债务，秉持的是传统的债权人逻辑，从"挣到钱"到"借到钱"，秉持的是债务人的逻辑，而从"借到钱"跨越到"印出钱"，意味着债务人逻辑的再度"升华"。

基于上述判断，今后世界必将进入一个动荡不安、金融危机频发的阶段，人们都不同程度地预见到危机即将到来，只是不知道它以什么模样、什么时候到来。借用巴里·艾肯格林（Barry Eichengreen）的话讲，"监管的猎犬追赶不上市场的灰狗"，如今则是"猎犬变成狼王"，如何约束、控制央行的权力？这一追问是全球经济学界都在思考的问题，因为不仅一国内部的央行权力越来越无法约束，各国央行权力还出现联合的趋势，这更加可怕。

4. 全球货币超发加剧了全球金融治理困境

探究发达国家央行联合的原因，需要了解美元超发对美元体系和全球金融治理的影响。2008 年金融危机爆发后，美联储三轮 QE 并未对美元地位产生影响，美元体系依然稳固，其原因有四：一是全球金融危机爆发后美国经济恢复的速度和水平明显快于其他发达经济体；二是美元体系的避险机制，使得危机时期的美元流动具有明显的"逆周期性"；三是美国具有发达的具有广度与深度的金融市场，可以为全球提供各种通用金融工具和安全资产，加之美国经济在步入扩张周期后并未出现明显通货膨胀压力，使得美元标价的各种资产的价格显著走强，进而使得美国可以将国内经济成本和政策成本外溢至其他国家，增强自身的延迟调整能力；四是全球金融危机爆发后，美联储通过与其他央行建立双边美元流动性互换安排，强化了事实上的全球央行的"最后贷款人"地位。这在很大程度上意味着两个方面的重大变化：一是全球性央行之间通过货币互换、债务展期等形成了巨大的全球金融权力；二是美元体系下的全球金融规则出现了重大调整，以美联储为中心的美元双边互换网络，意味着在 IMF 之外创建了一套新的储备货币供给体系，同 20 世纪 70 年代绑定石油交易以确保美元储备货币地位的过程异曲同工。今后，包括美元在内的全球流动性在很大程度上都将"锚定"美联储货币政策，美联储将拥有更强大的控制全球资本流动规模、方向的权力。

2020 年，以应对疫情为背景，美国重启应对 2008 年金融危机的措施并扩展了以美联储为中心的货币互换协议，即从 C6 扩展为 C15（C6+C9）。如果说 C6 主要由发达经济体组成，没有中国尚可理解的话，那么 C9 中没有中国则表明这个货币网络带有明显的"去中国化"特征。在中美大国博弈日益激化的背景下，C15 的国际政治经济目标同样明显：一是削弱甚至排除人民币作为国际储备货币的潜力，二是削弱或阻断中国既有外汇储备的使用及其功能发挥，三是在危机时刻拒绝对身处美元体系当中的中国发挥"最后贷款人"作用，这等于变相地将中国踢出美元体系。因此，不能仅仅将中美博弈的焦点集中在贸易、产业链、科技等实体领域的"脱钩"上，更要警惕货币金融领域的"脱钩"。毕竟，中国经济崛起是在美元体系中实现的。不论美国的这种动机或者趋向能否成为现实，都值得我们高度关注。

第三个问题：中国面临的挑战与应对策略

全球货币超发的现实及其对世界经济可能造成的影响无疑使中国面临着巨大挑战，在今后一段时期内，我们应在以下五个方面做好应对之策。

1. 短期内密切关注输入型通货膨胀的影响

短期来看，全球货币超发对中国经济的冲击相对较小，主要体现在输入型通货膨胀方面。进入 2020 年，中国面临输入型通货膨胀的压力不小，且在一段时间内有上升趋势，主要体现在大宗商品价格的上涨。对此，中国人民银行发布的 2021 年第一季度《中国货币政策执行报告》将其原因归结为三点：一是主要经济体政府出台大规模刺激方案，市场普遍预期总需求将趋于旺盛；二是境外疫情明显反弹，供给端仍存在制约因素，全球经济在后疫情时代的需求复苏进度将快于供给恢复；三是主要经济体央行实施的超宽松货币政策，使全球流动性环境处于极度宽松状态。对中国而言，输入型通货膨胀主要体现在工业品价格，叠加 2020 年低基数的影响，可能在 2021 年第三季度阶段性推高中国 PPI 涨幅。考虑到 PPI 向 CPI 的传导关系近期有增强的趋势，需对国际大宗商品价格的起伏波动对中国 CPI 走势的影响持续保持高度关注。

2. 对美联储退出 QE 可能造成的冲击做好提前防范

疫情的发展变化及其经济影响，是影响美联储货币政策的一个重要的变量。倘若随着疫苗接种率的提升，疫情如期得以控制，美国经济增长将不同于内生性经济衰退后复苏缓慢的特征，将会是反弹性的。其中，2021 年第二季度和第三季度的就业情况是一个重要的参数。若就业率快速达标，2021 年年底或 2022 年年初美联储调整货币政策将是大概率事件。过去几十年间，每逢美元进入升值周期，尽管人民币均面临贬值和资本外流压力，但未发生系统性风险，这主要是缘于雄厚的外汇储备及较严格的资本项目管制，但成本非常高昂。例如，中国虽是全球数一数二的对外净资产国，但以外汇储备为主导的资产结构使得资产端的收益与负债端的收益（成本）严重不匹配，在进入 21 世纪的大部分时间里，中国对外投资的收益大概要比对外负债的成本低 3% ~ 4%，这意味着中国作为一个资本稀缺的发展中国家成为全球廉价资金的主要提供者。在这种情况下，在进一步扩大金融业开放与审慎防控金融风险之间，应如何把握平衡？这对决策者的勇气和智慧是极大的考验。

3. 灵活利用货币政策助推经济平稳复苏

迄今为止，中国人民银行在本轮疫情冲击中保持了相当克制的立场，为应对经济增长和可能的外部冲击积累了较大的政策空间。过去一年，中国货币增量占八大经济体货币增量的比重不足 10%；横向比较而言，中国的资产价格涨幅也相对温和，除少数城市外全国整体房价保持着相对平稳的态势。因此，与其他世界主要经济体的经济复苏进程相比，中国积累了一定的时间优势和相当大的政策空间，为解决国内重点和难点问题，应对国际形势变化提供了难得的窗口期。中国的国情决定了央行货币政策在充分就业、控制通货膨胀、促进经济增长和平衡国际收支几个主要目标之间的优先取舍。

最近，中国人民银行宣布确保人民币在合理均衡水平上基本稳定；2021 年 5 月 23 日，中国人民银行副行长刘国强指出，未来人民币汇率走势将取决于市场供求和国际金融市场变化，双向波动将成为常态。这说明：对内，货币当局仍偏向于确保货币政策独立性，侧重控制通货膨胀和抑制房价这两个政策目标；对外，"双循环"新发展格局使得低汇率水平对促进出口的作用已经不像以前那样重要，货币当局在继续采取必要的资本项目管制的同时，通过人民币双向波动，既为即将到来的美元升值做好准备，也为逐步开放资本自由流动创造条件，以配合进一步扩大金融开放和改革的步伐。

4. 避免地方债务形成系统性风险

据中国人民银行调查统计司公布数据显示，2020 年中国宏观杠杆率较 2019 年上升 23.5 个百分点。2021 年前两个季度，国内宏观杠杆率有所下降，较 2020 年年末下降 4.5 个百分点。综合各省政府、财政厅官网、WIND 数据库等资料，截至 2020 年年末，地方政府广义债务率全国有 2 省份超过 300%，另有 8 省份超过 200%，仅有 4 省份未超过 120%（上海、广东、海南、西藏）。另据央行《中国金融稳定报告》显示，2020 年第四季度 10 级以上的高风险金融机构数量从 84 个上升到 96 个；同时，居民债务和非金融企业债务的水平也在显著上升，这给 2021 年的去杠杆、化解风险工作增加了压力。需要注意的是，2021 年年底之前省市县乡各级政府将相继换届，政治周期叠加经济波动，政策和数据调整方面会给市场带来更多的不确定性。因此，避免地方债务发生系统性风险的必要性大幅提升。

5. 变"以开放促改革"为"以改革促开放"，通过深化金融改革和发展推动中国经济的长期可持续增长

自 2018 年以来，大家已经达成一个基本共识，即金融开放与发展有助于防止"脱钩"、缓和中美经贸摩擦以及美元体系的外部冲击。改革开放四十多年来，特殊的历史条件与经济发展过程，使得中国渐进式改革开放进程与经济发展特别注重"向外发力"。这一过程在获得巨大成功的同时，也导致两个方面的问题：一是"以开放促改革"的进程使得国内的改革过程相对被动；二是容易触动、挑战既有霸权的利益，引发其警惕和焦虑。今天面对双重冲击，中国经济发展模式的调整与转换本质上是由"向外发力"转向"向内用力"。这样，不仅可以产生强大的市场吸附力量，无论是产业链还是金融市场，均可以吸引更多的国际资源，而且其国际政治经济后果也将产生更多的内向依附，有助于防止或抵制贸易、产业链的"脱钩"；相应地，"向内用力"与"向外发力"的前提条件有明显的不同："向内用力"要求将改革开放的逻辑关系从"以开放促改革"转向"以改革促开放"，这是新时代中国改革开放进程与前四十年的重大不同之处，也是构建"双循环"新发展格局的内在要求。

金融发展是构建"双循环"新发展格局的重中之重。伴随着居民收入增长、中产阶层规模扩张以及人口结构急剧老龄化，内需拉动对经济增长的重要性大大提升，如何通过合理提升内外负债的杠杆水平，获取更大的消费和发展动力，成为一项日益紧迫的课题。在此过程中，以银行贷款、财政支持或补贴等为主导的实体经济发展模式，必将为以金融市场深化为核心的经济发展所取代，金融发展将成为激励创新、刺激内外需求均衡发展的重要动力。

最后，需要指出的是，面临着国际贸易、投资和产业链日益加剧的"脱钩"风险，进一步加大金融业开放的力度可以使得国际金融资本成为防止"脱钩"的重要力量，但即便如此，也不能把扩大金融开放与改革的过程工具化，因为它本质上是新时代中国经济可持续增长与崛起的重要保障，在很大程度上决定着中国的未来。

│ 第十一讲 │

全球治理困境与中国面临的挑战[○]

导　读 ❯❯❯

　　"全球化分裂"加剧了全球治理困境,突出表现为"全球治理分裂"并至少体现在三个方面:一是主要大国在价值观、意识形态领域发生分裂或对立;二是大国的国内治理与全球治理诉求之间发生严重脱离或分裂;三是作为美元体系上层建筑的单边主义,使得全球金融治理困难重重,尤其是美联储货币政策及其可能造成的巨大风险同全球金融稳定目标之间发生严重分裂。

　　同时,有必要避免两个关于全球金融治理的误区:其一是国际金融治理机制已经从 G7 过渡到 G20;其二是新兴经济体经济体量的提升能自然而然地推动其获得与体量相匹配的国际金融权力。在此基础上,中国应正视在参与全球治理过程中面临的一些重大挑战,推动自身在全球治理中地位与作用的提升。

○ 本文是作者于 2021 年 7 月 25 日在由广东外语外贸大学主办的"首届全球经济治理论坛暨学科建设会议"上的发言,本书收录时略有删改。

如何定义当今时代的全球化？这是一个非常重要的问题。三年多来，我曾在多个场合讲过这样的观点：今天的全球化态势及其特征应该用"全球化分裂"来描述。它主要表现在世界上最大的两个经济体之间，在有关什么是全球化以及相关理念、规则和行动等方面产生了重大分歧，甚至走向破裂。大国博弈以及突然而至的疫情无疑是加剧全球化分裂的重要原因，但它们无法解释当今全球化分裂的根本原因，也无法说明全球化进程所呈现出来的诸多问题或困境。

今天，我主要谈两个问题：一是全球治理面临着哪些主要困境；二是中国参与全球治理面临着哪些重大挑战。

第一个问题：现阶段全球治理面临的主要困境

归纳起来讲，作为全球化分裂的一个严重后果，当今全球治理面临的主要困境是"全球治理分裂"，其主要表现在三个方面。

1. 主要大国在价值观、意识形态领域发生分裂或对立

经济全球化的快速发展，在使得管理全球经济或者说"管理全球化"的任务变得更为重要的同时，也使得其具体实施更加困难，因为"管理全球化"的本质是政治协调与合作，布雷顿森林体系运行的重要基础，就是大国之间的政治协调与合作。但自20世纪80年代尤其是90年代以来，经济全球化的发展速度远远超过了大国间政治协调、合作的水平与能力，这是导致大国之间发生政治冲突的重要背景。从这个意义上看，全球化分裂意味着"管理全球化"进程的失败。

20世纪末全球治理的兴起说明，一方面，全球化发展所引发的一系列矛盾和问题导致全球秩序失衡，人类社会出现越来越多的需要共

同面对和解决的困境；另一方面，由于缺乏一个全球性的最高权威机构的协调与组织，不同文化、发展水平的国家之间的相互理解和信任程度非常低，而全球治理得以实施的重要前提条件之一，就是不同国家尤其是大国之间在一些全球治理的重要领域达成共识，不仅包括对双边和多边利益的共同认知，更有关乎人类生活和社会进步的价值观领域的共识。

在彭慕兰、巴里·布赞、乔治·劳森和理查德·鲍德温等许多学者看来，19 世纪的世界出现"全球转型"，也就是"中心 – 边缘"秩序得以形成或出现东西方"大分流"的重要原因之一，是包括"进步的意识形态"在内的现代性的形成与发展出现差异，"思想交流成本"使得以技术作为推动力的全球化进程在世界各地遭遇不同程度的矛盾、阻力，最终导致全球范围内不同国家之间形成巨大的经济、社会发展差距。

历史经验证明，价值观或意识形态共识是全球治理拥有合法性的重要基础。全球治理体系的规则与其行为主体所信奉的社会公共观念、文化、价值观具有更多的交集或一致性，是全球治理能够得到顺利开展的重要前提之一。

2. 大国的国内治理与全球治理诉求之间发生严重脱离或分裂

理论上讲，一个国家在全球治理体系中的地位、作用及其能力，是其国内治理水平、状态的自然延伸，国内治理与全球治理是一个互动的过程。但现实中，一个国家内部的治理能力、水平同其参与全球治理的诉求之间往往存在着很大程度的背离，而大国博弈和疫情则明显强化了这种分裂。

一方面，美国经济金融化发展所带来的贫富两极分化、中产阶层破产与政治极化，使得新自由主义趋于破产。历史经验证明，凡是市场无法发挥作用的地方，往往就是孕育法西斯主义和各种激进主义的温床，会使得人们将对社会的不满与愤怒转向外部世界，使全球治理面临巨大的困境。

另一方面，大国博弈使得以往那些支持全球化发展的政治因素遭到严重削弱，而疫情的冲击更是刺激各国加强了相互间的边界意识、领土意识、主权意识和民族意识。这些因素使得以往经常出现的"全球治理失灵"转变为更加严重的"全球治理分裂"。以美国为首的西方国家在贸易、投资、科技和金融等诸多领域的规则构建中采取的"去中国化"战略，正是这种"全球治理分裂"的表现。

全球治理作为一种政治管理过程，同政府统治一样需要权威和权力，其目的是推动正常的社会秩序，但无论是从两者所需权威的性质、权力运行的向度还是实施范围等方面来看，治理是区别于统治的概念。对于主权国家而言，全球治理提出了远比国内统治更为严格的要求甚至是挑战，主要包括两个方面：一是全球治理所关注的，并不仅仅是不同文化传统、不同政治理念和不同发展水平的国家之间的利益及其纷争，更有它们针对全球性问题的认知与理解能否达成共识，它们相互间价值观交集的大小或共识的多少，决定着全球治理的范围、规模及其可行性；二是积极参与全球治理的愿景与行动对国内治理体系及其能力提出了更高的要求，全球治理作为一个协商过程，是对所有参与者进行身份重塑的过程。因此，参与全球治理不仅是现有的国内治理模式向外部世界的延伸、扩展，也决定了这种参与首先是一个国内改革过程，一个国家国内治理体系的改革及其绩效，决定着它在全球治理中的地位与影响力。

3. 作为美元体系上层建筑的单边主义，使得全球金融治理困难重重，尤其是导致美联储货币政策及其可能造成的巨大风险同全球金融稳定目标之间发生严重分裂

早在 1995 年，《天涯成比邻——全球治理委员会的报告》就明确指出，全球治理能够提供的基本国际公共产品的第一项，就是"系统的金融稳定"。事实上，自 20 世纪 70 年代初布雷顿森林体系崩溃以来，全球金融稳定便成为关乎世界经济、政治发展走向的治理课题，能否围绕金融稳定构建有效的全球治理，其重大意义远远超出贸易摩擦、纠纷等领域的全球治理问题。

历史地看，金本位制度作为一种重要的经济基础，其上层建筑是大国势力均衡。与此形成鲜明对照的是，美元体系的上层建筑是单边主义，即美元体系所拥有的独一无二的结构性权力是无法与他人分享的，其运行依靠的是美国一家独大的霸权力量，同时该体系也是维系美国霸权的核心所在。然而，正如势力均衡随着大国实力变化无法维系一样，美元体系的单边主义性质在给世界经济带来一定时期和一定程度的稳定结构的同时，也孕育着无比巨大的矛盾和风险；2008～2020 年，全世界目睹了美联储一次又一次超级 QE 政策对全球金融稳定带来的冲击和影响。但无论是在 2008 年全球金融危机还是在此次疫情冲击过程中，美国经济均表现出率先复苏、增长的态势，而其他发达国家和大部分发展中国家则一直深陷危机当中，步履艰难甚至难以自拔。这在很大程度上说明，美元体系的金融市场逻辑，就是金融资本独享越来越多的收益，其运行成本与风险却要越来越多的其他国家来买单。

显然，美国日益加剧的单边主义货币政策及其可能造成的巨大风险，同全球金融稳定目标之间正在产生越来越大的裂痕。如何约束或遏

制美国在货币金融领域中的单边主义倾向及其为世界带来的伤害，谋求全球金融稳定，成为全球金融治理领域的重大课题。

总体来看，迄今为止的经济全球化进程所积累的各种矛盾与问题，使得全球金融治理面临着四个方面的重大挑战：一是全球经济失衡作为美元体系运行的前提条件，正在遭受美国贸易保护主义的巨大冲击，并在很大程度上影响美国作为全球最终商品市场提供者的地位与作用，破坏美元体系运行的基础，进而加剧美元体系的单边主义倾向。二是大国博弈加剧了主要国家之间有关全球金融治理理念的差异，美国等发达国家试图构建更高水平的"规则联盟"的做法，同中国主张构建以合作共赢为核心的新型国际关系、谋求更加包容性发展的人类命运共同体理念和政策之间，存在着明显的分歧。三是在全球金融治理的行动上，美国企图通过货币金融、投资等领域的规则来"规锁"中国，实现全球治理的"去中国化"，例如通过构建全球央行货币互换机制即 C15，组建主要国家央行间的全球联盟，等等。四是全球金融治理权力分布失衡的状态呈现继续扩大的趋势，无论是 IMF、WB、WTO 还是 G7、OECD，更多地体现着以美国为首的发达国家的权力，虽然在 2008 年以后 G20 的地位与作用有所提升，但实事求是地讲，G20 在运行效率与合法性等方面存在着诸多问题。

借此机会，我想强调指出国内学术界关于全球金融治理的两个误区。它们极易造成我们的战略误判。

第一个误区，认为国际金融治理机制已经从 G7 时代过渡到 G20 时代

虽然 G20 从 1999 年的部长级会议到 2008 年全球金融危机爆发后升格为首脑峰会，并被正式确认为促进国际经济合作的主要平台，但 G20 依然面临着一些短期内难以解决的矛盾和问题。

第一个问题是 G20 机制及其制度安排的效率存在着天然缺陷，即按照集体行动的逻辑，一个组织的成员越多，政策偏好便越分散，达成妥协或一致的机会就越低，制度效率低下的问题将长期存在；G20 的决策机制主要是通过协商达成共识，没有正式的投票机制，不仅决策效率低下，而且其决策结果缺少强制性，实施效力不明显。

第二个问题是 G20 机制及其功能的加强具有明显的应对危机的机会主义色彩，它之所以受到美国高度关注，是因为它本质上是美国为应对全球金融危机或者说为了转嫁金融危机的成本而采取的权宜之计，即利用发展中国家尤其是新兴经济体的力量来帮助以美国为首的发达国家渡过难关，一旦危机过去，G20 的地位与作用便会遭到削弱，尤其是在全球金融治理中的影响力将大打折扣。实际上，G20 虽出现了机制化趋势，但它仍然是一个全球性论坛，所达成的协议也不具备法律约束力。

第三个非常重要的问题在于，不同国家间国内金融治理的水平、能力影响着它们对全球金融治理的认知、理念，制约着它们在全球金融治理中的行动及其影响力。这不仅体现在发达国家之间，更体现在发达国家与发展中国家之间。新兴经济体自身金融发展水平的落后，是导致它们在全球金融发展与治理进程中地位难以提升的重要原因，二十多年来，我们尚未发现新兴市场国家的金融发展出现显著进步的迹象，或者说它们与美国等发达国家金融实力的对比发生了明显有利于自身的变化，因而那种认为国际金融治理机制已经从 G7 时代过渡到 G20 时代的观点，是值得商榷的。

第二个误区，将新兴经济体经济增长速度与经济规模快速提升作为它们应该拥有更多的金融权力的依据

这是一种非常流行的观点，但它既不符合金融发展的理论，也不符合金融发展的现实。金融与贸易的一个重要不同就在于，相对而言，贸易增长是经济增长的直接后果，而金融发展则是一系列规则、法制和制度演进的直接结果。一句话，产出增长、贸易额提升、总体经济规模全球占比的增加并不必然带来金融发展及其权力的增长。发展中国家或新兴经济体贸易发展和经济实力的增强，不意味着其金融市场、金融体系的发展和金融监管能力的提升，并足以承载或应对大规模、高速的国际资本流动，金融发展从根本上说是信用提升的产物。实力与权力的失衡或差异，在金融领域要比贸易领域突出和严重得多。因此，金融实力及其权力的增加主要是国内制度、规则演进的结果，与经济总量提升不存在线性关系，不能轻易得出"国际实力对比的变化是推动国际金融变革的最重要的结构性力量"这样的结论。

历史地看，19 世纪的"大分流"奠定了 20 世纪以经济全球化为代表的"大合流"的基础，而 20 世纪"大合流"所积累的一系列矛盾与困境，极有可能导致 21 世纪出现新的"大分流"。现阶段大国博弈日益激化以及"全球化分裂"所展现出来的，正是这样一幅图景。站在人类历史的十字路口，大国行动的每一步都是在为世界的未来背书，决定着这个世界是走向人类历史的至暗时刻，还是光明未来。

第二个问题：现阶段中国在参与全球治理过程中面临的挑战

总体而言，我认为中国在参与全球治理的过程中，有以下五个方面的挑战值得高度关注。

1. 美国极力开展大国博弈的升级，从贸易、投资、科技、教育、安全领域到联合盟友遏制，对中国进行全方位打压

全球治理本质上是人类社会运行的共同的行为规则的探索过程，倘若一个大国被排斥在塑造全球规则的过程之外，这本身就说明真正的全球治理是不存在的。自 2015 年奥巴马在"国情咨文"中明确表示不能让中国来定义或书写规则开始，美国就已经决心在经贸领域的全球治理中排斥中国的作用与影响，这在特朗普发动贸易争端尤其是拜登政府采取全面围堵、遏制中国的战略之后，体现得更加明显。如何应对全球化分裂及其导致的全球治理分裂，是中国必须凝神聚力予以思考和应对的问题。

2. 作为全球治理领域的后来者，迄今为止中国对全球治理的参与更多的是基于实用，相对忽视理念、价值观等层面的协调和达成共识

应该认识到，人类社会的全球化绝非经济全球化一骑绝尘，而是全面、综合的包括经济、政治、文化（明）等领域的全球交流、沟通和融合发展。人类的科技进步，正在迫使人们增进沟通与理解，并加快这一进程。

改革开放四十多年来，中国对外关系的开展主要是注重经济贸易关系等物质层面的交往，而在市场经济运行，监管规则的设计、制定和全球治理理念等方面的贡献有待增强。这种主要以现实经济利益为导向的对外关系模式，如同以往我们经常倡导的"外交搭台、经贸唱戏"一样，使得对外关系政策与行动至少面临两个方面的障碍：一方面，由于文化与价值观的差异，注重经济利益交换难以通过"说服战略"提升自身的影响力。将实力、权力转换为影响力不是一个自然的过程，影响力的核心是劝说他人做你想做的事情的能力，或者说是劝说他人不要做你不想做的事情的能力。在全球化的世界中，价值观因素的作用是可以让人形成一种稳定的预期，而且一国有关社会经济生活的理念、价值观在全球范围内被接受的程度越高，其塑造全球影响力的能力也就越强。基于相近或共同的价值观的"身份认同"，对于崛起中的大国影响力的发挥至关重要。另一方面，这种现实主义的对外关系模式为以美国为首的西方国家利用价值观、意识形态同盟遏制、围堵中国提供了战略机遇。因此，我们仅仅通过进一步开放市场，提升中国金融、商品市场的吸附力是不够的，其效果也是一时的。

今后，中国应努力成为新的包容性多边主义的倡导者、构建者。为此，必须借鉴二战后世界经济秩序的本质是大国协调产物的经验，注重大国间的政治协调与合作，在相互尊重彼此价值观的基础上努力寻求并达成更多的"全球化共识"，并进一步思考如何让中国的文化与价值观成为人类共同价值的重要组成部分，为"重建全球化"做出新的贡献。

3. 在全球治理主体日益多元化的背景下，扩大民间社会积极参与全球治理过程显得日益迫切

目前，在参与全球治理的理念和行动上，中国主要以政府为主体，涉及民间参与的领域不多，这在很大程度上制约着中国全面参与全球治理的进程及其能力。伴随着现阶段全球治理主体日益多元化的发展趋势，在政治稳定与安全领域，应该以政府部门的积极参与为主体，而在社会稳定和经济稳定等领域，应该更多地以非政府行为者为主体，尤其是在那些强调治理权威去中心化、治理主体多元化和治理方式多样化的领域，如海外投资、对外援助和环境保护等领域，中国政府应该大力支持半官方或非官方的民间团体的积极参与，培养并鼓励各类非政府行为者登上全球治理的舞台。

在此过程中，我们要意识到，经济全球化一定会对国内社会、经济和政治组织的运行及其模式产生重要影响，约束国家的传统权力，刺激或强迫传统权力调整原有的实施方式，以适应新的资源配置和收入分配过程。换言之，新的经济全球化形势与未来进一步扩大开放的需求，对中国的国家治理能力提出了更高的要求。一方面，全球化使得需要全球治理的问题及其规模、手段远远超越了民族国家的范畴，新的全球化权力体系的形成使得国家必须与全球层面上的各种力量，包括传统民族国家也包括非主权性质的各类参与主体进行互动、分享、合作、交换乃至争夺影响力；另一方面，在全球化过程中，国内居民和各类社会组织会更多地直接面对各种全球化主体，由此将产生很多新的问题，导致国内经济、社会等领域的治理更趋多元和复杂，传统意义上的民族国家及其政治权力面临着新的背景和定位，使得国家无法再以传统的理念和方式实行统治和治理，提升治理能力和治理水平成为必然。一个国家的治理结构、治理能力和治理水平，在很大程度上决定着其在全球权力体系当中的地位及其影响力。

4. 中国应高度关注参与全球治理的地缘战略，避免战略透支

作为崛起中的新兴大国，在参与全球治理的经验和资源有限的情况下，中国必须设计和制定合理的地缘战略，以提高资源运用效率。一方面，世界经济发展与全球产业链调整的区域化趋势，以及大国博弈对地缘政治经济关系的日益重视，都表明中国应该将以东亚为核心的周边地区置于参与全球治理的重点区域；而且，无论是从经济关联度、产业链密集度还是文化传统的相似度等角度而言，最容易使得中国见解、中国智慧和中国方案被广泛接受的，同样是东亚地区。只有在这些周边地区的区域治理中拥有话语权，才能切实提升中国在全球治理中的地位和

影响力。另一方面，无论在社会发展模式、市场经济体制还是全球治理理念、模式及其实施路径等方面，欧盟与美国都存在着不少的差异或分歧，出于共同遏制美国单边主义、维护全球金融稳定等目的，应该秉持集体行动的逻辑，努力联合欧盟力量，促进全球治理权力的更加均衡以及包容性多边主义世界的早日实现。

5. 中国理论界有关全球治理的知识积累、储备与创新存在着很大的不足

对外开放是一个系统的学习过程，在人类漫长的历史长河中、在中国五千年历史进程中、在大航海时代开启的五百多年经济全球化的发展历程中，四十年不过是短暂一瞬。当代国际政治经济学理论文献更多地受到美国学术界的支配，浸透着以美国经历为根据或从美国利益出发的许多价值判断和看法，体现着美国知识的力量。在苏珊·斯特兰奇看来，结构性权力来自四个方面：生产、安全、金融和知识；乔治·莫德尔斯基则以历史上三个"依附反转"的案例说明：发现世界体系及其运行的知识，善于学习这些知识，才能理解世界进而掌握把控世界体系的方法，这是一个十分必要的创新过程。

实事求是地讲，中美关系自贸易摩擦演变为全方位大国博弈的过程，体现出中国理论界的知识积累、储备和创新是非常不足的。其后果，不仅是让我们出现判断失误或应接不暇，更使得我们难以掌握话语权。话语权并不仅仅建立在实力基础之上，它所体现的，是一整套可以被国际社会大多数人接受的知识体系。这套知识体系，可以让我们设立话题及其议程，进而拥有影响他人的力量，而不是以被动回应的方式跟着他人的话题及其议程去表达、回应。在这方面，我们任重道远。

第三篇

双重冲击下中国的战略对策

　　中国对外开放的进程本质上是加入美元体系、利用以美国为首的发达国家提供的巨大的最终商品市场获取美元储备，锚定美元信用，再通过美元体系开展对外活动的过程。

　　无论我们在感情上能否接受，迄今为止的中国崛起是在"美元体系内的地位提升"。作为一个贸易国家，今后中国应该更加注重从货币金融视角认知和推进自身的可持续性崛起。

　　与前四十多年中国以制造业发展为核心的改革开放过程不同，今后四五十年中国面临的重要课题是金融发展，我们应围绕金融发展对制度环境的需求，在进一步"以开放促改革"的同时，以"历史闯关"的决心走出一条"以改革促开放"的新路。从这个意义上看，"双循环"新发展格局的构建就是中国的第二次改革开放。

面对中美大国博弈与新冠肺炎疫情的双重冲击，中国应以"历史闯关"的决心，调整既有的注重"向外发力"而忽视"向内用力"的传统理念，走出一条"以改革促开放"的新路，推动中国的可持续性崛起。

——李晓

《双重冲击：大国博弈的未来与未来的世界经济》

Double Shock
The Future of Power Games &
The Future of The World Economy

| 第十二讲 |

新时代中国国际政治经济学研究
——问题与方向[⊖]

导　读 〉〉〉

　　中美关系变化为国际政治经济学研究提供了更为广阔的研究视野，中国国际政治经济学研究应该重点关注五个方面的问题，即打破经济学尤其是国际经济学研究的专业壁垒，加强对经济全球化问题的综合性研究，注重对美国国内经济结构变化及其对社会生活、政治生活与对外政策影响的研究，加强对国际货币、资本、金融运行机制的深入研究并从货币权力的视角构建国际政治经济学框架，更应重视对 1500 年以来大国兴衰过程中"挑战国失败"问题的研究。

　　在做好上述问题研究的基础上，我们可以构建一个符合新时代要求的国际政治经济学理论和大国关系理论，支撑中国的可持续性崛起。

　⊖　2020 年 11 月 14 日，由海南大学、中国社会科学院世界经济与政治研究所、国际关系学院联合主办的"第十一届中国国际政治经济学论坛"在海口市召开。作者应邀出席了本次论坛，并做了题为"新时代中国国际政治经济学研究：问题与方向"的发言，后该发言发表于《政治经济学评论》2021 年第 1 期，并被《新华文摘》2021 年第 11 期（总第 719 期）全文转载，本书收录时略有删改。

作为一个经济学研究者，近两年来我的感觉是，在中美两国从贸易摩擦滑落到全方位大国博弈的过程中，中国经济学界的影响力在明显下降。

英国女王 2008 年访问伦敦政治经济学院时，向在场的经济学家们提出了一个问题："为什么没有一个人预见到危机？"六个月后，一些著名经济学家给女王写信，为他们"集体性缺乏想象力"道歉。

为什么经济学家会集体性缺乏想象力？这是一个值得深思的问题。

不只是经济学，中美关系及其发展变化暴露出国内社会科学研究领域的一些严重问题，需要我们反省。其中最主要的问题，就在于学科的分立、隔绝，举例来说，国际政治经济学的知识生产过程是依靠经济学家、政治学家和历史学家等共同进行的，但目前国内学术界相互之间的状态用本杰明·科恩的说法就是"聋子间的对话"——经济学不考虑政治，政治学不考虑经济。各学科之间都在搞专业性的圈地运动。一方面，经济学家喜欢待在自己狭小的专业化分工领域中不断深挖，不仅忽略了经济学研究是理论逻辑、数据（量化分析）和历史经验的统一，更无视其他社会科学领域的进展及其逻辑，一旦出现重大的社会关系尤其是对外关系的调整或变故，便无力摆脱自己狭隘的专业视角，得出的结论不仅有悖于现实，甚至会出现重大的误判；另一方面，现阶段中国国际关系理论的研究者缺少对经济学的研究基础，因而缺乏学科交叉的能力，这种短板严重限制了国际政治经济学作为一个综合学科的深入发展。

其实，这种状况非中国独有，很大程度上同这门学科的形成发展历程有关。19 世纪 70 年代爆发的经济学边际革命的重要后果之一，是经济学与政治学的分流——传统的政治经济学分析范式不再。特别是1890 年马歇尔的《经济学原理》出版后，虽然有不少探索者曾努力将追求财富与追求权力的过程联系起来，如马克斯·韦伯、凯恩斯、卡尔·波兰尼、阿瑞基等，但在绝大多数学者眼中，财富与权力之间的鸿沟日益扩大，政治经济学很快就从学者之间"优雅的对话中"消失了。到 20 世纪中叶，政治学和经济学之间的关联已不复存在，直到斯特兰奇于 1970 年发表了那篇著名的论文"国际经济学和国际关系：一个相互忽略的案例"才推开了这扇关闭许久的大门，开启了摆脱狭隘的专业束缚的真正的跨学科对话。

今天，如果我们超越中美大国博弈本身，放眼于时代变化，将会发现两个无法回避的问题，这两个问题都与国际政治经济学研究直接相关。一是正如前不久基辛格指出的那样，同启蒙运动期间印刷术发明及其带来的知识普及、哲学思想繁荣相比，当今在以 AI 为代表的技术进步过程中，技术性思维模式遥遥领先于哲学的、概念性的思维框架，这种"危险"在包括经济学在内的中国社会科学领域表现得格外突出和明显。二是自 20 世纪 90 年代以来经济全球化的发展太快，以致协调、管理这种发展力量的能力不足，或者说大国间的政治协调与合作在经济一体化发展的进程中出现了问题。其结果，就是拥有不同价值观、意识形态的大国之间的政治冲突，这一点在 20 世纪 80 年代美日贸易冲突中就已经部分地显现出来了。但是毫无疑问，我们对此是严重忽视的。

我认为，针对现阶段国际政治经济学面临的主要问题以及未来发展，以下五个方面的问题值得高度关注。

第一个问题：打破经济学尤其是国际经济学研究的森严壁垒，推动国际政治经济学研究的深入发展

伯特兰·罗素曾经在《权力论》中说过："经济学作为一门独立的学科是不现实的，若以它指导实践，必将误入歧途。它是一门更广泛

的学科——权力的科学中的一个组成部分，毫无疑问，是非常重要的一部分。"

总体来看，经济学与政治经济学的研究思路或逻辑有许多不同，其中以下四点需要格外关注。

第一个不同，经济学认为市场是自发、自律或自我调节的，有着自身运行的规律，而在政治经济学看来，正如波兰尼的"嵌含"理论所表明的那样，市场天然具有社会属性甚至是政治性的，从来没有什么纯粹的市场经济，它从一开始就嵌含在一国的社会、政治体系当中，社会的、政治的结构很大程度上制约着市场的运行及其功能，影响着市场活动的目的与范围。因此，世界经济的研究手段仅有经济学是不够的，还必须运用政治经济学的分析方法。只有这样，才能不仅可以了解全球范围内财富产生、福祉增加等过程，还可以分析国际财富和经济活动的分配、经济增长对国家利益的影响以及国际规则、制度的运行及其效果。正是基于这种认识，沃勒斯坦在《美国实力的衰落》一书中毫不留情地批判了学术界在认知世界方面存在的智力障碍："作为资本主义世界经济的结构性危机的一个部分，我们还看到我们'认识'世界的方法的终结，也就是说，我们当前的知识体系架构的有效性的终结……当前的知识体系结构不仅不能完成对我们正在经历的大规模的社会过渡进行说明的任务，而且它对我们处理这一危机的智力能力构成重大障碍。"

第二个不同，经济学认为交换之所以产生是因为经济行为者双方都可以从中获益，而国际政治经济学的国家中心论则认为，国家作为经济行为者不仅关注经济活动所产生的绝对收益，更关注相对收益，即关注本国与其他国家的收益相比之后的收益变化，因为随着时间的推移，经济收益分配的不平等必将改变国际经济和军事力量的均势，从而影响国家安全。因而各国政府更加关注贸易条件、外国直接投资产生的经济收益的分配，以及本国在世界上相对经济增长率的变化等。一句话，国际政治经济学相比于经济学，更加关注相对收益。

第三个不同，经济学研究的是通过分工合作提升效率的行为，而政治经济学则更加关注社会经济活动中权力的来源、实施及其影响。相对而言，前者更看重利益（福祉）及其分配，而后者更习惯于塑造信仰、意识形态及其影响。从这个意义上讲，政治活动对经济活动的影响或反作用是巨大的。当经济活动扩张至国际社会，甚至形成经济区域化、全球化浪潮之时，表面上看是技术进步、资本逐利以及国际分工所导致的自然的经济扩张过程，然而，这些经济过程的基础则是可靠的政治协调与合作。自然的、功能性的经济过程无疑是经济全球化的动因，但国际政治因素则是经济全球化的方向盘，可以改变全球化的方向与进程。正如罗伯特·吉尔平明确指出的那样："全球化程度取决于政治基础，如果大国不能加强它们之间的经济和政治联系，这种政治基础很可能瓦解。"

第四个不同，经济的逻辑与政治的逻辑是不同的。经济的逻辑主张是资源约束条件下如何以最小的投入获得最大的产出，而政治的逻辑在于为了获取竞争成功、战胜对手而不计成本（不惜一切代价）。因此，当安全与财富这两个目标相冲突时，前者重于后者，正如亚当·斯密在《国富论》中所言，"防御比财富要重要得多"。中美关系在不到两年的时间里如自由落体般恶化的关键，就在于这种逻辑变化——经济的逻辑让位于政治的逻辑。

第二个问题：加强对经济全球化问题的国际政治经济学研究

2020 年 8 月 15 日，在中国世界经济学会的一次视频会议上，我曾指出学术界存在着四个"全球化幻想"：经济全球化就是全球化，经济全球化就是"去国家化"，经济全球化意味着将自由市场经济推广到全球，以及经济全球化是一个线性发展的、一发而不可阻挡的进程。这些"全球化幻想"的存在，在很大程度上是我们对中美关系产生许多误判的重要根源。其中一个重要原因就在于，迄今为止国内有关全球化问题的研究，大多是由经济学家进行的。这些由经济学家主导的全球化研究存在着重大缺陷，即过于关注经济全球化的自发的市场、技术动力，而忽视经济全球化快速发展过程中的全球化管理问题。管理全球经济的本质是政治协调与合作。早从布雷顿森林体系运行开始，大国政治协调与合作就是其重要的政治基础。即便是中国四十多年前的改革开放也是一项重大的政治决策，而且中国的市场化改革进程尽管十分艰难，却同当时撒切尔夫人和里根的新自由主义政策在方向上大体一致。这种国家间行为观念上的共识，恰恰是为经济学家所忽视的。

经济学家习惯于假设社会现象同自然现象一样经得起科学解释，因而认为物理学上的实证主义和经验主义原则同样可以拿来用于对社会关系的研究，并因此忽视了广泛、包容性的方法可能更接近于复杂生活现实的潜力（可能）。自马歇尔尤其是萨缪尔森将高深数学应用于经济学分析以来，在主流经济学的观念里，那些不能够被量化分析的问题，便不是经济学问题。然而事实上，由于经济学逻辑可以排除某些重要的选择，不同的宏观经济模型反映了不同的观点，经济学研究很少能够得出符合社会现实的结论。欧美经济学界关于经济学的一则笑话，很能说明经济学研究的空泛或脱离现实："经济的历史就如同在漆黑的屋子里追一只黑猫；经济学就如同在一间没有猫的屋子里追一只黑猫；而计量经济学是在一间没有猫的屋子里追一只黑猫，而且说猫已经抓到了！"

所以，我们今天不会奇怪：为什么那些认定全球化会一直持续下去的人们，突然间开始研究"逆全球化""反全球化"等问题。那么，这种概念是正确的吗？

在我看来，这些概念同样是缺乏政治经济学思考的产物。总体来看，自15世纪末开启的全球化进程虽有高潮、低潮，却是不可逆的过程。我们现在所经历的一切本质上是全球化分裂，即世界主要大国尤其是第一、第二大经济体之间不再有统一的关于全球经济发展的价值观或共识，两者秉持着各自有关自由贸易的理念背道而驰。具体来看，现阶段的全球化分裂主要表现在三个方面，即经济全球化出现了"规则分层化""范围区域化""内涵分裂化"的态势。因此，如今经济学界仅仅关注全球贸易、产业链的调整是不全面的。

按照国际政治经济学的理论，美国对全球化的重构所体现的，正是美国所拥有的强大的结构性权力。这在很大程度上意味着，在当下全球化分裂的趋势中，功能主义色彩即自发的市场合作机制将越来越弱化，市场规则、制度协调、合作的特色将日益明显。因此，中国不仅面临着对外贸易中的价格歧视，还将面临规则歧视、制度歧视。这些都使得中国在新一轮对外开放中面临的挑战更多，即不再仅仅是市场准入的"门槛"问题，而是规则与制度的调整和改革问题。这些都需要更高层面的科学、理性的政治决策。

第三个问题：坚持经济基础决定上层建筑的马克思主义基本原理，注重对美国国内经济结构变化及其对社会、政治影响的综合研究

任何国家的对外关系都是其内部事务的自然延伸。对美国这个国家及其行为的认知，离不开对有关美国经济结构变化及其对社会、政治生

活影响的深入分析。正如彼得·卡赞斯坦指出的那样："如果没有对国内结构的系统性分析，国际政治经济学依然无法理解。"

受阅读范围所限，据我所知，国内学术界对美国国家行为的分析和研究，比较重要的有两部研究成果：一部是辽宁大学程伟教授等人的《美国单极思维与世界多极化诉求之博弈》，另一部是张宇燕、高程两位学者所著的《美国行为的根源》，但两部研究成果也存在一些缺憾，即对美国经济结构及其转型问题的分析略显不足。

在我看来，20世纪70年代尤其是80年代以来美国经济结构的深刻变化，是影响当今美国社会贫富两极分化，进而撕裂美国社会，导致政治极化的根本原因，并对美国对外关系政策的调整产生巨大影响。可以把美国近四十年来经济结构的变化过程称为"金融化"。这是布雷顿森林体系崩溃后，美元摆脱黄金镣铐的束缚，使得美国国内金融体系（规则）不断自由化、金融市场日益深化发展，以及美元体系全球扩张的结果，其内外一体的高度金融化发展的结果之一，就是金融利益成为美国的核心利益，美元体系作为美国霸权重要的支撑，其核心目的就是维持美国对外负债的可持续性。由此可见，1971年关闭黄金窗口的所谓"尼克松冲击"，其本质是放弃了罗斯福所构想、杜鲁门所实施的包容性全球多边主义理念，将人类几千年的金融逻辑从"债权人逻辑"转变为"债务人逻辑"，使得美国依赖国内具有深度、广度的金融市场，以及外部世界美元体系的运行机制，形成了对所有系统内国家的无形操控。从这个意义上看，美国霸权不仅在逻辑、手段和规模上异于以往所有的帝国，而且其货币控制能力——主权货币能力同样超过了历史上的所有帝国，是一个真正的"超级帝国主义国家"。实际上，"美国优先"早在近半个世纪之前，就被尼克松切切实实地践行了。只不过，它不是以传统姿态走向我们，具有很大的迷惑性。

所以，我们必须时刻关注美国经济结构的变化与调整，依此分析美国对外战略包括对华关系的基本走向。

第四个问题：鉴于当今时代美国霸权的核心在于美元体系，应大力加强对国际货币、资本、金融运行机制的深入研究，从货币权力的视角构建国际政治经济学的基本框架

当代国际政治经济学的起源，在很大程度上与 20 世纪 70 年代初布雷顿森林体系的崩溃和石油危机直接相关。目前，即便是在美欧国际政治经济学领域当中，对贸易进行政治经济学研究的兴趣也早已形成并持续很久，但对货币问题的相关研究却一直处于边缘地位。其主要原因大概有以下三点。

首先，两个领域中行为体的利益获得、损失或相互之间分配的可观测程度有着很大差异。在贸易领域中，无论是整体性商品和服务贸易还是企业内部的产业链交易，由于贸易壁垒或规则的变化所导致的损益清楚可见，其赢家和输家所产生的各种后果特别是社会、政治影响同样明显，但货币金融领域则更多地充斥着技术层面的问题，当利率、汇率出现变化或者信用及其规则发生调整时，很难明确界定赢家或输家，其技术性特征明显超过其政治性特征。简言之，由于收益或损失更加容易辨别，相关研究在贸易层面比货币金融层面更能够清晰地解释国家行为的根源。

其次，相当长时期以来，相对于国际贸易而言，货币金融领域的问题及其影响、冲击主要体现在国际层面而非国内；换言之，贸易失衡所导致的安全上的考量更多地集中于其国内影响，而现实生活中货币金融

领域的国家间政策分歧或者协调、合作，对整个全球货币金融体系的影响巨大，更多地涉及全球体系的治理问题。

最后，也许还存在一个对两者关注的客观时滞问题。在以往金本位制度和布雷顿森林体系下汇率稳定，私人资本流动受到明显限制，相关的研究焦点主要集中在贸易利益平衡与分配领域，关注贸易保护主义、区域主义等问题及其相应的规则调整，然而在20世纪70年代初伴随着布雷顿森林体系崩溃、浮动汇率制度运行以及私人资本流动限制的取消，尤其是80年代美国经济结构高度金融化的发展，汇率、利率、信用、风险以及资本流动及其管控等问题才开始更多地影响到各阶层、企业、机构和国家的利益得失，全球范围内货币金融的系统性风险问题也日益突出，进而使得货币金融问题与国家安全、国家权力之间的相互影响与作用日益增大。

无论怎样，当下国际政治经济学对货币问题的研究是相当肤浅的，政治学者无暇顾及技术性颇强的货币问题，擅长于技术性分析的货币金融学者往往视政治问题是多余和无聊的。但是，货币金融问题无论在国内还是国际层面，本质上都是个政治经济学问题。值得注意的是，这种脱节导致国际政治经济学研究存在五个方面的缺憾。

第一个缺憾，在对美国国际地位的认知与判断上不断出现错觉或误判

许多人主要以 GDP 等传统的量的指标为主，继而将二战结束初期美国在特殊历史条件下的超群地位当成"常态"以及判断标准，仅仅通过 GDP 世界占比的相对下降便认定美国在"衰落"，未能看到美国与传统帝国不同，其控制世界的逻辑、手段发生了巨大变化。这是自 20 世纪 60 年代以来"美国衰落"之声不绝于耳，然而时至今日美国依然主导世界的这种认知与现实之间发生错位的重要根源。对于后发展国家而言，这种误判是格外危险的。

第二个缺憾，对美元体系及美元地位的分析出现误判

受到以往金本位制度价值稳定观念的影响，经济学家很容易把美元的价值稳定与否作为判断美元国际地位的首要因素，这也是不少学者认为此次疫情冲击下美联储采取大规模"无上限 QE"一定会对美元地位造成严重影响的主要原因。这种纯粹经济学的分析忽视了两个方面的问题：一是在 1973 年之后美元价值的波动已经不再是对美元信心及其地位的决定性因素，由于金融逻辑的改变，美元的内外价值已经成为调节国际资本流向与规模，进而确保美元体系顺利运行的重要手段；二是理论和经验证明，对美元地位的分析必须是综合性的，这种综合性既包括经济学视角的多样性，也包括政治因素的必要考量，毕竟，美元的国际货币地位与美国的霸权地位直接相关。

具体来说，决定美元体系稳定与否的因素主要有五个。

第一个因素是美国对外负债、财政赤字以及债务货币化等对币值稳定的影响。

第二个因素是巨大的市场交易规模和网络外部性，这一点自 20 世纪 90 年代全球金融自由化潮流兴起以来显得更加重要。

第三个因素是美国拥有世界上最具开放性、最具广度和深度的金融市场，美国国库券作为一种通用金融工具为全球投资者提供了投资的流动性、便利性和安全性。经验证明，在过去 200 多年间英镑和美元作为前后两种主要世界货币，都拥有发达的以资本市场为基础、高效且对非居民具有吸引力的金融体系。相应地，那些金融体系以银行信贷为基础的国家，如德国或者日本，尽管其货币在价值稳定的市场信心方面都曾有过良好记录，但却因金融市场发展水平的落后而削弱了它们挑战美元主导地位的能力。这从另一个方面也说明，未来替代美元国际地位的货币，至少应该是可以超越美国金融市场卓越地位的那个国家的货币。

第四个因素是美元作为一种重要的协商货币的地位及其影响因素，这表明外国官方持有美元的目的或动机与市场因素无关，而是出于更为复杂的安全、政治等方面的考量，对确保美元地位采取配合、支持的立场。美国政府为确保美元国际地位所可能采取的各种政治和外交手段，值得我们高度关注。因为协商货币地位提升对于美元的意义在于，它可以拥有在相当长时间内优于潜在挑战货币的权力。

第五个因素是美国的国家安全以及强大的军事实力，它们为美元提供其他国家无法比拟的安全性，美国资本市场将成为全球资本的首选避风港。

所以，判断美元体系是否稳定必须进行充分的综合考量。有趣的是，迄今为止，经济学家关于美元国际地位未来的分析往往是负面的，但有关政治因素对美元国际地位影响的分析却往往得出更为积极的结论。这说明，对于美元国际地位的分析不能仅仅依靠经济学角度的思考，还应该采用政治经济学的方法。

第三个缺憾，在目前国际政治经济学领域中，没有系统性理论来解释货币竞争和货币权力

现代中国的国际政治经济学研究很少涉及对货币国际化问题的讨论，人民币国际化问题更多地被当作经济学问题，而非政治经济学问题来进行研究，即完全忽视了货币的权力特征与政治内涵，因而导致很多研究缺乏理论和现实意义。经验证明，一国货币成为国际货币的本质，是拥有一种结构性权力，它主要是由经济因素和政治因素两个方面决定的，仅仅靠一个方面的分析是远远不够的。

第四个缺憾，缺乏对货币体系非平衡性的认知

历史经验告诉我们，货币体系从来就是一个层级系统，"体系制定者"与"体系接受者"之间的地位差距巨大，而且相对于国际贸易领域，国际货币领域中"体系接受者"转变为"体系制定者"的难度更大，甚至只有在大国地位或世界秩序出现变化时才有可能发生。由于货币相对于贸易更具有赢者通吃的非合作特征，这种转变作为国际政治力量失衡的表现，体现的是霸权意志，而非弱小国家的利益，因而相对于围绕贸易发展的政治协调，国际货币领域的政治协调、合作更具有强迫性。

第五个缺憾，忽视对金融发展与国家崛起之间关系的研究

迄今为止，国内对欧洲资本主义产生、发展和现代化问题的研究，格外重视英国的工业革命。但实际上，英国工业革命是建立在农业革命基础上的，而在农业革命与工业革命之间，还有一个十分重要的金融革命——王权得到制衡条件下中央银行信用以及债券市场、资本市场的发展。否则，我们无法解释为什么英国可以率先从农业社会走向工业社会。事实上，除了西班牙人通过掠夺南美金银支撑了其短暂的辉煌外，后来的荷兰、英国和美国作为强国崛起的一个重要原因，就是它们都经历了金融革命。金融发展对国家崛起的影响，主要在于确保崛起的可持续性——通过金融市场运作，利用别人的资金、资源实现国家崛起。历史上，尚无仅仅依靠自己的储蓄、储备实现可持续性崛起的案例。

这些经验教训，对于现阶段进一步扩大金融业开放的中国而言，意义格外重大。

第五个问题：加强对 1500 年以来尤其是 1648 年"威斯特伐利亚体系"建立以来大国兴衰过程中"挑战国失败"问题的研究

迄今为止，无论是民间还是学界，整个中国洋溢着一股探讨"如何成功"的强大氛围。然而，正如一个社会只有激进力量而无保守势力一定会出现重大失衡或剧烈波动一样，无论国家还是个人，如果不认真借鉴、研究那些曾经的失败案例，便无法真正做到以史为鉴。要知道，正是无数挑战者的失败造就了霸主的崛起，倘若只去研究大国崛起的成功而不去认真探讨挑战者为什么失败，没有人可以保证避免重蹈覆辙。所以，在理论上应该加强对"挑战者失败"或者"崛起中断"问题的研究，包括这些国家的民族精神气质、社会结构，主流价值观与意识形态，对外战略的设计、制定与实施，地缘政治环境的变化及其影响，以及它们与在位霸权国家的互动、博弈，等等。尤其需要思考和研究"挑战国失败"的共性，我称之为"挑战国陷阱"——主要体现在面对在位霸权的全方位遏制、打压，挑战国不得不通过权力集中的方式动员全社会的资源予以应对，进而忽视、牺牲了创新能力和效率的提升，最后导致国家崛起中断。我认为，相对于所谓的"修昔底德陷阱"或"金德尔伯格陷阱"，中国国际政治经济学界应该更加关注如何避免"挑战国陷阱"，并对此进行必要的深入研究，为中国的可持续性崛起提供智力支持。这同加强对美国问题的研究一样刻不容缓。

在中美关系已经成为当代世界格局主要矛盾的背景下，新时代中国国际政治经济学的研究与体系构建拥有非常广阔的前景。但同时，我们必须处理好以下三个方面的问题。

一是中国的国际政治经济学研究必须摆脱"中国中心史观"的局限，从世界历史的大视野中，探讨大国关系的演进历程。中国历史经验与叙事，是以中央帝国即"天下"周而复始的王朝循环为特征的，而非欧洲历史上沃勒斯坦式的"中心－边缘"的帝国兴替模式。中国历史叙事天然地具有一种自我中心、对外界变化不敏感或者忽略外围（在）世界的特性，这对于我们理解欧洲帝国兴替的"中心－边缘"模式造成不小的困境，需要我们在国际政治经济学的研究中予以克服。

二是超越后发展的局限，汲取发达国家的国际政治经济学理论成果。无论是英国还是美国，它们的国际政治经济学或国际关系学理论大多是基于自身历史经验、传统以及现实需求所产生的综合性成果。作为处于崛起过程当中的中国而言，如何既根据自身的国际地位及其现实需求，又超越自身赶超过程的局限，汲取发达国家相关领域的研究成果，是紧迫而艰巨的课题。

三是必须将国际政治经济学当成一种能够把经济学、政治学、历史学、社会学、人类文化学以及其他人文社会科学综合起来的学科，并构建科学的研究方法。将这些学科综合起来本身就是一项十分艰巨的任务。

我认为，在解决好上述五个大的问题的基础上，我们大概可以构建一个符合新时代要求的国际政治经济学理论和大国关系理论，支撑中国的可持续性崛起。

经济学作为一门独立的学科是不现实的，若以它指导实践，必将误入歧途。它是一门更广泛的学科——权力的科学中的一个组成部分，毫无疑问，是非常重要的一部分。

——伯特兰·罗素，《权力论》

Double Shock
The Future of Power Games &
The Future of The World Economy

| 第十三讲 |

货币翻弄的世界

——元朝以后的中国和 1500 年以来的欧洲^㊀

导 读 》》》

元朝以后的中国和 1500 年以来的欧洲，在很大程度上都经历了被货币翻弄的历史进程。元朝纸币制度作为人类货币史上的一次早熟，是导致一个强盛帝国快速灭亡的重要根源之一；明清两朝的白银货币化与近代中国在金融发展上的选择同样影响到各自政权的兴衰。

中西方大分流与货币制度运行及其有关的规则、制度安排高度相关，更多地源于中西方之间的金融大分流。如何催生一场中国式的金融革命，以推动中国的可持续性崛起，将是决定国家命运与世界格局的大事态。

㊀ 本文最初为作者于 2014 年 7 月 19 日在成都举行的由机械工业出版社华章分社举办的"2014 年国际经济与贸易专业教育教学研讨会"上的发言。后经进一步修改、补充，于 2021 年 8 月 26 日，在北京大学经济学院"第一届中外文化交融与中国金融业创新博士生学术论坛"上，作者发表了以该题目为内容的演讲，本书收录时略有删改。

二十多年来，我一直关注美元体系运行及其对世界经济、政治的影响。我发现，与近五百年来的其他帝国相比，美国控制世界的手段发生了本质性的变化，即同以往那些领土帝国或殖民帝国相比，美国是一个经济帝国，准确地说，是一个金融帝国。它凭借强大的主权货币能力来掌控、攫取全球资源，依靠发达的具有广度、深度的金融市场及其所提供的美元计价资产，为其全球权力的行使进行融资。美国霸权的支配、影响的范围和深度是前所未有的，美国是一个典型的"超级帝国主义国家"。虽然很多学者关注贸易对国家兴衰的影响，甚至认为唯有贸易才是国家富强之路，例如彭慕兰和史蒂文·托皮克曾写过一本颇有影响的书，叫作《贸易打造的世界：1400年至今的社会、文化与世界经济》，但我更加关注货币问题对国家兴衰的影响，在我看来，货币金融问题对国家兴衰的影响更具有本质性。

历史是故事的复述。我主要是研究世界经济的，今天，我想从世界经济发展史的角度为同学们讲一些故事，借以阐述一个逻辑：元朝以后的中国和16世纪以来的欧洲，在很大程度上都经历了被货币反复翻弄的历史进程；中西方社会发展的不同，与货币制度运行及其有关的规则、制度安排高度相关。简单地说，就是中西方大分流源于两者间的金融大分流。

在此，我主要谈三个方面的问题。

第一个问题，元朝纸币制度及对其政权覆灭的影响

为什么元朝帝国如风，不足百年而亡？

许多历史学家告诉我们，元朝历史短暂的主要原因在于阶级矛盾尤

其是民族矛盾的激化，但在我看来，这种解释是片面的。社会科学研究讲求的是证实或者证伪。这里请关注两个方面的问题：一是为什么同样是少数民族的女真人却能统治中国长达二百多年？其实，中国历史上所谓纯粹汉人统治的王朝不多，例如宋、明；不少王朝的开国皇帝从人种考古学上看都带有异族血统，而且实际上，普通民众对于哪个民族的人统治他们无所谓，只要皇帝能够使其丰衣足食，满足他们的日常生活需求。二是元朝是中国历史上最开放的朝代之一，也是海外贸易最为发达的时期之一。且不说成吉思汗建立的陆地驿站制度，就连元朝时期海外贸易网络同样也四通八达，蒙古人信奉长生天，宗教包容性非常强，现在的福建泉州在元朝时就如同今天的上海和广州一样，非常繁华，聚集了各色人种，且信仰多元。

如此开放、贸易发达的朝代，可以通过商品交易从世界上汲取那么多的资源，为什么却如此"短命"？我的结论是，根源在于货币政策的失败，即无法遏制的通货膨胀是导致元朝帝国如风的一个重要根源。2019年，我与博士生合作在《内蒙古社会科学》上发表了一篇题为"元朝纸币制度的选择、运行与崩溃"的论文，专门探讨了元朝的三个时期五个版本的纸币运行过程，并将元朝货币制度与国家权力结构、财政体系联系起来，从元朝货币制度的选择、运行及其崩溃的维度，重新审视、解释了元朝快速灭亡的根源。

历史上中国的纸币出现较早，宋有交子、会子，金有交钞，但这些纸币多是作为金属货币的补充或是为降低金属货币运输成本而设的，唯有元朝以金银为储备在全国范围内推行了完全纸币化的货币制度实践，当数世界首创。从这个角度来看，元朝的纸币制度是20世纪70年代以后美元体系的鼻祖，是人类的一项伟大的金融创新。

蒙古帝国具有强大的领土扩张能力，但财源汲取问题始终困扰着历代蒙古皇帝。忽必烈时期的财政大臣中有几位是穆斯林，他们特别擅长理财，例如阿合马，还有后来的汉族人卢世荣和藏族人桑哥。这三人对忽必烈时期蒙古帝国的财政货币政策产生了重大影响。当然，在这些政策实践失败后他们也都被忽必烈杀了。蒙古帝国最失败的领土扩张是1274年和1281年两次攻打日本。从整个东亚史的角度来看，这两次失败的领土扩张对日本由"文家政治"转向"武家政治"影响巨大，而且都存在必然中的巧合，即都遇到了强台风。从日本人的视角看，"蒙古袭来"使得日本人原本对自己国家的神化意识愈加强化，更加坚定不移地认定日本是"神佑的国家"，因为两次保佑日本的"神风"都击退了蒙古军队。太平洋战争后期日本海陆军"神风特攻队"的名称即来源于此。日本的国家发展路径的转换，自然对此后整个东亚地区的历史进程影响巨大。

面对对外扩张的巨额财政需求，一开始阿合马就向忽必烈进言，说缺钱好办，我们可以仿照南宋大规模发行纸币。虽然皇帝一生戎马，不懂得货币金融事务，却有些担心：纸币这东西胡乱印可行吗？阿合马说了一句与当代货币主义大师弗里德曼非常像的话：只要控制住货币发行量就行了。

理论上讲，这句话是正确的。然而在实践上，问题的关键在于如何控制住货币发行量。

需要说明的是，起初，元朝的纸币发行是有贵重金属做担保的，如元初发行的以银为本的中统钞还具有信用兑换券的性质，但自元朝中后期开始停止金银兑现，并禁止金银铜钱流通，于是纸币由可兑换的信用货币转变为不可兑换的纸币。实际上，元朝的纸币制度及其政策在初期还是有些成效的，它不仅设立了平准库，还下设宝钞总库，处理旧币、残币的烧钞东、西二库，而且在地方也有相应的配套制度安排，构成了一个比较完整的货币管理体系，这绝对是人类金融史上的一个创举。然而，在不受约束的皇权体制下，皇帝的欲望无穷，行为无人可以制衡，一旦毫无节制地大量印钞，便会产生大问题。更有意思的是，蒙古人还有一种特殊的军功赏赐制度，即皇帝可以把印钞权赏赐给立有军功的大臣。这样，恶性通货膨胀难免会成为决堤之水。

我曾收集了一些相关资料，经过必要的货币换算，整理了元朝物价水平的变动情况。数据显示，从 1274 年元朝第一次攻打日本开始，其钞票就开始大规模增发了，到 1281 年忽必烈第二次攻打日本失败时，物价水平达到高峰。而且，元朝的纸币发行后来基本上都经历了换了皇帝就换钞，换钞后物价波动暂时进入平稳期，之后通货膨胀就会再起，形成一个换钞与通货膨胀再起的恶性循环的过程。

元朝的最后一位皇帝叫妥懽帖睦尔，这位皇帝非常有意思，朱元璋打到大都即今天的北京时，他逃走前还潇潇洒洒地给未来的朱皇帝写了一封信，写得非常大气，大意是：我们争了那么长时间，现在恭喜你得了天下，我不跟你玩儿了，我自有可去之处，祖先在北边给我留下一片广袤的草原，相信中原这地方你治理得要比我好！朱元璋看后龙颜大悦，于是明朝官方后来赐予妥懽帖睦尔的谥号为"元顺帝"。大家知道，中国封建王朝历史的宿命就是封闭条件下惨烈的自我循环，这种自我循环的途径是只能革命不能改良，江山往往不是谈出来的而是打出来的。所以，中国历代王朝最后的一位皇帝基本上都是被杀掉或被废掉的，历史由胜者来书写，通常一个朝代最后一位皇帝的谥号基本上都带有贬义色彩，多是"哀宗""哀帝"之类。历史上大概只有两位末代皇帝的谥号是不错的，他们一个是汉献帝，另一位就是元顺帝，因为前一个乖乖地

"献出"了权力，后一位顺溜地交出了权力。

那么，元顺帝到底想做什么事情，结果却引发大规模的农民起义，最终导致了帝国的崩溃呢？是开河，元顺帝想治理泛滥已久的黄河。用今天的话讲，是要做一件利国利民的公共工程，但却引发了大规模的民众起义。起义者故意埋了一个石头人，只凿了一只眼，广传"石人一只眼，闹得天下反"，作为造反来自天意的借口。实际上，对于起义的根源，那时的民谣体现得更为生动、全面："堂堂大元，奸佞专权。开河变钞祸根源，惹红巾万千……人吃人，钞买钞，何曾见。贼做官，官做贼，混愚贤。哀哉可怜！""开河变钞祸根源""钞买钞"，说明通货膨胀终成民众造反的导火索。所以，民众的经济利益、社会生活水平受损才是引起元朝末期大规模社会动荡的根本原因，而非民族矛盾。

当然，元朝的快速灭亡在很大程度上也同其经济运行过度开放和货币化有关。但无论怎样，元朝纸币制度作为人类货币史上的一次早熟，的确是导致一个强盛帝国快速灭亡的重要根源之一。

第二个问题：明清两朝白银货币化的影响

这个话题，需要从中西方比较或互动的角度来阐述。

明朝为什么长期实施"海禁"？表面上看是从防范倭寇等军事安全的角度来考虑的，但实际上，一方面倭寇的兴起本身就源于"海禁"，因为倭寇不能通过正常的贸易方式获利，只能采取武装走私的方式铤而走险；另一方面，东南沿海的许多商人勾结倭寇，如当时的海盗头目汪直在一定意义上就是徽商势力的代表。明朝实施"海禁"的一个重要目的，就是防止贵重金属外流。历史上的中国是一个缺少贵重金属的国家，铜、铁等金属都非常稀少，金银更是稀缺，这也是中国自宋朝开始采用部分纸币补充金属货币不足的重要原因之一。

用当今国际货币体系的逻辑来看，明朝的白银货币化进程无异于是把自己的部分货币主权拱手让给外部世界。这必然会对明朝的政治、经济与社会发展产生重大的影响。既然如此，明朝为什么还要开启白银货币化的进程呢？

要理解这一点，我们需要将视野扩展到当时的外部世界。

1453 年是世界历史的一个重要转折点，当时东罗马帝国的君士坦丁堡被奥斯曼苏丹穆罕默德二世的军队攻占。伊斯兰世界占领伊斯坦布尔海峡即世界文明的十字路口，意味着古老的通往东方的丝绸之路从陆地上被人为地掐断了。这是基督教世界的欧洲一定要走海路到东方去，促使大航海时代到来的一个重要背景，并且它对欧洲的技术进步和金融发展（组织）都产生了重大的影响。

从当时的技术力量来看，中国的航海技术更为发达，1405 ～ 1433 年间郑和的七次下西洋证明了这一点。但总体而言，由于中国的海岸线基本上是南北走向，我们更加习惯于近海航行，沿着海岸航行走的是纬度，基本上不需要为了走向未知的海洋去测算经度。航海最大的危险之一是方位迷失。善于沿海航行的中国人在白天用一个三角板在正午时刻通过频繁测量不同季节太阳的高度及其变化规律，或者在夜间测量北极星的高度及其变化规律，就大体可知自己的方位。但是，这对于必须要从西方抵达东方的欧洲人而言，是不可能的，因为他们必须要准确地测算出经度。为此，就需要拥有一台走时精确的天文钟，根据航行时间来测算出经度及自己的方位。因此，葡萄牙人、西班牙人和英格兰人在对天文钟的发明上展开了激烈的竞争，国王的悬赏金额一再提升。最后，英国一位名叫哈里森的木匠于 18 世纪 70 年代发明了一台走时准确的天文钟，获得了国王丰厚的奖金。这一高度竞争性的技术发明以及后来被仿制的过程，也是促使发明专利制度得以形成的重要原因之一。

布罗代尔和许多学者都认为：只有资本同强权（国王）相结合的时候，才能为资本主义的产生提供足够的动力。欧洲迥异于中国的地理环境会产生一个重要的地缘政治后果，那就是欧洲难以形成大一统的帝国，即便是拿破仑也难以做到。其结果是，无论是对于思想、技术发明还是海外探险等而言，大家都是相互竞争的，而不是定于皇帝一尊，定于一尊恰恰是明朝郑和下西洋突然兴起而又戛然而止的根本原因之一。

欧洲大陆被高山、河流、半岛和岛屿分割成许多势力范围。1500 年前后，欧洲有几百个大大小小的公国，也就是说，理论上它有几百个可能支持航海的王公诸侯。于是，热那亚人哥伦布先后请求意大利、法国、葡萄牙等地区的公爵、伯爵和国王，经历了六次游说的失败后，终于在第七次游说中得到了西班牙伊萨贝拉一世女王的支持（当时的西班牙实施双王制度，伊萨贝拉一世女王的丈夫费尔南多二世国王并未与哥伦布签署协议）。西班牙女王为什么能够支持哥伦布呢？有一个重要的背景，就是在 1492 年春天，国王的军队攻占了被北非摩尔人占据已久的格拉纳达，把伊斯兰势力赶出了伊比利亚半岛，避免了这里的伊斯兰化。

2007 年春我曾去过格拉纳达，目的是看一看摩尔人修建的著名的阿尔罕布拉宫，这是一座经典的早期伊斯兰风格的建筑。西班牙吉他大师弗朗西斯科·塔雷加的那首著名的吉他曲《阿尔罕布拉宫的回忆》描写的就是这里。我在这座古城中心的广场上看到了一座著名的雕像：哥伦布单腿跪下，向端坐的女王呈献航海合约。请注意，这是一位女王和一个流浪的冒险家之间签署的合约：女王用三艘船支持他去航海探险，双方按照协议来分享利益。就这样，大航海时代开启了。

大家可以思考一个问题：如果西班牙人只是利用大航海的开拓之路去贩卖奴隶、种植甘蔗等经济作物，那么今天的欧洲会是现在的样子吗？绝对不是。我们说大航海开启了人类历史的新纪元，不只是讲它使得西罗马帝国崩溃后只有精神上统一而实体分裂的欧洲加快了整合的过程，成为世界的欧洲，更主要的是指，从此欧洲人通过美洲白银与东方尤其是中国建立了经济联系。

1545 年，西班牙人在玻利维亚的波托西发现了巨大的银矿。在随后的几年里，伴随着用汞提炼银的方法开始广泛使用，白银产量急剧上升。凡是学习过经济史或者世界史的人都知道，西班牙从南美洲掠夺的大量金银，在欧洲引起了价格革命，使长期苦于通货紧缩的欧洲开启了市场发展、资本扩张的进程。更重要的是，在发现并大量生产白银的 20 年后，1565 年西班牙人征服了吕宋（今天的菲律宾），并自豪地以当时西班牙国王菲利普二世的名字命名了这片东方领土。自 1565 年起，西班牙控制的墨西哥阿卡普尔科港口到吕宋的白银航线开始建立，这条航线后来与中国福建泉州之间相连，成为著名的白银航线，将欧洲与东方特别是中国紧密地联系起来。于是，世界经济进入了胎动期。

在中国，两年后即 1567 年嘉靖皇帝去世了，儿子明穆宗登基，年号隆庆。正是在这一年，明朝做了一件对此后中国历史具有重大影响的事情——开放海禁、银禁。此前的货币制度非常混乱，铜币、银币还有元代宝钞等均可流通，明朝也有宝钞但是一直没有正规使用。需要指出的是，历史上的中国并未存在过真正意义上的统一的货币体制，更无法形成本位制，也就是没有全国价值尺度同质化的制度安排及其过程，即便是 1567 年放开了"海禁"和"银禁",以及 1581 年张居正"一条鞭法"实施以后,也只是在地区间贸易中使用银,地区内贸易依旧主要使用铜钱等货币。所以准确地说,明朝并非采用了银本位制,而是开启了白银货币化的进程。

直至清末 1910 年通过"币制条例"和 1914 年北洋政府时期颁布的"国币条例",中国才初步建立了不彻底的银本位制度,但到 1935 年国民政府开始实施法币制度、废除银本位,中国正式实行银本位制度的时间并不长。毫无疑问,从隆庆元年开始,中国成为名副其实的白银帝国,这对世界和中国的近代历史发展影响至深。在西方,西班牙人,随后的葡萄牙人、荷兰人、英国人,都是借着西班牙所控制的美洲白银进入中国控制的东方朝贡体系当中。如果没有这样一个过程,仅仅靠一个"价格革命"而没有与东方贸易体系建立联系的话,欧洲不会走向世界,也难以从精神上统一的欧洲走向实体上统一的欧洲。贡德·弗兰克在他的《白银资本》一书中就讲述了这个过程。

其实,明朝海外白银的供应起初主要来自日本兵库县,当时其出产的白银几乎都出口至明朝,后来才以经白银航线到来的美洲白银为主。但是从 16 世纪晚期开始,明朝的海外白银供应出现了问题。首先,在 1592 年日本丰臣秀吉发动"壬辰倭乱"试图进攻朝鲜时,明朝派兵打了一场长达 7 年的"抗日援朝"战争,那是亚洲地区打的第一场部分使用热兵器的战争,虽然明朝最终赢得了战争(当然,一些韩国人认为是李舜臣将军用龟船赶走了日本人,却对日本人如何被赶到釜山附近的海峡中只字不提),但却导致自身国力消耗过大。明朝不但失去了来自日本的白银供应,反而让山海关外的建州女真势力趁机壮大,更重要的是,女真势力开始越来越多地通过正式贸易或走私渠道获得日本白银,积累起进攻明朝的力量。其次，1624 年随着荷兰人占据中国台湾岛，蜂拥而至的欧洲列强开始瓦解西班牙的白银航线。1630 年以后南美洲白银产量减少，白银航线几近中断。这样，一连串的国际环境变化导致明朝后期白银短缺，陷入严重的通货紧缩、财政资源极度不足的境地。明朝根本无法同时应对关内农民起义军蜂起和关外女真人攻击的双重压力。所以，与元朝的通货膨胀不同，通货紧缩是明朝崩溃的一个重要根源之一。

当然，本质上讲，明朝的白银货币化进程是将货币主权锚定国外的贵金属货币，这在很大程度上是国家能力失败的被动选择：一方面，东南沿海地区的富商、豪强早已通过海外贸易积累了大量的白银，不断地胁迫中央政府实施白银货币化；另一方面，皇帝作为一个集权的强者不得不直接面对众多民众，如何从中汲取税收资源一直是一个令人困惑的问题，尤其是在传统的封闭型财政汲取体制下，一个朝代在中期以后往往都会面临土地集中、人口与资源比例失衡所带来的财政压力。正是在这些压力下，面临着国家能力尤其是财政汲取能力的弱化，明朝选择以海外白银作为主要货币单位用以补充国库，是不得已而为之的举措。但是显然，用今天的眼光看，将货币供应及其价格稳定锚定于外部世界的贵金属，对国内财政货币政策的影响巨大，于国家安全是非常不利的。

历史地看，明朝白银货币化的制度安排在协调、稳定周边关系的过程中发挥过非常重要的作用。例如，中国历史上少有的以和平解决争端的例子之一就是著名的"俺答封贡"（1571 年），它就是通过互市贸易解决纷争的。俺答汗是谁呢？他是成吉思汗的后代，当时蒙古土默特部的重要首领、北元的当权者。历史的记载都有主观性。我们对从 1368 年退居漠北并存在了 267 年且与明朝对峙的这个蒙古政权，基本上少有提及。但是大家若到蒙古国乌兰巴托历史博物馆去看看，也会发现在蒙古人的历史视野中，南宋是不存在的。如果我们站在他者或世界的角度去看历史，就会发现很多不同，也会更加客观、理性。

俺答汗在明朝官史中之所以被重点提及，是因为他在 1571 年承认大明为中央政府，并接受了册封。为什么隆庆皇帝能够平服强大的蒙古势力？因为他有大量的白银。银禁解除后，中央政府掌控了规模巨大的白银储备，可以通过白银交易开展当时北元急需的互市贸易，与以往双方以易货为主的互市贸易不同，明朝与俺答汗之间的互市贸易是向蒙古方面输出白银，用以购买对方的马匹和牛羊。这样，明朝把国外贵金属白银作为主要货币单位，再用丰厚的白银储备融通了同俺答汗的贸易关系，使得朝贡体系的边界与深度得以扩张。这同今天美元体系下大部分国家通过贸易、引进海外投资等途径赚取大量美元储备，然后用于对外投资的策略有些类似。

如果整个世界一直持续以白银为主导的货币制度安排或银本位制度，此后的中国也许会有更多的好运，但事实并非如此。

在英国崛起的道路上，有一连串极其重要的关键节点，足以影响世界，如"光荣革命"、工业革命等，但其中最值得强调的是金融革命，即在英格兰的农业革命与工业革命之间，有一个重要的金融革命，其内容主要是中央银行的建立和发展，使得王权约束下的国家债务信用得以提升，货币市场、资本市场得以形成和扩展，等等。英国的金融革命是一个开放型的财政信用体制转变为开放型的货币信用体制的历史进程。英国正是凭借建立在信用基础上的这种资金筹措能力（主权货币能力），赢得了一个又一个称霸战争。事实上，如果没有这场金融革命，英国工业革命也是难以成功的。英国金融革命作为一个持续的过程，有一个重要节点，就是金本位制度的确立。

谈到金本位制度的确立和发展，不能不提及艾萨克·牛顿这位伟大的物理学家。牛顿定律对人类社会发展的巨大贡献无人不知，但许多人大概不知道的是，牛顿对英国金本位制度的建立同样也做出了巨大贡献。

牛顿有一个学生叫蒙塔古，是位贵族后裔，深受国王威廉三世的赏识，后来其成为威廉三世的财政大臣。在 1694 年英格兰银行创建的那一年，英格兰皇家造币厂出现了贪腐案件，于是蒙塔古推荐了自己的老师牛顿继任造币厂厂长。当时牛顿作为一个物理学家比较穷困，在成为英格兰造币厂的负责人后，年薪高达 2 000 镑，而当时普通人的年薪是十几镑，能达到几十镑已经相当不错了。事实证明，英国政府给予牛顿如此之高的薪水是值得的。工作几年后牛顿发现了一个问题，自英国击败西班牙无敌舰队抢掠到很多黄金之后，英国人开始迷恋上了黄金，他们纷纷将市面上流通的银币运送到欧洲大陆换取黄金，从而导致英国国内流动性紧缩，交易货币奇缺。牛顿在分析了英国和欧洲的金银价格后，于 1717 年向国王和议会提出建议：降低制造金币的成本和价格，鼓励白银出口和黄金流入。当时牛顿并不是要实行金本位制度，但是这个建议经过议会批准后导致黄金价格下降，为后来英国实行金本位制度奠定了基础。英国国会正式以法令确定金本位制度是在 100 年后的 1817 年，但学术界通常把 1717 年作为英国实行金本位制度的开端。英国率先实行金本位制度的一个重要后果，是英格兰银行承担了全球金银汇兑和贸易结算的重要职责，伦敦金融市场成为全球资本的交易中心，英国开始依靠伦敦金融市场的融资能力强势崛起。

探讨货币制度对近代中国的影响，不能不提及影响近代中国历史走向的鸦片战争。关于鸦片战争，长期以来大家所受到的教育或熏陶多是从悲壮的爱国主义角度来理解，较少考虑到它发生的时代背景，特别是其发生时的货币金融方面的背景。实际上，自16世纪西方殖民势力东渐以来，当时中国特殊的大一统体制固有的税收汲取能力弱化的问题，在白银帝国同金本位制国家之间的博弈过程中被强化或放大了。这一点在进入19世纪以来的历史进程中体现得尤为明显。

鸦片战争前后，正是以英国为代表的欧洲国家开始实行金本位制度的时候。此时的中国，清袭明制，实行银钱平行本位，大数用银，小数用钱，彼此间维持比较固定的比价（大体稳定在每两白银1 000文钱上下）。这使得正在从银本位制转向金本位的欧洲各国纷纷将银币倾销至中国换取黄金。在当时的清朝，银币流通混乱到什么程度呢？西班牙、葡萄牙、意大利、法国、荷兰、挪威、瑞典等几乎所有欧洲国家的银币都跑到中国来了，而且这些银币的重量和成色不尽相同，给中国货币的兑换和税收汲取带来很大麻烦，损失巨大。

从某种意义上说，鸦片战争是英国东印度公司会计报表失衡（亏损）引发的一场私人（股份）公司对阵古老王朝的商业战争，由于它是英国国会授权发动的，因而具有了国家间战争的性质。后来的英国人也感到为毒品贸易打一场战争是耻辱的，"鸦片战争"这个词可以说是英国人自己创造出来的。

英国政府为什么要发动这场战争？从贸易的角度来看，自明朝以来，中国在对外贸易中除了白银以外几乎什么都不缺，西方只能用白银进口中国的香料、丝绸、茶叶、瓷器等商品。有学者甚至认为，西班牙人在美洲开采的白银中有三分之二都被运往中国。英国东印度公司面临着同样的困境：英国的机纺棉布没有中国手工纺织的柔软，作为工业革命产物的毛纺织品，更是让习惯穿丝绸和棉布的中国人很不适应。这样，东印度公司必须从美洲和其他地方采购大量白银来购买中国的货物，其会计报表严重失衡，亏损累累。后来英国人发现，用容易让人上瘾的鸦片，更便于打开中国的市场。于是英国人在今天的巴基斯坦、孟加拉国等英属印度大量种植鸦片，卖给中国后白银开始回流，东印度公司的会计报表得以平衡。所以，对英国而言，林则徐的虎门销烟、禁止鸦片进口，会让英国在贸易中遭受很大的损失，让东印度公司无法生存，它一定要打破这个障碍。从战争的结果来看，其实不只是割地赔款，更重要的是英国由此垄断了中国包括对外汇兑在内的金融业务，汇丰银行等正是从那时起垄断了中国对外贸易结算、汇兑和其他货币的金融业务。一句话，鸦片战争的重要后果之一是英国开始将以中国为中心的东方贸易体系纳入自己主导的全球金融、贸易体系当中。

讲到这里，不能不谈及中国历史研究尤其是近代史研究中两个值得商榷的观点。

第一，中国一直是"闭关锁国"的。实际上，这种看法即便不是错误的，也是片面的。无论从对外贸易还是货币关系来看，宋元时期的中国都是非常开放的，甚至明以降连主要货币单位都锚定国外贵金属，只不过在 19 世纪西方殖民势力入侵后，固守传统体制的清朝才开始有了强烈的闭关锁国理念与制度安排。关于这一问题，日本京都学派的代表人物内藤湖南、宫崎市定以及现代日本学者滨下武志等人对明清时期商业、市场经济发展的研究是极其深刻、富有洞见的。

第二，"落后就要挨打"。鸦片战争以及其后的甲午战争给人们的记忆非常深刻，这句话至今对大家的理念与行为影响至深。但落后了就一定要挨打吗？近代以来世界上许多国家都很落后，但很多落后国家却并没有挨打。这里有两个问题需要思考：一是为什么落后者就要挨打？

二是究竟什么是"落后"？针对落后的本质这一问题，近代中国苦苦求索了百余年，先是认为技不如人，"师夷长技以制夷"开展洋务运动，到北洋水师全军覆没后，认为之所以输给小国日本，源于日本因明治维新而强盛，于是决定要变法（体制和制度），但在"百日维新"失败后，又发现自己的传统思想、文化有问题，于是又进行新文化运动、五四运动，最后直到从各种主义之争中找到了马克思主义。在如今的全球化时代，我们依然面临着类似的问题。今天，如果说中国哪些领域落后或者说面临什么威胁的话，主要不是传统安全方面的威胁，相反，一百多年后的今天，是中国面临外部军事侵略威胁最小的时期，中国现阶段的落后除了技术创新之外，主要还集中在货币金融市场及其制度建设等方面。这一点，若从五百年的中西方历史进程以及支撑中国的可持续性崛起的角度来看，将会更加清晰。

实际上，压倒清朝的最后一根稻草同样与金融市场波动高度相关。

2021年是武昌起义110周年。许多学者会认为，这是一场"计划外的革命"，因为仅仅在武昌起义发生的几个月前，广州黄花岗还留下了七十二具革命烈士的遗体。广州是当时"暴力革命"开展得最猛烈的地方。这么多革命者前仆后继地开展"暴力革命"都没成功，为什么武汉新军的一个班长放了几枪便大功告成了？其直接原因在于，当时清朝最精良的军队——由端方指挥的武汉新军不在武昌。去哪了？去了四川。干什么去了？去镇压"保路运动"。各位同学也许了解"保路运动"。但是我们需要追问的是，为什么会有"保路运动"？这就要追溯到一场金融泡沫的崩溃了。

1906年，美国福特公司开发了第一款物美价廉的T型车，从此汽车开始走进千家万户。随着市场的扩张，橡胶生产、加工需求急剧膨胀，于是橡胶生产成为资本关注的焦点。当时，世界上有两个炒作橡胶的主要市场，一个是在伦敦，另一个是在上海。在上海股票市场上，曾有一家东南亚橡胶园的股价翻了一千多倍，持有者获利之丰令人咋舌。当时，川汉铁路公司驻上海的总代表是施典章，他曾经做过广州市市长，按今天的话讲，他是下海经商的官员。施典章未经公司允许，擅自动用几百万两白银炒作橡胶股票，但后来由于 1910 年橡胶股市泡沫崩溃，上海股市狂跌，他的投资血本无归。

李鸿章幕下有个著名的弟子叫盛宣怀。此人在清末经济事务中位高权重，当时他面临一个重要的任务，就是将各省筹建的铁路管理权收归中央政府。那时正值中国刚进入铁路时代，各地都在修建铁路，而且许多是靠地方政府对外举债进行的。盛宣怀就给中央政府建议，收回筑路权，控制地方政府对外债务的膨胀，因为一旦这些债务违约，最终都需要中央政府来承担风险。事实上，盛宣怀对收回筑路权提出的补偿，特别是对股民的补偿是比较优厚的，所以这项政策在很多地方如粤汉铁路等开展得非常顺利。但唯独川汉铁路公司出了问题，因为川汉铁路公司的大股东提出中央政府应将施典章在上海炒股损失的几百万两白银也一并补偿，这一要求遭到盛宣怀的断然拒绝。于是，川汉铁路公司的大股东开始隐瞒、歪曲信息，煽动股民闹事，结果是端方在由武昌前往四川的途中于资州因兵变被杀，武昌起义成功，各省纷纷独立，清政府垮台。

前面讲过，当西方列强纷纷改行金本位制度时，清末时期的中国依旧采用银钱平行本位制度并损失惨重。那么，中国难道就没有试图跟世界接轨，开展金本位制度吗？事实并非如此。

中华民国在 1933 年 3 月颁布"废两改元"之后的第二年，蔡元培先生提出一个动议：中国应该实行金本位制度。在其列举的许多理由中，日本的经验具有重要的参考价值。要知道，很少有人从经济视角尤其是货币金融的视角看待日本的崛起。日本是在 1897 年转向实施金本位制度的，它是怎样做到的呢？简单地讲，就是通过甲午战争后获得的清朝赔款实现的，但其前期的体制、制度基础非常重要：1882 年，日本成立中央银行，1889 年颁布了《大日本帝国宪法》，效仿英国实行君主立宪。正是在此基础上，日本利用甲午战争获胜后清朝的赔款在英格兰银行做抵押，在英国的帮助下改行金本位制度。这样，君主立宪制加上金本位制度的信用，使日本在国际资本市场上的融资能力得到大幅度提升。如果说甲午战争基本上是日本凭借国内资源战胜清政府的话，那么 1905 年日俄战争中日本的获胜则要归功于日本在巴黎、纽约市场凭借金本位制度确立的信用大力筹借的外债。所以，从 19 世纪末开始，当时东亚的两个大国，只有中国还在实行银钱平行本位；从全球范围来看，也只有中国和波斯在实行某种形式的银本位制度。事实上，蔡元培的提议相对于英国，已经晚了两百多年，相对于日本，也晚了近四十年。

屋漏偏逢连夜雨，近代中国在金融发展上的运气实在是太差了。1934 年，原本中华民国政府已经请了英国专家帮助实行币值改革，实现金本位制，而且那时的宏观经济条件也不错。一战后特别是经济危机以后，银价很低，中国的出口增长很快，中华民国政府前十年的 GDP 年增速都在 10% 以上。但此时国际市场风云突变，罗斯福总统为争取支持其进行"新政"的政治力量，尤其是西部生产白银的 7 个州的参议院议员的支持，签署了"白银收购法案"。按照美国宪法，每个州有参议员两人，因而在共计 100 人（50 个州）的参议院中，这项法案可以让他至少获得 14 票的支持。其结果是当时的中国银价急升，白银大量地流向美国，发生了严重的通货紧缩，贵重金属越来越少，最终不得不在 1935 年 11 月 3 日放弃了银本位制，开始发行通过美元和英镑的平价来稳定币值的不兑换纸币。1937 年日本发动"七七事变"导致中国改行金本位制度的计划彻底流产。在随后的抗日战争期间，面对日本对中国发动的劫掠型货币战，中国政府在美英两国货币当局的支持下——美国通过收购中国白银提供外汇储备、英国通过建立汇率稳定基金提供贷款——艰难地确保了中国的货币主权，然而抗战结束后国民党政权的日益腐败以及内战爆发，使得国民政府最终走向了依靠发行法币维持财源的道路，其结果自然是恶性通货膨胀。当人们去咖啡馆喝杯咖啡也要先付款，以避免放下杯子咖啡价格已经上涨，或者当民众需要推着手推车去领取成沓的纸币薪水但却买不到几斤米时，人们一定是不希望这样的政府继续执政的。严重的通货膨胀及其导致的民不聊生，是国统区的民众坚决反对国民党、拥护共产党的重要原因之一。

中国自元朝以来直至近现代，历届政府的垮塌固然有众多纷繁复杂的特殊原因，但从金融的角度讲，它们的衰败无不与货币金融问题高度相关。无论是欧洲崛起还是近代中国的衰落，都表明金融发展对市场经济和国家兴衰具有十分重要的作用。乔万尼·阿瑞基和查尔斯·蒂利等人认为：无论市场中有多少资本家，只要国家的利益与资本家的利益不相一致，这个国家就是非资本主义的，其市场分工也往往难以得到深化和扩展。

第三个问题：中西方"大分流"的实质与启示

无论是战争时期还是和平时期，对于经济发展来说，资金来源、渠道及其配置都是一个国家社会经济运行的核心问题。迄今为止，国内外学术界有关中西方大分流的研究，更多的是关注人口、资源、技术等因素，对金融及其信用问题的关注通常不够。18世纪的中西方大分流，很大程度上是早已发生的金融大分流的结果。

那么，中西方金融大分流源于何时？又是如何发生的呢？对此我赞同这样一个观点，即可以直接比较的中西方金融大分流早在13世纪就出现了。在13世纪，同样面临着财政赤字压力，南宋政府选择公田法掠夺民财，同时期威尼斯政府则依靠发行长期债券融资。这种融资方式的差异反映出中西方不同的权力格局下国家与市场之间的关系，并决定了其各自市场运行中能否产生货币银行化的趋势，进而推动金融体系演进。更值得关注的问题是，为什么南宋政府为应对"钱荒"和财政赤字所进行的金融创新——建立不可兑换的纸币体系，既没有形成公债体制那样强大的生命力，也无法刺激金融革命的产生呢？

前不久，我与博士生李黎明合作发表了一篇题为"中西金融大分流的国家信用逻辑"的论文，对此问题进行了初步的探讨。我们的结论是：皆为纸质的南宋"会子"和威尼斯债券，理论上都是本国政府向社会发行的信用凭证，本质上均是国家信用的资本化。从国家信用角度来看，南宋纸币体系极易崩溃的根源是国家信用不足，而威尼斯公债体制的稳定运行则得益于国家信用体系的相对完善；国家信用的本质性差异是导致双方金融分流的重要原因，也影响了后世的中西方大分流。

最近，我在《香港国际金融评论》上发表了一篇论文，从金融史的角度探讨金融在国家发展中的作用。论文从佛罗伦萨城邦债券谈起，分析了皮亚琴察债券交易市场的形成与发展，荷兰商业银行制度的形成与完善以及英格兰中央银行体系的建立与成熟等过程，其核心是强调了金融业作为无数的跨时空交易合约的组合，它的核心要素是一整套信用体系的构建与发展，只有对信用体系进行合理的完善与构建方可解决"钱从哪里来"尤其是"钱怎么来"的问题。如果我们从金融的视角来看英国的"光荣革命",就会发现金融发展是一系列规则、制度安排法治化的结果,简单地说就是权力得到约束的产物。

"光荣革命"成功后,英国的资产阶级和贵族非常担心来自荷兰的奥兰治公爵背后的荷兰金融资本的力量对英国的渗透或影响,他们随即与威廉三世谈判,制订、颁布了《权利法案》等一系列法律,其核心是:国王不得不经议会的同意就随便征税。所以,英国"光荣革命"之后的国会从本质上讲是保护纳税人利益的权力机构,其核心目的是限制国王不经议会同意而肆意妄为的权力。这也体现出法治的本质在于"王在法下",即任何人不能凌驾于法律之上。这正是英国从此拥有强大的公债信誉,通过1694年英格兰银行的建立以及其后公债市场的发展,走上市场融资与战争获胜的良性循环进而快速崛起的重要根源。

欧洲金融发展的历程表明,复杂、多元和竞争性的地缘政治环境使得西欧各国的国王不得不将大量土地封授予各类贵族以换取其效忠,进而加剧了国王的财政负担。伴随着经由税收获取的资金无法满足频繁的战争融资需求,保护那些拥有资本的人的私有产权方能使得国王吸引更多的资金,这是在政治架构上形成资本家阶层与国王、贵族之间的权力分享乃至相互制衡的重要原因。从这个角度上看,西欧民主制度尤其是英格兰君主立宪制度的形成同经济、人均收入增长的关系不大,实乃战争融资需求的结果,是公共信用在政治维度上演进的产物。因此,公共债务成为王权的约束,而缺少甚至没有公共债务则导致王权的奴役,这在英法两国的近代兴衰过程中体现得格外明显。

总之,英国是在国家信用建设的带动下完成金融革命,进而拥有了超群的主权货币能力,最终实现了国家的崛起。无论是中世纪地中海世界的金融发展，还是 1500 年以来欧洲国家相继崛起的过程都表明，金融的发展不是经济总量增长的自然结果，而是国家制度演进和变革的产物，其核心是能否建立有关私人财产权力保护、权力制衡和信息公开透明的规则与制度框架。

反观近代中国，一直不存在上述有利于金融发展的制度安排。从非正式制度安排的角度看，我们两千年的文化传统当中也缺少这种基因。一方面，从中国传统的爱有差等的人伦秩序来看，中国人的信任边界受到血缘、亲缘、地缘这三个依次递减的信任范围的强大约束，社会运行中难以形成信任他人的文化基础；另一方面，从正式的制度安排来看，历史上过早的大一统帝国的形成过程，使得中央集权政府通过税赋汲取社会资源的途径已成固定模式，那种因竞争（国家生死存亡）需求而不得不将财政资源货币（公债）化的动力几乎不存在，因而往往很难从封闭型的财政汲取体制（国家垄断、囤积财富的"国库模式"）迈向开放型的财政信用体制（藏富于民、金融发展的"公债模式"），进而走向开放型的货币信用体制。一句话，历史上中国几乎不存在欧洲意义上的金融革命的动因。这一点，可足以解释为什么中国历史上有比较发达的市场经济，却无法产生出资本主义。

正是从这个意义上看，我们可以得到两点重要的启示：一是不仅明清时期中国的国家信用发展是极不充分的，而且中西方大分流的根源也完全可以追溯到两者的金融大分流，所以中国无法内生出欧洲意义上的金融革命；二是面临如此历史性路径依赖的压力，如何催生一场中国式的金融革命，借以推进中国的可持续性崛起，无疑是今后四五十年里决定国家命运以及世界格局的大事态。

Double Shock
The Future of Power Games &
The Future of The World Economy

| 第十四讲 |

金融发展与大国崛起
——从金融发展历程看中国新一轮改革开放[⊖]

导 读 〉〉〉

佛罗伦萨城邦与欧洲区域公共债券市场的形成与发展，商业银行体系、中央银行制度与荷兰和英国崛起的历史经验，以及日本、德国和近代中国等后发展国家金融发展的经验与教训，都明确告诉我们，金融发展对国家兴衰至关重要。其中，"钱怎么来"的问题比"钱从哪里来"的问题更重要，这背后涉及的关键因素是金融发展中的国家信用体系及其构建；归根结底，金融发展取决于一个国家的制度能力。从这个角度看，中国新一轮改革开放具有重大的历史与现实意义。

⊖ 本文是作者于 2019 年 9 月 22 日在由吉林大学主办的"2019 中国世界经济学会年会暨'世界经济发展中的不确定性与中国开放型经济的高质量发展'理论研讨会"上的发言，本书收录时略有删改。本文部分内容收录于作者为人民出版社 2021 年出版的《"一带一路"建设中推进人民币国际化进程研究》一书所写的序言，原题目为"金融在国家发展中的作用与全球化分裂的挑战"，后发表于《香港国际金融评论》2021 年第 2 期。

经济学的研究基本上有三个维度，即理论逻辑、数据和历史经验。在此，我主要侧重从历史视角来阐述这个问题。

2019年8月5日，人民币汇率破7，同一天美国把中国列为汇率操纵国。从时间的接续来看，美国应该对此早有应对预案和周密准备。正如我一年前指出的，中美之间的贸易摩擦只不过是世纪性大国博弈的一个序幕。我们必须认识到，中美之间不仅存在规则脱钩、产业链脱钩这些所谓"去中国化"的危险，同时美国很有可能对华实施金融制裁或遏制，开始可能是部分的，但若冲突全面升级，不排除会是整体的。毕竟，遏制中国崛起已经成为美国各界的阳谋。大国博弈的经济逻辑正在让位于政治逻辑。面对这样的外部压力，党中央决定进一步扩大改革开放，并采取了一系列重要举措，不仅起到了稳定市场、稳定人心的作用，更重要的是，这预示着中国的社会经济发展将进入新一轮改革开放的重要阶段。

最近，我经常思考的问题是：如何实现中国的可持续性崛起和发展？这是非常重要的历史性课题，需要我们超越现实，站在历史的高度进行全方位的思考。2017年7月，习近平总书记在全国金融工作会议上的讲话中指出，"金融是国家重要的核心竞争力"[○]。放眼古今中外，国家政权的形成、发展、巩固及其国际地位的提升，核心问题不外乎有两个：一是钱从哪里来；二是钱怎么来？今天，在中国推进经济增长模式转型、谋求可持续发展的进程中，在进一步扩大对外开放、推进"一带一路"建设以及人民币国际化的进程中，都需要认识或厘清一个重要问题，即金融在国家发展过程中究竟发挥什么样的作用。对现代金融起源以及主要国家兴起过程中金融发展经验的分析和借鉴，将提供有益的逻辑。

○ 《习近平谈治国理政》第二卷，外文出版社2017年版，第278页。

2019 年，我去了意大利三次，两次公出，一次是暑期的私人旅行，主要去了以托斯卡纳为中心的文艺复兴之地。虽然也去了威尼斯、热那亚，但我更重视佛罗伦萨和皮亚琴察。因为我的兴趣在于，这两个地方不仅是文艺复兴之源，更是人类历史上区域公共债券市场的发祥地。可以说，这里是人类最伟大的金融创新的源头。

下面，我从四个方面谈一些粗浅的体会。

佛罗伦萨城邦与欧洲区域公共债券市场的形成

中世纪后期，公共债券市场的出现是西方国家现代金融发展的重要起点，也是人类伟大的金融创新。它是怎么来的呢？

古希腊的赫拉克利特说过：战争是一切缘由之父。欧洲的地缘政治环境使其自古以来便战争不断。在当时的意大利北部有许多城邦国家，它们彼此间冲突不断，战争连绵。由于城邦国家的居民从事商业或手工业，农民要季节性地耕种，于是城邦间的战争主要是靠雇佣军进行。我在意大利旅行的随笔中曾写了一篇文章"打仗就是打群架"，描写了当时以佛罗伦萨为中心的城邦之间雇佣军打仗的故事。所谓雇佣军，就是被人花钱雇来去作战的职业军人，所以战争持续的结果自然是雇佣军的要价越来越高，而他们的伤亡率极低，一场战争打下来仅仅死伤一两个人很正常，我称之为"打群架"。雇佣军的潜规则是：既然我是出来赚钱的，便绝对不能送命，于是"打群架"的过程中敌对双方经常会故意拖延战争，彼此不杀俘虏，战鼓猛播而冲锋极少。如此一来，城邦政府的支出越来越多。

到中世纪后期，意大利北部连年的战争使得该地区各个城邦陷入了巨大的财务危机，其中佛罗伦萨的债务在 15 世纪初的二十几年里增加了百倍，城邦政府借款的规模已经达到收入的 70%。钱从哪里来，钱怎么来？这两个问题考验着佛罗伦萨政府的智慧与施政手段。结果，城邦政府不得不开始向市民借钱，政府支付利息，如果市民急需现金，可以把这部分贷款出售给其他市民，这笔贷款就成为一种流动性资产。这其中，以美第奇家族为核心的寡头政府为佛罗伦萨债券市场的形成、发展和正常运作奠定了重要的信用和法治基础。与专制的随时可以赖账不还的世袭君主不同，佛罗伦萨城邦的债券发行人通常就是债券购买人，这是佛罗伦萨城邦政府发债的一个重要特点。当债务的发行越来越多、拖欠的可能性越来越大时，一个公共债券市场就慢慢地形成了。

西塞罗曾经有句名言："战争的生命力是永无止境的资金。"中世纪后期，热兵器取代冷兵器使得战争的规模日益扩大，军事支出成本急剧上升。以往为封建主临时拼凑而成的雇佣军或者是封建体系下的其他军队几乎丧失了作战能力，现代化常备军的建立成为必需。也就是说，无论是否打仗，军队都一定要常备。在这种情况下，准备战争、支付战争费用与弥补战争损失等诸多成本之高昂，已经远远超过了缺乏弹性的税入所能够承担的程度。在这种情况下，国王的选择开始发生变化。中世纪的欧洲主要有四种社会力量：国王、教会、地主和商人。其中，国王是最大的地主，他需要动员社会核心力量服务于自己的目标和抱负，中世纪中期以前他选择的社会力量主要是教会和地主，因为教会控制人们的思想和信仰，国王为了获得执政合法性一定要和教会联系起来，同时作为最大的地主，他本身与一大群中小地主形成了特有的人身依附关系，此乃封建社会体系的核心特征之一。然而伴随着战争成本的日益高昂，商人开始取代地主成为国王的主要支撑者。原因只有一个，即商人有钱。自此，商人在国家政治生活中的地位开始迅速提升，金钱与政治的结合日益紧密，互为一体。

钱从哪里来的问题基本解决了，那么，怎么来呢？这是一个非常关键的问题。

按照查尔斯·蒂利的说法，雇佣劳动和高利贷利息在人类社会发展进程中早已存在，但是它只有同国王联系在一起的时候，才可能成为资本。因为资本产生的一个重要前提，是国家成为最大的借贷者，如此信用、利润才能得到保障。正是由于国王向商人大笔借贷，并且以自己的税入作为抵押或逐年偿还，为金融市场的形成和发展创造了条件。相应地，那些向国王借贷资金的商人也越来越专业化，银行家和金融家这个职业开始大批出现。

利润丰厚的成本是风险高昂，虽然国王可以以某个城市、某个国家一年或者几年的税入作为抵押，但是所有人借钱给国王能够获利的前提只有一个：国王要打赢。一旦国王战败，甚至屡战屡败，或战事持久，商人们就会血本无归。历史上无数商人、银行家，包括著名银行家族如1343年佛罗伦萨的佩鲁齐家族和1346年的巴尔迪家族，就因为借钱给英格兰国王爱德华三世而破产。16世纪中叶至17世纪中叶，德国富格尔家族也因放贷于哈布斯堡王朝而走向衰落和破产。

历史经验表明，面对巨大的风险压力，银行家是世界上最具有创新精神的一群人，他们必须为借贷资本的盈利和风险分散而殚精竭虑，寻找出路。在国王的信誉无法确保的情况下，经常是债务本金无法偿还，只是债务利息不断增长，结果是银行家们的一项重大的金融创新得以出现：由于债务利息随着无法偿还的本金的增长而日益增值，经营债券业务日益有利可图，它不仅可以使债务流动起来，让持有债券的人可以在急需资金的时候打个折扣出售出去，也可以分散债务风险，通过击鼓传花的方式避免风险全部砸到自己手里。于是，债券市场产生了。更重要的是，它推动了欧洲区域性债券市场的形成和发展。

这种债券市场对于政府的财政信誉具有极大的约束。热那亚的银行家们是欧洲区域性债券市场的主要推动者，当时他们有两个主营业务，一个是为西班牙国王投资理财，另一个是在东西方与南北欧之间利用金银利差来盈利。由于利差盈利受到地理条件更为优越的威尼斯人的竞争，后来热那亚的银行家便主要从事替从南美掠夺了大量黄金白银的西班牙国王理财的业务。西班牙是中世纪的欧洲强国，但其王室的挥霍无度与过度军事扩张，使其从美洲掠夺来的金银很快消耗殆尽，国王欠债不还甚至赖账的情况屡有发生。作为热那亚人规避西班牙国王信用风险而进行的金融创新的重要结果之一，1561 年热那亚与西班牙之间的货币借贷凭证成为可以转手倒卖的金融产品，这在历史上被欧洲人称为调剂债券。随后在 1579 年，他们在临近的皮亚琴察组织了调剂债券交易会。皮亚琴察调剂债券交易会后来被史学家们称为"皮亚琴察债券交易市场"，这是人类历史上第一个超国家的、区域性债券市场。

2019 年 8 月 12 日，在离开意大利的前两天，我专程去了皮亚琴察。它坐落在米兰东南 60 公里处。如今，这座小城默默无闻，安静典雅，店铺门可罗雀。也正因为如此，在这座始建于公元前 218 年的古城里，随处可以嗅到罗马人的气息。

布罗代尔曾提出一个观点，值得我们思考。他认为，资本积累的最初源头并非利润，而是利息，是国家债务而非雇佣劳动。皮亚琴察债券市场对欧洲经济、社会和政治生活的影响巨大，主要体现在四个方面：一是导致社会经济发展的货币化进程加快；二是促进了官僚体系的发展，使得许多城邦国家围绕战争的资金融通、战争债务偿还、战后赔款、调剂债券交易等方面的专业化官僚系统得以形成；三是以资本家为核心的市民社会开始得到较快发展，拥有资本的人（主要是政府公债持有者）开始进入法律制定与执行部门，法律开始保护积存资本的人，资本积累得以展开；四是相应地，由战争公债引发的公共信用影响并扩展至政治领域，债务构成对王权的约束，权力制衡的理念与架构逐步在市民社会中得以确立。

商业银行体系、中央银行制度与荷兰和英国的崛起

进入 17 世纪以后，随着商业银行体系的发展，商业银行成为构筑更加健全的信用体系的核心，国王的借贷有了新的来源，并使得皮亚琴察债券市场在 1621 年终止运作。1609 年，阿姆斯特丹的威瑟尔银行建立，并成为 17 世纪欧洲最具影响力的汇兑银行，其实它也是中央银行的雏形。

阿姆斯特丹银行以及荷兰人在诸多金融工具上的创新，直接推动了西欧现代金融业的兴起。首先，阿姆斯特丹银行是在阿姆斯特丹证券交易所成立后不久建立的，其核心目的是使用荷兰盾为所有储户（荷兰东印度公司股票交易者）提供一个免费的即时结算平台，并创造了即时转账功能，进而成为所有货币交易的中心；其次，阿姆斯特丹银行通过向荷兰东印度公司发放贷款的功能，将这些贷款列为资产负债表上的资产，实际上发挥着创造货币的功能，并意味着宣布荷兰东印度公司的信用与贵金属的内在价值等同；最后，阿姆斯特丹银行为确保存款市场的一致性和流动性，发明了现代中央银行的公开市场业务，为存款和其他现金形式建立了一个发达的交易市场。

股份公司制度尤其是阿姆斯特丹世界第一家证券交易所的建立，作为重要的金融创新，不仅直接提高了资金流动性，也促进了与政府融资密切相关的交易量的增长。那时，这家证券交易所主要的交易对象就是

公债与荷兰东印度公司的股票。当然，金融工具创新的发展，也使得被称为人类历史上最早的投机活动的"郁金香泡沫"的发生成为可能。因而可以说，汇兑银行、中央银行制度、股份公司制度等都是荷兰人发明的。荷兰人的另一项重大的金融创新还在于，他们的银行家可以接受联合东印度公司的股票作为贷款的抵押或担保，使得商业银行贷款与股票购买之间建立了稳固的联系，股份公司、交易所与商业银行之间形成了三位一体的关系，促进了金融业的快速发展与转型。

那么，荷兰为什么要发展金融业呢？有很多原因，其中一个重要的原因还是战争。荷兰人参与战争的主要目的是要从哈布斯堡王朝的统治下独立出来。荷兰作为西班牙帝国的边缘之地，以其当时松散的政治联合，硬是凭着自己的金融创新和金融市场巨大的筹资能力，把强大的西班牙帝国给拖垮了。从广义角度讲，尼德兰联省共和国很大程度上是把意大利城邦国家的体制转变为民族国家的雏形，同时又继承了城邦国家的货币金融体系。这是国家体制建构的一次成功转型。

但是，"钱怎么来"的问题依然没有解决。因为许多国王借贷的信用实在是太差了，经常赖账、毁约。所以，国王如何确保信用，以及哪一类国王能够确保信用，更加持久地筹措到更多的资金，成为关乎国家兴衰的关键。可以说，1694年英格兰银行的建立为解决国家或者说国王的信用问题提供了一个可资借鉴的重要模式。

17世纪，欧洲金融领域有三项足以影响人类历史进程的伟大创新：第一个是上述1609年阿姆斯特丹的威瑟尔银行，也就是汇兑银行，其实它也是中央银行的雏形；第二个是1656年的瑞典中央银行，它采用了部分存款准备金制度，使得存贷款业务可以开展；第三个就是我们大家熟知的1694年英格兰银行。

英格兰银行所继承的正是荷兰的货币金融制度。1688 年"光荣革命"以后，来自荷兰的奥兰治公爵、詹姆士二世的女婿威廉成了英国国王。1694 年，在面临着詹姆士二世复辟的威胁、英国与法国的战争迫在眉睫的情况下，国王需要筹集 120 万英镑的债务。在面临发债困难的情况下，国王授权予能够购买债券的银行和私人机构成立一个股份公司，并给予其包括可以发钞在内的三项特权，英格兰银行得以产生。

英格兰银行对英国的崛起与国家发展意义重大。它不仅支撑英国打赢了一次又一次的争霸战争，更是率先解决了国家或者说国王的信用问题，使得国家在崛起过程中能够获得持续性的资金支持。

沃尔特·白芝浩曾经在《伦巴第街》一书中详细讲述了英格兰银行的产生、运作及其作为最后贷款人的过程。他所揭示的英国崛起的秘密正在于，依靠权力制衡的制度框架下中央银行的信用，通过发债来获取战争资金，以"军事 – 债务"的一体化来支撑国家的扩张和崛起。当时，英国的银行同业存款是除英国外其他欧洲国家存款总和的几倍，法国等其他所有欧洲国家由于没有中央银行或银行体系不发达，无法将民间资金汇集起来进而形成货币市场，也就无法为国家动员更丰富的社会资源。

更有意思的是，与法国国王动辄废除自己所欠的债务、赖账不还并导致信誉低下、借贷利息极高的情况相比，君主立宪的英格兰政体由于国王的权力受到限制（主要是无法在不通过议会的情况下宣战并征税），财政信誉极好，即便国王背负了巨额财政赤字，依然可以在战争的关键时期筹措到大笔资金，最终能在财政上将对方拖垮。可以说，从那时开始，英国所有的对外战争都是靠着能够获得持续性的借贷资金打赢的，这是促使大英帝国崛起的核心秘密所在。到了 18 世纪中叶，伦敦债券市场欣欣向荣，当时英国政府发行的统一公债成为伦敦债券市场的主导，且流动性极强，吸引了大批国外投资者。1756～1763年间的"七年战争"是关系到英国崛起的关键一役，在战争初期局势不利的情况下，英国人硬是凭着自己的信誉和借贷能力打赢了这场战争。1793～1815年的拿破仑战争期间，英国的国债增加了3倍，总额高达7.45亿英镑，是当时英国GNP的两倍多。这是当时其他所有欧洲国家无法做到和承受的。

正是在这个意义上，从17世纪后期开始，英国国会本质上转变成为偿还借款的征税机构；相应地，所谓的英国民主也就成为国王为了筹措战争经费而给予以资产阶级为代表的市民即借款人的一种补偿性的制度安排，而民族国家则成为它的国家动员机制。在此过程中，由于王权受到约束，政府权力受到议会的制约，英格兰政府在关键时期不得不把军事后勤等重要的国家资源及其筹措业务外包给商人，从另一方面促进了资产阶级的崛起和强大，更加快了英国现代商业制度的形成与发展。当然，英国只是树立了一个关于国家或政府信誉的榜样，并非所有国家都可以建立起强大的国家信誉。

后发展国家的金融发展与国家崛起：
日本、德国和中国的经验与教训

需要指出的是，从佛罗伦萨城邦国家到英格兰民族国家，金融发展在它们崛起的历史进程中发挥了关键性作用。在人类漫长的历史长河中，我们可以大致划分出三种国家类型：一种是开放性的财政信用型国家，以英国为典型；另一种是开放性的财政汲取型国家，以法国、德国为典型；还有一种以中国为典型，是封闭性的财政汲取型国家。

无论是成功的经验，还是失败的教训，有关金融发展在国家发展中的作用，同样可以在许多后发展国家的崛起过程中得到印证。

我们先来看看亚洲的日本。明治维新后的日本于 1882 年建立了中央银行，1889 年编制了第一部《大日本帝国宪法》，随后于 1894～1895 年同中国打了一场甲午战争。值得注意的是，为了准备与中国的战争，日本的资金来源完全依靠国内筹措，主要不是靠发达的金融市场体系来运作的；换言之，当时日本主要是通过提高税收与国民捐款（甚至明治天皇的母亲捐献了自己的首饰），硬是举全国之力打赢了甲午战争（日本称为"日清战争"）。战争的结果是中国失去了台湾岛及其附属岛屿，而且包括"三国干涉还辽"赔偿在内我们共赔偿给日本 2.3 亿两白银。

那么，日本是怎样使用这些战争赔款的呢？一些历史学家强调日本用这些赔款在每一个山村都建立了一所小学，使得教育成为日本强国、崛起的重要支撑。这个说法是有道理的，但更为关键的支撑还是在金融领域。日本银行将清朝政府的赔款作为抵押，请英格兰银行帮助日本在 1897～1898 年间实现了金本位制度。因此，日本为五六年后的日俄战争所做的最大准备，不只是军队现代化，更重要的是凭借金本位制度的信誉可以在伦敦、巴黎、纽约等国外金融市场发债。这样，日本和中国打的甲午战争几乎完全是靠内债，但是打赢俄国靠的却主要是外债，换句话说，靠的是用中国赔款所建立的金本位制度及其在此基础上的国际信用。

我们再来看看德国的例子。这是个反例。我们知道，一战后魏玛共和国的通货膨胀和 1929～1933 年的经济危机是导致希特勒上台的重要经济原因，以至于迄今为止德国央行甚至欧洲央行都对通货膨胀无比忌惮。

但问题是，从一战期间所有交战国的公共支出来看，英国、美国、法国远远超过德国，为什么一战后陷入恶性通货膨胀的是德国而不是这些国家呢？这里有一个重要的原因，即那时候德国恰如甲午战争前的日本，财政资源只能在国内筹措，它被排除在国际债券市场之外，或者说国际债券市场不允许它发债。所以，当时的德国政府不得不向中央银行借了大量的短期贷款，这是一个典型的货币超发过程。由于政府实施战时物价管制政策，通货膨胀没有立即显现出来，但是战争结束后，恶性通货膨胀的发生就是必然的。由此可见，一个国家在面对危机的时候，它的对外融资的条件和能力是多么的重要。

近代中国的国家命运在很大程度上也同金融发展落后直接相关。当然，这个问题从更为广阔的历史视角看，会更加清楚。

不同的地理环境对东西方发展道路和模式的影响巨大。其中一个重要原因，在于它使得战争的频率和形式在东西方的表现极为不同。与欧洲相比，中国是一个地理环境相对封闭的国家，所以我们有了比较早的国家统一过程以及长期以农业社会为基础的土地财政，这使得中央政府可以更多地依靠汲取型的财政模式来维持运行，相应地对通过金融手段筹措资金的需求不大甚至很低。而且，由于大一统的中国经常是周期性面临着西北部或北方游牧民族的袭扰，用集中力量办大事的方式修建长城就可以发挥御敌作用。因此，北方游牧民族对中国的反复刺激效用起到了强化中央政权的作用，这也是中国被黑格尔称为"没有历史"，至多是改朝换代，体制上从头再来的重要原因。

这一历史过程衍生出来的一个问题是国家统一导致市场类型由"国际"贸易转变为国内贸易。由于国家拥有控制货币发行和流通的能力，加之中国本身贵金属就很稀少，使得各种贱金属而非贵金属开始充当流通货币，以致天然具有货币属性的金银在中国漫长的历史进程中少有贡献。附带说一句，明代实施海禁的主要目的不只是抵御海盗，更主要的是防止贵重金属外流。这样一种发展路径与分裂的欧洲显然不同。由于欧洲各国间的贸易长期保持了国际贸易的繁荣，且先有中亚、北非后有南美的黄金供应，所以货币天然成了金银。

货币体制特别是财政体制对理解一个国家的社会经济制度非常重要。大一统的中央集权体制对财政和货币体制的影响，历史地看，主要体现在以下几个方面。

第一，中国历史上并未存在过真正意义上的统一的货币体制，更无法形成本位制也就是全国价值尺度的同质化过程。即便是明隆庆元年放开了"海禁"和"银禁"，以及"一条鞭法"实施以后，也只是在地区间贸易中使用银，地区内贸易依旧主要使用铜钱等货币。

第二，货币与实物、劳役等多种财政收入长期并存，使得税费不分，税轻费重的现象层出不穷，秦晖先生归纳的所谓"黄宗羲定律"即民众负担"积累莫返之害"成为常态，乃至财政困局几乎成为左右中国朝代更替的一个重要因素。

第三，大航海时代来临后，特别是美洲金银的发现使其开放"海禁""银禁"，中国终成白银帝国，持续了四百年之久，其重要后果之一，就是将主权货币委托于自身难以控制的海外白银供给。更重要的是，在19世纪主要资本主义国家采取金本位制度后，中国依旧是一个白银帝国，不仅出现了巨大的汇兑损失，更无法建立起货币信用，现代货币金融体系迟迟无法展开。

第四，中华民国虽然于 1933 年废两改元，且 1934 ~ 1935 年在蔡元培等人倡议下准备实施金本位制度改革，但却因美国总统罗斯福签署"白银收购法案"等诸多原因而流产，后因 1937 年日本全面侵华而中断，一直到 1949 年国民党金圆券引发严重的通货膨胀，中国货币的国家信用一直未能得以确立。

文化因素同样是影响中西方金融发展分流的重要根源。长期以来，就推动发展的动力机制而言，中国主要依靠"以文字统一为基础的文化 + 内向型财政支撑的军事政治力量"来实现，而分裂的欧洲则主要依靠"以基督教为核心的文化 + 外向型债务体系支撑的军事力量"而实现。这两种动力机制的差异使中西方出现了发展道路的重大分野。

我们知道，基督教是维系欧洲精神统一的重要支柱。事实上，在大航海时代之前，统一的欧洲在地理上是不存在的，但是公元 313 年君士坦丁大帝在罗马帝国宣告基督教合法化以后，基督教使得欧洲有了统一的信仰，这是欧洲即便在分裂、长期混战的情况下依旧可以产生社会信用的重要基础。从这个意义上讲，也就是在非马克斯·韦伯的意义上，基督教对于资本主义兴起的确具有不可小觑的作用。与此相比，以文字统一或文化统一为核心的中国难以形成这样一种共同的价值观和社会信用基础，中国的社会信用基础基本上是沿着血缘、亲缘和地缘依次递减的爱有差等的次序展开，这无疑使得社会信用特别是金融信用无法形成并得到扩展。

也许是过早地实现了国家的统一，在中国历史上，战争的发动及战后处理一般只涉及财政问题，即财政的汲取和分配。历史上中国的战争主要是为了应付西北部或北方的少数民族入侵，除了改朝换代的大规模战争以外，国家内部能够实现较长时期的安定。因此，为频繁战争而融资的需求在中国历史上几乎不存在，但欧洲开放的地理环境使它长期处于分裂的状态。每一个国家都要面对长期紧张的外部压力，战争是一个常态。1490 年的时候欧洲有两百多个政治实体，到了 1890 年的时候，经过了四百年只剩了三十几个国家，一战以后形成了二十几个国家。如此持续的、激烈的战争所导致的国家合并，很大程度上是金融力量发挥作用的结果。

事实上，近代鸦片战争对于中国而言，最大恶果不只是割地赔款，而是帝国主义国家实现了对中国的金融控制。以英国为首的帝国主义国家知晓国家与民间金融相结合所产生的巨大力量，它们禁止大清与任何国内民间金融机构包括票号发生业务关联，甚至包括战争赔款都是由它们来控制，用我借给你、你再偿还的方式切断清朝政府同民间金融业的联系，这对中国近代社会经济发展的负面影响非常大。因此，以汇丰银行为代表的西方主要银行机构控制了近代中国的对外清算和结算系统，是最为致命的。

从 15 世纪以来金融发展与
国家崛起的经验和教训中得到的启示

鉴于以上思考，我们可以获得以下四个方面的启示。

1. 对于国家崛起而言，"钱怎么来"的问题比"从哪里来"更重要

十五六世纪以来的欧洲大国，凡是政府权力受到限制的大多成功崛起，那些政府权力受到很少限制或不受限制的国家几乎都未能逃脱衰落的命运。其根本原因在于，它们汲取和配置资源的方式与效率不同，凡是金融市场发达的国家，其竞争力一定很强，发展或者崛起的可持续性

也同样很高,这背后是政府信誉以什么样的方式得以持久确立的问题,恰恰也是每一个时代现代金融市场建立的核心要素之一。

我们知道,金融是由无数的跨时空的交易契约有机组成的,涉及跨期交易的不确定性,其中信用问题至关重要。以纸币为代表的债务和以信用手段为代表的债务是不同的,前者意味着交易存量,后者意味着预期的产出,由于预期产出的不确定性强,所以它对债权人、债务人之间履行合约的条件、承诺及其制度保证的要求非常高。经验证明,健全法制是一个国家制度建设的核心所在,法制健全的国家与法制不健全的国家在资本市场的发展水平、效益上有明显的不同。以债券市场为例,法制不健全的国家比法制健全的国家受到的限制更多,由于其未来抵押品的价值不确定性非常高,它的利率就会非常高,抵押品的杠杆率就更低;在期限结构上,法制不健全的国家发债的期限会很短,甚至人们宁愿以发短期债加展期的方式来为长期项目融资,而且由于担心违约,相关合约中的限制性条件要更多。

2. 怎样成为一个金融发达的国家

15世纪尤其是17世纪以来那些成功崛起为世界大国的国家,在其增长过程中无一不是债务国,无论内债还是外债,都是在利用他人的资金或者资源实现自己的崛起,历史上尚没有仅仅依靠自己的储蓄或储备成功崛起的案例。所以,即便不能成为金融国家,也要成为一个金融发达的国家,这一点对于中国现在和未来的发展非常重要,意味着我们要从"内向型财政支撑的军事政治力量"的发展路径转向"外向型债务体系支撑"的发展道路。

自地中海时代以来人类金融业发展的经验表明,金融业发展有三个不可缺少的条件:一是财产权利要得到保护;二是权力要制衡;三是信息要公开透明。这正是新的历史条件下中国进一步扩大改革开放的核心所在。一句话，如何通过进一步的改革开放，尤其是金融业的扩大开放，形成稳固坚实的国家信用体系，通过构建发达的、具有广度和深度的金融市场实现国家的稳定发展，支撑中国的可持续性崛起，是我们必须面对和解决的课题。

3. 金融发展取决于一个国家的制度能力

弗格森曾经说过，货币是基于国家能力的信用竞争选择。一种货币在某个时代尤其当今全球化条件下可以被普遍接受，必定意味着这个货币背后的国家实力在全球信用竞争中是胜出的。从这个意义上，我们必须严肃思考人民币国际化的本质是什么？比较研究表明，从百年来的股票收益率来看，大陆法系的国家要比普通法系的国家低得多，大陆法系的国家也很难有发达的金融市场，衍生金融市场的发展水平更低，包括德国和日本在内，它们的成文法系统无法应对纷繁复杂且快速变化的金融发展。由此可以推论，中国香港的普通法系传统对于今后中国的金融业发展、金融业创新以及金融业对外开放而言，是个不可或缺的优势。我们不仅要理性、认真地看待这个优势，体会到中国香港的这种地位在今后相当长时间内是无法被替代的，更要在今后的改革开放中利用好这个优势。因此，实现中国香港的持续繁荣和稳定是非常必要的。

4. 扩大金融业的对外开放

进一步扩大金融业的对外开放是新一轮改革开放的重要内涵，对中国经济的可持续发展与崛起格外重要。如前所述，中国与西方的发展道路是两个非常极端的特例，中国长期以来一直缺少金融发展的内在动力，相关的国家信用更未得到形成与发展，主要是依靠封闭性的财政汲取过程来维系社会经济运行，因而难以摆脱周而复始的朝代更替。从这个角度来看，在 19 世纪以贸易为中心的全球化时代，近代中国的闭关锁国是试图以传统社会机制应对外部世界的冲击，其结果自然是以屈辱和悲剧为代价。1978 年改革开放的本质，是邓小平同志领导中国进入到现代全球化进程当中，加入全球多边贸易与货币体系当中，进而创造了中国奇迹。四十多年后的今天，我们面临着新的历史发展阶段，国内外经济形势与环境发生了巨大变化，如何确保中国经济社会的稳定发展和可持续性崛起，成为不可回避的现实课题。在此过程中，无论是理论还是历史经验都证明，货币金融体系的现代化是一个国家崛起的关键所在。

因此，在新一轮改革开放过程中，进一步扩大金融开放的积极意义就在于，一方面，针对美国经济全球化的"去中国化"图谋，中国不去计较一城一池的得失，而是从更加长远的战略视角，坚定地推进新的、更大力度的对外开放，包括金融业的进一步扩大开放，为更高层次、更高水平的对外开放搭建一个坚实的平台。另一方面，通过进一步扩大金融开放，促进与现代货币金融市场体系有关的制度建设，对内，既可以促进经济增长方式转型，形成有利于促进内需增长、增强内需拉动经济增长的动力，又有助于增强抵御系统性风险的能力；对外，则有助于产生稳定的市场预期尤其是信用预期，通过金融市场的建设与发展，形成一个区域性乃至全球性的资本控制体系，使中国崛起能够获得可持续性的支撑。

Double Shock

The Future of Power Games &
The Future of The World Economy

| 第十五讲 |

防止中美"脱钩"
从产业链扩展到货币金融领域[⊖]

导 读 〉〉〉

全球化经过 500 多年的发展,大致经历了三个重要的
发展阶段。"1.0 版经济全球化"是 15 世纪末到 18 世纪下
半叶由西班牙、葡萄牙等"军事帝国"主导的;"2.0 版经
济全球化"是 18 世纪下半叶到 20 世纪中叶由以英国为首
的"殖民帝国"主导的;二战结束后的"3.0 版经济全球
化"是由美国主导的,相对于前期的"军事帝国"或"殖
民帝国",美国是一个典型的"经济帝国"。

美国控制世界的方式与前两轮经济全球化不同,从赤
裸裸的军事掠夺、殖民统治等转变为用潜移默化的、看不
见摸不着的货币金融控制,从布雷顿森林体系到美元体系
的转变,更是强化了美元的主权货币能力,其中包括利用
货币金融手段打压、遏制对手的能力。我们在理性认知中
国崛起的性质的基础上,要警惕和防范伴随大国博弈的全
面升级,美国在货币金融领域可能采取的"去中国化"及
其相关的遏制和打压。

⊖ 本文是作者于 2020 年 6 月 6 日在由南开大学召开的"新冠肺炎疫情下的中美经贸关系
及中国对策"视频研讨会上的发言,本书收录时略有删改。

我主要谈三个方面的问题：一是伴随着中美两国大国博弈的日渐升级，应该警惕美国在货币金融领域的"去中国化"；二是要警惕防范美国对我们采取货币金融打压；三是我们应该采取的一些战略对策。

第一个问题：警惕美国在货币金融领域的"去中国化"

目前，大家都非常关注美国在产业链上"去中国化"的问题。对此，我想阐述两点意见：第一，跨国公司产业链重构自21世纪初就已经开始，在2010年前后加速，中美大国博弈掺杂其中，再加上疫情这个外生变量的冲击，整体情况日益突出和复杂。当下对全球产业链调整问题的思考，任何单一视角的分析都是不全面的。这一进程背后的原因既包括技术进步、企业组织和消费者消费模式的变化，也包括政府角色与职责的调整，甚至还包括战后世界秩序、国际货币格局的深刻变革。只有进行综合观察，才可能得到较为清晰的认识。第二，美国在产业链上完全的"去中国化"是不可能的，也不可怕，对中国而言，更值得关注的是美国在货币金融领域的"去中国化"。

为什么关注这一问题？虽然彭慕兰和史蒂文·托皮克合著了一本名为《贸易打造的世界》的书，但在我看来，近500年来的世界是被货币翻弄的世界。财富的汲取、配置、交易与分配或者说货币金融问题不仅影响着历史上国家内部的政权更替，决定着国际上的大国兴衰，更影响着一个社会的主流思潮与意识形态。当今世界，如果我们用GDP规模的标准来衡量，并将测算基期确定在1945年，那么多半会得出"美国衰落"的结论。问题在于，1945年那一刻是个常态吗？更重要的问题在于，如今国际通用的GDP规模是用哪种货币衡量的？还有，美国控制世界靠的是 GDP 规模吗？不是的，它靠的是制定规则尤其是金融规则的权力。我们应关注的问题是，在世界经济增长的常态下，美国是通过什么途径控制并主导这个世界的？这就是美元体系。

这个问题涉及我们对这一轮经济全球化本质的基本认知。

历史地看，从 1500 年迄今，世界共经历了三轮经济全球化浪潮。"1.0 版经济全球化"是 15 世纪末到 18 世纪下半叶由西班牙、葡萄牙等"军事帝国"主导的；"2.0 版经济全球化"是 18 世纪下半叶到 20 世纪中叶由以英国为首的"殖民帝国"主导的；"3.0 版经济全球化"则是自二战结束起迄今由美国主导的，相对于前期的"军事帝国"或"殖民帝国"，美国是个典型的"经济帝国"。

本轮经济全球化自 20 世纪 50～60 年代开始起步，20 世纪 90 年代以后进入高潮，如今开始进入一个转换期。与前两轮全球化相比，"3.0 版经济全球化"最突出的变化表现在两个方面：一是经济全球化的行为主体从单纯的民族国家转向多元，各种国际组织特别是跨国公司和跨国金融机构成为世界经济越来越重要的参与者，由民族国家组成的世界经济正在让位于由所有全球化参与者共同构建的世界经济体系；二是作为这一轮经济全球化的主要推动者或领导者，美国控制世界的方式与前两轮经济全球化中的帝国不同，它从赤裸裸的军事掠夺、殖民统治等转变为用潜移默化的、看不见摸不着的货币金融控制；在这个"经济帝国"中，布雷顿森林体系及其崩溃后所形成的美元体系，成为美国掌控世界的重要手段。美元体系对世界的控制能力，无论在广度还是深度上，都超过了以往的任何帝国。

货币关系是大国关系的核心问题。2.0 版经济全球化时代是"贸易国家"的时代，金本位制度是维系这一轮全球化的重要基础，势力均衡是金本位制度的上层建筑，但势力均衡不可能达成真正的和平，和平是靠金本位制度的共同规则守护的。为了维系金本位制度，大国不得不牺牲内部均衡来确保外部均衡，并因此积累了巨大的矛盾，它最终导致两种社会现象：贸易保护主义和殖民地争夺，即依靠竖起高高的贸易壁垒阻止黄金外流；利用殖民地来扩大势力范围，控制货币交易。因而金本位制度必然导致帝国主义战争。这是列宁坚持认为帝国主义是资本主义发展的最高和最后阶段的重要根源。

与 2.0 版经济全球化不同的是，3.0 版经济全球化时代是"金融国家"的时代。1958 年至 1971 年间共运行了 13 年的布雷顿森林体系之所以崩溃，核心缘由不是"特里芬难题"，而是美国人不愿再遵守人类社会的债权人逻辑的规则，所以 1971 年之后与黄金脱钩的"美元体系"本质上奉行的是债务人逻辑，即将国际收支逆差的责任归咎于顺差国，债务国本身不承担调整责任，而是强行由债权国承担。此乃今天包括"南欧五国"等在内的所有债务国都必须勒紧裤带、通过紧缩来进行调整，但唯有世界上最大的债务国美国却可以放肆地采取扩张性的货币、财政政策的重要根源。美元体系作为一个允许美国恣意扩张并维系其对外负债可持续的全球货币体系，通过商品美元还流机制、石油交易的美元计价机制和对外债务的本币计价机制等一系列具有自增强性质的机制，实现了对所有参与国际分工的国家的货币金融控制。

正因为如此，我们必须对以下三个问题抱有清醒的认识：第一个问题，在世界经济运行方面，美国提供最终商品市场或者说全球经济失衡是"美元体系"运行的前提条件；第二个问题，在经济理论领域，新自由主义经济政策的实施不是自里根与撒切尔夫人开始，而是从尼克松开始，是他打开了通向新自由主义货币理论包括现代货币理论（MMT）的大门；第三个问题，在国际关系领域，美元体系的国际政治前提不是势力均衡，而是一家独大，它的上层建筑是单极世界。在这个世界里，凡是妨碍美国单极世界思维与战略实施的，都将首先面临美国的货币金融打击，而不是传统的军事打击，军事力量是美元体系的最后护卫。所以，美元体系的本质是非竞争性、非合作性的。认识到这一点非常重要。

同时，我们还必须思考一个根本性的问题：中国崛起的性质是什么？

中国自改革开放以来，一直以为开放是一个"用市场换技术"的过程，或者是"与狼共舞"、增强自身竞争力的过程，而没有从对外开放是"进入系统的过程"的角度来认知，认识到它不仅是贸易的、市场的、技术的开放过程，更是货币与金融的开放过程，是一个加入美元的清算、交易系统，利用美国提供的巨大的最终商品市场赚取大量的美元储备，锚定美元信用，再通过美元体系开展对外活动的过程。所以，在这个意义上，无论我们在感情上是否接受，中国崛起的本质是"美元体系内地位的提升"。

正因为四十多年来我们是美元体系的受益者之一，我们也成为该体系主要的支撑者之——中国成为美国国债的主要持有者，也自然成为该体系运行成本、风险的承担者。所以，我们必须时刻关注中国在这个体系中的成本与风险。人民币国际化战略近年来取得了不小成就，也遭遇了不少障碍。我们应该认识到，人民币国际化是中国经济可持续增长的客观需要，但它的目标不是要颠覆"美元体系"，而是为了减少或避免在"美元体系"中的成本和风险。因为现阶段我们无法摆脱这个体系。

　　人民币国际化是手段，而不是目的。一国货币的国际化从来都是市场自发搜寻的结果，尚无单凭政府全力推动就可以实现货币国际化的先例。货币地位关系到经济结构、经济增长模式、经济制度安排、法治水平、社会价值观与政治制度安排等一系列"发展组合"的框架。如果没有持久性的最终商品市场提供能力，即成为入超国以提供人民币流动性，如果没有安全、多样化和高质量的金融产品的提供能力以让人民币持有者低成本地对冲风险和确保收益，如果没有具有广度与深度的发达的国内金融市场体系以高效地配置资源，一国货币是无法实现国际化的。货币金融发展对制度的依赖性非常高，仅仅依靠技术手段无法弥补制度缺陷。今天，迅猛发展的数字货币本质是技术领域的应用性进步，它无法绕开制度壁垒。有人认为可以在现有制度框架下通过数字货币实现人民币国际化，这是不切实际的。

　　正因为如此，中国需要理性认知身在其中的美元体系的发展态势。中国"一带一路"倡议的提出，亚洲基础设施投资银行（AIIB）的建设，与俄罗斯、伊朗等国家央行开展的人民币互换业务的增长，以及不断增加的对广大发展中国家的援助等，已经引起了美国的高度警惕，并被认定是向美元体系发起的挑战。这在很大程度上是美国在以美联储为核心构建的双边货币互换与债务展期机制由 C6 扩展至 C15 的过程中，排除中国央行的重要原因。在大国博弈日渐升级的前提下，其动机不仅是将中国排除在全球金融治理的进程之外，更重要的是阻断中国将巨额外汇储备用于对外关系拓展的能力，甚至当危机发生时将中国排除在救助对象之外。从这个角度来看，经济学界仅仅关注中美之间的贸易、产业链"脱钩"是不够的，必须高度关注、警惕美国在货币金融领域的"去中国化"。

第二个问题：防范大国博弈升级过程中美国的货币金融打压

当今世界，金融是美国的核心利益，也是美国打击对手的最有力的非传统手段。历史上，美国是运用货币金融手段打压对手的高级玩家。

1.20 世纪以来，美国更改规则、不按规则出牌的例子起码有三次

第一次是 1914 年 7 月 31 日，时任美国财长麦卡杜（一位颇像特朗普的人物）关闭了纽交所四个月之久，通过这种空前绝后的举措，美国阻止了欧洲各国变现持有的美国证券、兑换成黄金运回本国资助战争的企图，而且吸引了大量外国资金，使美国仅用不到一年的时间就从债务国摇身一变成为欧洲交战国的债权国，由此奠定了美元崛起的基础；第二次是尼克松于 1971 年关闭"黄金窗口"，使得美元由资产货币转变为债务货币，并且更改了人类的金融逻辑，这是一次更大规模的违约行为，迄今世界经济、国际关系的发展依旧处于这次违约的巨大影响之下；第三次是特朗普全面摒弃了罗斯福关于构建战后多边主义世界秩序的构想，提出了"美国优先"这样的单边主义口号和举措，意味着这一轮"3.0 版经济全球化"面临着重大转向。

2.二战后，美国对自己的盟友进行货币金融打击的例子众多

例如，二战后初期，一般认为美国最主要的对手是苏联，因为不久后就爆发了"冷战"，但实际上，二战后初期美国最主要的对手是英国，具体来说就是英国的"帝国特惠制"。此类单边主义堡垒不除，英镑在特惠区内的地位就无法撼动，美元的霸主地位也不保。为此，美国通过对英国援助附加苛刻条件以及马歇尔计划等措施，迫使英国解散了"帝国特惠制"，放弃了英镑的垄断地位，特惠区内各国货币开始与美元挂钩。

又如，1956 年苏伊士运河危机的最终解决，更是美国通过货币金融手段逼迫英国让步、就范的生动例子。美国货币当局通过抛售英镑，使英镑汇率贬值 15%，同时否决英国向 IMF 贷款的申请，并停止向英国提供经济援助。再如，1985 年美国对自己的盟友施加了一次最为严重的货币金融打击，即大家熟知的"广场协议"，迫使日元大幅度升值，引发泡沫经济。实际上，20 世纪 80 年代中后期巴塞尔协议的出台，同样是美国货币当局出于打压日本、德国银行业的目的而实施的，它使得因拉美债务危机而损失惨重的美国银行业，通过迫使日本、德国银行提高资本充足率而遏制住了它们的强大竞争优势。

3. 对自己的敌人，美国的金融制裁更是肆无忌惮

仅在 2017 年年初至 2018 年 10 月期间，美国就对俄罗斯、朝鲜、叙利亚、伊朗等国实施金融制裁和打击 50 多次。

美国东部时间 2020 年 6 月 4 日，时任美国总统特朗普签署《关于保护美国投资者免受中国公司重大风险影响的备忘录》，为回应这一文件的签署，美国东部时间 2020 年 8 月 6 日，总统金融市场工作组（PWG）发布《关于保护美国投资者防范中国公司重大风险的报告》。此举将使得在美国资本市场上市的中概股及其他相关中资企业面临更大的市场压力和更复杂的监管环境，可以将其视为美国对华发动金融制裁的强烈信号。

实际上，近期美国国会内部主张对中国施以金融制裁的力量不断增加。2020 年 5 月 12 日，来自南卡罗来纳州的参议院司法委员会主席格雷厄姆参议员，率领多位共和党人共同推出了《2019 年新冠病毒问责法》。法案内容称，若中国不配合所谓的调查，总统将被授权实施一系列制裁，包括资产冻结、限制美国金融机构向中国企业提供贷款或承

销，并禁止中国企业在美国证券交易所上市等措施。5月26日，共和党联邦参议员图米与民主党联邦参议员范·荷伦联名推出一部与中国香港有关的法案，主要是将制裁措施与金融系统捆绑。该法案中最具惩罚性的部分是所谓强制性的"二级制裁"，它将锁定与受美方"一级制裁"的实体有业务往来的金融机构。推出该法案的议员认为，对中国主要的银行施加制裁，将起到强有力的威胁效果。

直觉告诉我们，美国正在就对中国实施金融制裁乃至货币金融"脱钩"进行必要的研讨和准备。由于债券、汇率等问题涉及美元的信誉，容易伤及"美元体系"自身，还会被他国冠以滥用金融霸权的帽子，因此美国从证券市场入手，以"瑞幸咖啡"事件为由头，采取"切香肠"战术，逐渐勒紧货币金融绳索的可能性极大。当然，也不排除当中美分歧、争端管控失控时，美国有意利用中国香港、中国台湾和南海等问题施加大规模货币金融制裁，极端情况下会采取让中国从美元体系中出局这种"一剑封喉"的做法。对此，我们需要尽力防止，并做好底线思维的准备。

我们为什么需要那么多经常项目顺差？无论做出何种解释，问题的核心就在于，我们身处美元体系当中，在信用货币而非商品货币时代，一国货币对关键货币的"锚定"在很大程度上是信用之源。在今天的世界，离开了美元体系，将极大地制约我们在国际经济交往、国际社会中活动的范围与能力，我们拥有的美元储备将在很大程度上失去意义，对外援助将难以扩展，中国将同世界清算、交易体系隔绝，对美国而言这可谓"不战而屈人之兵"。所以，如果我们对当今时代的全球金融体系是无知的，或者说以工业化时代的眼光、"贸易国家"的思维，来认识和对待一个操控着全球资本流动规模与方向的"金融国家"，一定会出现重大的战略误判。那些主张中国增加核弹头的人，与那些主张中国主动以手中持有的美国国债为武器的人，本质上是一致的，即无知无畏。

目前，中美两国间社会、经济和政治领域的对立情绪正在水涨船高，美国政府已公开在战略上"锚定"中国，这意味着为了遏制中国，理论上美国可以动用一切可以动用的手段和力量。这已经不再是仅仅用经济学可以解释的问题。

政治逻辑并不总是服务于经济逻辑，它有自己的逻辑。当美国下定决心要遏制中国崛起时，最有力的手段不是贸易摩擦、产业链"脱钩"，而是货币金融打压甚至是"脱钩"，军事冲突一定是最后手段。今天，很多人担心中美之间会发生军事冲突，但我相信这是最后手段，更重要的是，这个领域双方管控能力都很强，而且积累了相当多的经验。我倒是格外担心美国"不战而屈人之兵"，不用传统手段即可精准打压中国，这就是货币金融制裁甚至是"脱钩"。当下让中概股从美股市场"脱钩"不过是一个开始。美国如果取消香港单独关税区地位，其影响不能仅仅从贸易角度理解，还要从货币金融领域来认识，要思考它对香港货币局制度的影响，对人民币离岸中心建设的影响，以及对未来中国构建现代国际金融中心的法治体系的影响。有人认为，美国取消香港单独关税区地位，将有利于人民币国际化进程，我不这样看。香港特区对于内地来说十分重要，不仅仅是因为其进出口的自由贸易、外资流入以及技术输入的窗口，更在于其特殊的普通法系的法治传统及其对金融业发展的特殊影响。在中国决心进一步扩大金融业开放的大背景下，这种作用值得我们审慎思考。

一百多年来的历史告诉我们，面对大国博弈，不能仅仅从经济学的专业视角来研究历史经验。若从国际政治经济学的角度来研究大萧条的历史，得出的结论是金本位制正是战争之源，这是货币金融问题引发大国战争的惨痛历史经验。在当今时代，如果说大国之间有可能发生战争的话，它不会简单地因贸易争端或自由贸易体制的解体而发生，但却可以因国际金融体制的崩溃而发生，也会因霸权国家金融利益的巨大损失而发生，这是两次世界大战给我们留下的深刻的历史教训。另外，经历了朝鲜战争尤其是越南战争之后，美国轻易不会为了理想或地缘政治矛盾与大国发生冲突，但它完全可以为了核心利益而与大国发生冲突。因此，大国之间必须深刻地理解彼此的核心利益或关切，采取慎重、深思熟虑的策略，避免加剧双边关系的恶化。

第三个问题：中国应采取的战略对策

关于中国应采取的战略对策，在此简单提及三点。

首先，我们没有必要主动、单独地挑战美元的霸权地位，相关诉求可以通过类似 G20 这样的集体行动的逻辑来实现。

美国的"去中国化"如果局限于产业、贸易等领域，没有什么可怕的，而且实际上彻底的产业和贸易脱钩是不可能的，至多是有选择地进行。换言之，中美之间无论如何摩擦、争斗，只要不将其蔓延、扩展至货币金融领域，对中国而言就是可控的。中国在此过程中，要避免在货币金融问题上盲目主动出击，更不能将有关货币金融问题手段化，这会将国家命运导入歧途。

其次，我们必须理性、冷静地认识到，金融发展包括一个国家的货币国际地位的提升需要一个漫长的历史过程，其核心不是技术的，而是制度变革和制度建设的过程。

　　与前四十多年中国以制造业发展为核心的开放过程不同，今后四五十年中国面临的更重要的课题是金融发展，但必须注意到制造业发展与金融发展对制度环境的要求是不同的。无论如何，只有金融发展才能为中国的可持续性崛起奠定坚实的基础。历史上，几乎所有成功崛起的大国在崛起过程中都是靠举债，而非凭借自己的储蓄或储备实现的。任何时代的金融业发展对制度尤其是法治体系的依赖度都是非常高的。金融史告诉我们，普通法系、成文法系与金融发展水平之间的关系是不同的，我们需要认真体会，为什么普通法系会造就"纽伦港"这样的世界金融中心，而大陆法系则不成？从这个意义上讲，香港对于内地的重要意义如果仅仅关注贸易、技术和外资引进是弄错了方向，我们必须从更为长远的历史发展的角度来认识这个重要的"金融窗口"的意义。

　　最后，我们应该理性、冷静地认识到，从地中海时代开始，无论是城邦国家还是领土国家，货币的国际化是大国博弈或者说世界格局变化的结果，而不是相反。

　　因此，中国在当下应采取短期和中长期共四项措施：第一，短期内要努力避免将贸易、产业摩擦升级至货币金融争端；第二，短期内应低调处理与人民币国际化相关的战略举措，关注国内金融市场开放与金融稳定之间的平衡；第三，中长期内，促进与现代货币金融市场体系有关的制度建设，既要增强抵御系统性风险的能力，又要有助于产生稳定的市场预期尤其是信用预期；第四，中长期内，致力于构建一个区域乃至全球性的资本控制体系，使中国崛起获得可持续性的支撑。

Double Shock
The Future of Power Games &
The Future of The World Economy

| 第十六讲 |

构建"双循环"新发展格局
需要更高水平的对外开放[○]

导　读 〉〉〉

　　构建"双循环"新发展格局的本质，在于更高水平的
对外开放和深入改革。新一轮高水平对外开放的核心就在
于，不再以过去四十多年"门槛式"开放即市场准入为核
心，而是以规则、体制和制度安排上的改革为重点突破。

　　当今，在中国已经成为举足轻重的世界第二大经济体，
且面临着日益严峻的外部环境的情况下，在继续进行"以
开放促改革"的同时，更需要我们走出一条"以改革促开
放"的新路。中国必须再一次进行改革"闯关"。

　○　本文为作者于 2020 年 10 月 10 日在由中国人民大学举办的"建设开放的国内国外双循
　　环经济体"研讨会上的发言，全文发表于《南开学报（哲学社会科学版）》2021 年第 1
　　期，本书收录时略有删改。

　　伴随着国际环境的急剧变化，尤其是中美关系由贸易摩擦快速演变为全方位的大国博弈，的确需要我们对迄今为止的对外战略和经济发展模式进行必要的反思和调整。"逐步形成以国内大循环为主体、国内国际双循环相互促进的新发展格局"的提出，是十分及时和必要的，这不仅关系到"十四五"期间中国经济发展的核心战略，更意味着经历四十多年改革开放后，中国正在进行新一轮更高层次改革开放的长远战略布局。

　　在迄今为止的四十多年里，中国经济发展的主要动力是以开放促改革，在今后四十年或者半个世纪的时间里，中国经济发展的核心动力在于"双循环相互促进"，既要以内循环带动外循环，以内部市场经济的高质量发展为对外开放创造更好的前提条件，使中国市场更具吸引力，也应以外循环的高水平发展推动中国特色社会主义市场经济的持续完善。我认为，"双循环"新格局的本质是改革，主要涉及两个方面的问题：一是对内，如何进一步深化经济体制改革？二是对外，如何提升对外开放的水平？一句话，我们应该将"双循环"提升到第二次改革开放的高度。而且，相对于第一次改革开放，第二次改革开放的国际环境更加复杂甚至是于我不利。在短短两年左右的时间里，中美关系就由一场商业性摩擦转变为一场全方位的大国博弈。

　　构建"双循环"新发展格局不意味着闭关自守，这一点已经成为大家的共识。但关于下一步需要怎样的对外开放，是在新形势下依旧坚持过去的开放模式或路径，还是通过调整、改革实施更高水平的对外开放？这个问题需要我们做深入、理性的思考。

实施更高水平的对外开放

只有实施更高水平的对外开放，才能在严峻的新形势下真正发挥国内循环和国外循环"相互促进"的效果。

目前，中国面临着十分严峻的国际形势，美国的战略目标不是遏制中国崛起那么简单。我们对美国这个霸权国家的研究是不充分的，美国的"单极世界"及其价值理念并非如许多人认为的那样，是在其成为世界大国之后才拥有的，这种理念本质上源于浓厚的基督教末世论情结。从清教徒移民美洲之时便开始出现，拥有所谓"山巅之城"的理想，这是美国不同于以往霸权国家的一个重要特征，再加上它具有同苏联进行长时期"冷战"的理论和经验，这些都决定了美国的对华战略不是简单的遏制，而是一个带有"时空性质"的"全面封杀战略"，即纵向或历史地看，它试图迫使中国返回到 1978 年之前的"闭关锁国"状态；在横向或地缘政治上，它企图将中国封锁在欧亚大陆上，使中国无法扩展，两者结合就是使中国的崛起中断。因此，美国一定会步步紧逼，招数频出。我们不应抱有任何幻想，必须以更具远见卓识的理性、智慧、魄力和战略耐心，对美国的战略图谋进行反制。其重要手段之一，就是避免走向任何可以导致"自循环"的道路。这是我们必须走更高水平对外开放道路的重要背景。

近二百年来，面对外部冲击，我们一直在两种场景之间徘徊：一种是"以不变应万变"，另一种就是"以变应变"。实事求是地讲，"以不变应万变"一直是主流，"以变应变"一旦遇到大的阻力或困难，很容易再度退回到"以不变应万变"的老路上来。

同中国的现代革命一样，四十多年改革开放走的也是一条"农村包围城市"的渐进式道路。以往，我们对渐进式改革的认知比较深入，但对渐进式对外开放的认识是不足的。目前，最重要的是要对内循环与外循环之间的现实场景有一个客观认知。四十多年来，中国内外经济循环的关联在很大程度上主要是通过引进外资来实现的，而且是从沿海地区开始，再逐渐走向内地，主要是为了规避外部经济循环对当时国内经济体制、政策的冲击。到今天，事实上内外循环之间依然是分立的，两者之间仍然存在着不少贯通上的障碍。因此，实施"双循环"新格局的关键，就在于逐步打破内循环和外循环之间的隔离带。这里既有内部深化改革，也有如何进一步扩大对外开放的课题。

当年王建提出国际大循环战略的核心是"两头在外"，并在当时的历史条件下发挥了重要作用。其本质是在当时计划经济思维依旧浓厚的制度环境下，充分利用和发挥中国剩余劳动力的比较优势，利用国外的资金、技术和原材料在中国就地加工后使产品走向国际市场，这是通过"中国制造"让中国成为"世界工厂"的重要步骤。

历史地看，由此导致的路径依赖至少产生了两个方面的后果：一是虽然这种对外开放的路径促进了国内经济体制改革的巨大进步，但无疑也延迟了某些关键领域改革的进展，甚至有些固有的体制性因素反而成为我们走近国际市场的"优势"，如政府补贴、国有银行对"走出去"企业的资金支持等，并因此同发达国家的市场经济规则发生了比较大的矛盾与冲突，进而成为它们一致反对和攻击我们的口实。二是大循环战略虽然有力地带动了中国制造业的起飞和发展，但对其他产业部门尤其是国内金融业和服务业的发展起到了迟滞作用；换言之，正是因为相对于金融服务业而言，制造业生产及其产品对产权保护、产品信息透明等方面的制度性要求不高，契合了中国原有计划经济的制度环境，导致我们更习惯在这条道路上继续走下去，包括结构升级、供给侧改革等，都是在这条道路的延长线上，而金融业、服务业发展的落后，将越来越阻碍结构升级与中国经济的稳定、持续发展，更不利于中国崛起的可持续。

历史早已证明，过去的成功往往是今后发展的重要障碍，如何摆脱这种路径依赖，是摆在我们面前的紧迫课题。多重冲击频现的世界留给我们的"时间窗口期"已然不多了。

什么是高水平的对外开放

作为重塑中国内外经济战略的抉择，构建"双循环"新发展格局既是面对现实问题所采取的重大调整，也是面向未来的长期战略部署。正因为如此，中央反复强调必须推动更深层次的改革、实行更高水平的开放，为构建新发展格局提供强大动力。其主要目标，就是通过高水平的对外开放，促进更高水平对外开放的市场经济体制建设，形成新的包括市场需求、金融发展以及更高治理水平和治理能力在内的全方位的国际竞争优势。

我认为，新一轮高水平对外开放的核心就在于，不再以过去四十多年"门槛式"开放即市场准入为核心，而应该以规则、体制和制度安排上的改革为重点突破。换言之，高水平对外开放不仅仅是传统的解除政府对跨境经济活动的限制，降低或解除准入或走出去的"门槛"，更有市场经济规则的更高水平的国际接轨。二战后美国主导的这一轮经济全球化的本质，就是全球范围内多元化市场主体运行规则的高度一体化。这也是四十多年来经历了渐进式改革开放之后，今天我们遇到诸多问题的一个重要背景。

自 2013 年上海自贸试验区挂牌成立以来，中国累计成立 21 个省级自由贸易试验区（共 67 个片区）。中国自贸港有两个（香港、海南）。但实事求是地讲，它们大多数基本上都是传统模式，即在国内传统体制内进行边际调整，在核心竞争力和特色等方面都存在不少欠缺，这虽然是由历史、文化以及改革开放四十多年来的道路决定的，但却同现阶段国内外社会经济的发展趋势存在着比较大的错位，最大的问题是缺少可以与国外市场规则接轨的市场运作机制。目前，这些自贸区、自贸港必须解决三个方面的问题：一是是否允许它们大胆地根据新的世界经济动向和市场规则的发展趋势先行先试？二是如何避免它们相互之间的低水平重复，允许它们根据自身要素禀赋、需求形成多元化的竞争开放格局？三是怎样允许它们有一个良好的纠错机制，即便出了问题，也可以将其控制在自身狭小的范围内，不至于对整个国民经济造成大的冲击。

过去，我们总在强调"以开放促改革"。当年实施大循环战略的时候，国内的市场化改革是非常落后的，对外经济循环明显地先于国内市场经济循环，对外开放的确对国内改革起到了促进或拉动作用。今天，中国已经成为举足轻重的世界第二大经济体，且面临着日益严峻的外部环境，在继续进行"以开放促改革"的同时，更需要走出一条"以改革促开放"的新路子。一句话，在当下复杂艰巨的国内外环境中，必须再一次进行改革"闯关"，其手段是从门槛式开放走向规则开放，目标是提升效率，激励创新。我认为，这正是以内循环带动外循环的内涵，即内外改革的双向互动是内外循环相互促进的本质要求，总体目标是实现中国的可持续发展和崛起。

实现高水平对外开放的两个重点

在我看来，现阶段实现高水平对外开放至少有两个重点：一是调整区域经济合作的思路；二是进一步扩大金融业开放，更重要的是构建发达的具有广度和深度的金融市场。二十多年前，经济区域主义一直被视为经济全球化的挑战甚至是威胁。进入 21 世纪，作为对经济全球化副作用的一种抵制方案，新一轮区域主义浪潮兴起，但近期尤其是新冠肺炎疫情暴发后，新一轮区域主义的目标发生了重要转变，即由保护各国免受经济全球化对经济福利带来的损失和冲击，转变为以国家安全、产业链安全为核心，安全利益在区域经济一体化中的地位有了显著提升；相应地，区域经济合作将更加依赖于坚实、可靠的政治协调与合作。这正是我们所面临的一个主要困境。

过去，我们对区域经济合作大多从经济利益来考虑，未能在政治协调与合作方面做深入的思考，即经济区域化不仅需要强有力的政治领导，也需要围绕利益冲突、国家主权部分让渡以及免费搭车等问题开展充分、紧密的国际合作并获得国内政治的支持。区域化经济安排对价值观，意识形态和政治理念，体制相似性、同质性的要求更高，其组织与管理需要在政治层面达成一致的情况下方能顺利进行。从这个意义上看，我们仅仅关注贸易摩擦或产业链"脱钩"是不够的，必须从规则、体制和制度层面进行更深入的思考，并更多地从国际法角度谋求中国在区域合作进程中的合法权益与大国势力的平衡。

换句话说，新的更高水平的对外开放，应顺应世界经济、国际贸易、投资特别是产业链布局日益区域化、本地化发展的趋势，核心不应仅仅关注关税减让、提供优惠，而是规则、制度的深度改革，与区域市场规则实现更高水平的接轨，即通过进一步的更高水平的市场经济发展，提升自身同区域化市场规则的兼容性，减小异质性，打破美国搞"去中国化"、构建所谓更高市场准则的图谋，使中国真正全面参与到国际经济治理体系的改革当中，为高水平的内循环提供强大动力。

另外，自 2019 年 9 月开始，中国加快了金融业对外开放的步伐。在取得快速进展的同时，也面临着亟待解决的两个问题：一是短期内如何防范、控制金融风险？二是中长期内如何将"门槛式"开放转变为"规则性"开放？核心问题在于，这是战略性的，还是战术性的？我认为，金融开放的核心，是要构建一个具有深度与广度的发达的国内金融市场。这与前四十年的改革开放有很大不同，即不再仅仅是制造业的国际化发展，而主要是金融服务业市场的内向化发展。所以，金融开放应该是一个关乎中国社会经济可持续发展的重大战略抉择，而非仅仅作为吸引外资、防止"脱钩"的战术手段。

必须认识到，现阶段中国经济面临着典型的"美元困境"：一方面，作为一个国内需要资金的最大的发展中国家，我们不得不将赚取的美元以极低的收益率借给美国，以维持美元汇率的稳定；另一方面，在两国关系日趋恶化甚至敌对的状况下，这无异于借钱给强大的对手用以实施对自身的遏制和打击。前者是美元体系下所有盈余国均面临的共同困境，而后者则是中国必须独自面对的难题。

从根本上讲，破解"美元困境"的办法主要有两个：一是通过"双循环"来培育、拓展人口众多的国内市场，实现经济由规模扩张到高质量发展，进而减少对美国市场的依赖；二是积极扩大金融开放，不仅可以更多地吸引、利用国外资金，弥补人口结构变化导致的储蓄率下降，促进国内经济结构转型、升级和发展，而且可以与国外金融市场建立更多的内向型联系，形成利用外部资金资助或支撑中国可持续发展的格局。要知道，最后一点对中国可持续性崛起的意义重大，五百多年来的人类历史证明，所有成功崛起的国家，无一不是利用别人的资金、资源实现的，从来没有一个大国可以仅仅利用自己的储蓄和储备实现可持续性崛起。

历史告诉我们，无论是荷兰、英国还是美国，它们的崛起都经历了一场深刻的甚至影响世界的金融革命。相对于关注历史上的工业革命，我们作为后发展的大国，更应关注历史上金融发展与国家崛起或失败的关系。金融作为一个由无数的跨期交易合约构成的交易过程，其核心的要素资源就是信用，这是它同其他行业最大的不同，它对产权、信息和权力制衡或者法治的要求非常高。从这个意义上看，围绕构建现代金融业的"信用"做出规则、体制和制度上的调整和改革，是今后中国新一轮改革开放的重中之重。

中国的崛起是否可以持续，很大程度上取决于是否能够进行一场"金融革命"。我认为，这正是改革进入"深水区"的真正含义。

新一轮高水平对外开放的核心在于，不再以过去四十多年"门槛式"开放即市场准入为核心，而是以规则、体制和制度安排上的改革为重点突破。金融发展是今后中国新一轮改革开放的重中之重。金融开放的核心，是要构建一个具有深度与广度的发达的国内金融市场。

——李晓
《双重冲击：大国博弈的未来与未来的世界经济》

| 第十七讲 |

以"硬改革"应对"硬脱钩"

——金融发展在"双循环"新发展格局中的作用[⊖]

导 读 〉〉〉

当今世界面临着全球化分裂的巨大挑战,全球范围内出现了明显的"硬脱钩"趋势。在这种形势下,现阶段的中国经济学研究面临着许多问题,不仅在诸多现实问题面前出现认知和观念的本末倒置,甚至得出有违常识的研究结论,这些都影响着我们对中国金融发展必要性及其本质的认知。

中国应该将中美大国博弈当成一个历史性机遇,以"硬改革"应对"硬脱钩"。面对新的国内外形势,中国必须以"历史闯关"的决心,调整单向度的"以开放促改革"或"以开放倒逼改革"的模式,通过"以改革促开放"这样一种"硬改革"姿态,走出一条符合新时代中国发展的改革之路。这是抓住历史机遇、实现中国可持续性崛起和中华民族伟大复兴的重要途径。

⊖ 本文为作者于 2021 年 5 月 29 日在由中国世界经济学会与湖南大学经济与贸易学院联合主办的"中国世界经济学会国际贸易专题研讨会"上的发言,本次研讨会的主题为"双循环新发展格局下中国高水平对外开放的挑战与对策"。在本书收录时,作者做了部分删改。

在今天会议上准备发言的十几位学者中只有两三位讨论金融问题。这大概体现出金融研究的稀缺性或重要性。

当今世界面临着全球化分裂的巨大挑战，大国博弈与疫情的暴发和扩散无疑加剧了这个挑战，全球范围内出现了明显的"硬脱钩"趋势。实事求是地讲，在当下和今后相当长时期内，我们面临的压力不小：不仅面临着贸易、投资领域中的价格歧视，更面临着规则和制度歧视，还要承担全球产业链调整的巨大压力，面临着西方国家集体性科技脱钩的遏制，同时还无法避免地仍将处于美元体系当中。

我主要讲两个方面的问题。

第一个问题：现阶段中国经济学研究面临的挑战

在讨论金融发展的重要意义之前，请允许我冒昧地对当下的经济学研究发表一些粗浅的看法。因为在我看来，这两个问题是高度相关的。

由于科技进步、经济结构变化、全球经济增长动力转换和大国博弈所引发的一系列复杂变化，经济学研究面临着前所未有的挑战。其主要体现在三个方面：一是未能在概念、理论逻辑上做出符合时代发展变化的新拓展；二是经济学研究应有的理论逻辑、数据（量化分析）与历史经验这三者不可或缺的统一体系，被简化为数理模型的自洽堡垒；三是货币金融问题在宏观经济学中仍然缺少应有的地位。

中国经济学研究的发展，同四十多年来改革开放条件下做大做强制造业、以出口拉动的外向型路径模式高度契合。这个模式在获取巨大成功的同时，也让中国经济研究的观念和理论产生一种路径依赖——特别注重"向外发力"而忽视"向内用力"。

比如，许多学者认为只有"走出去"才是真正的国际化，无论是贸易、投资、金融机构还是人民币国际化都是如此，并认为只有"走出去"方能在现有的国际经济体系中争取更多、更大的话语权或规则制定权；而且认为，这种权力同中国迅速增强的经济实力应该是相称的。这种观点忽视了一国在国际社会中的地位、权力或影响力很大程度上是其国内价值观、规则与制度向国际社会自然延伸且被广泛接受的过程，而非仅仅由实力所决定。

在迄今为止推进人民币国际化的进程中，许多学者关注的是如何提高人民币在对外贸易计价、结算和储备货币中的地位，而对国内金融市场发展问题几乎未有深入思考，更未认识到一国货币国际化主要不是政府推动的结果，而是在该国国内金融市场发展的基础上市场自发搜寻的结果，即非居民愿意用该国货币在国际市场和该国市场上购买以该国货币标价的金融商品这一过程本身，就是该国货币的国际化。在信用货币条件下，货币国际化本质上是外部世界对货币发行者信用水平与综合实力的认可度提升的过程。这个过程是双向的，一方面是货币的各类职能向境外拓展的过程，这是我们一直高度关注并全力推进的；另一方面是通过内向的金融发展，以具有广度、深度和弹性的金融市场提供丰富的本币计价资产，确保其安全性与流动性，吸引外部资金流入的过程，对此我们一直关注不够，甚至严重忽视。许多学者强调人民币国际化的必要性时，首先想到的就是中国 GDP 总量已经达到世界第二位，因而人民币理应获得相应的国际地位。

实际上，这在理论上是站不住脚的，实践中很容易导致战略误判。一方面，货币与贸易的一个重大区别，就是赢者通吃而非互惠互利，历史上大部分时期一个地区只有一种货币占据绝对统治地位，今天的全球化时代同样如此，经济体量第二以及排名更往后的国家，它们的货币同顶级货币都相距遥远，而且货币体系历来是一个层级体系，顶级货币天然地具有孤立主义性质或非合作性；另一方面，经济总量或贸易规模是实体经济增长的自然结果，而货币地位则是制度调整、改革的结果，一国货币的国际地位与该国经济总量之间并不存在着必然的线性关系，一国货币的国际地位是其综合实力与法治、规则和制度建设水平的函数。对此，只要认真研究欧元区和日本国内金融市场发展的相对落后状况以及它们货币的国际地位，便可以得出清晰的结论。

需要注意的是，目前还有一种强烈的声音，主张通过央行数字货币（DC/EP）构建数字人民币跨境支付结算体系来实现人民币国际化。这种论点的核心在于，人民币可以通过技术进步替代制度改革来实现国际化。可以说，这基本上是无视货币本身天然具有的信用本质。金融史告诉我们，货币信用来源于制度，而非技术，历史上没有仅凭技术进步，或者用技术进步取代制度调整、改革可以促进信用增强的案例。

这说明，今天我们经济学界的许多认知和观念是本末倒置的，甚至是有违常识的。

在迄今为止的全球金融发展中，尤其是在全球金融危机中，中国在全球金融体系中地位的上升主要是凭借规模庞大的外汇储备和对外投资能力。这本质上仍是出口导向型经济扩张即"向外发力"的直接后果，并非"向内用力"即自身金融发展的表现。因此，未来10～20年对于中国金融发展而言是一个非常重要的关键期，能否获得成功，很大程度上取决于能否摆脱或纠正两个误区：一是注重"向外发力"而忽视"向内用力";二是相较于规则、制度方面的改革更注重器物或技术层面的进步。

第二个问题：为什么金融发展对于今后中国经济发展和国家可持续性崛起至关重要

对于这个问题，可以从以下三个方面进行阐释。

1.金融开放与发展有助于防止"脱钩"、缓和中美经贸摩擦以及美元体系的外部冲击

毫无疑问，加大金融开放、促进金融发展是防止"硬脱钩"的重要保障，同时也是缓解中美经贸摩擦的重要手段。理论上讲，金融体系开放同贸易体系开放存在着很大差异：一方面，表现在相关体系中的竞争成本、风险不同，即贸易风险主要体现在个别产业部门，而金融风险则具有全局性，因而控制金融风险、确保金融稳定格外重要。另一方面，更重要的是，国际金融体系与国际贸易体系相比，有着更为明显的自循环特征。

国际金融循环主要涉及两类：一类是与国际商品、服务交易有关的贸易渠道，体现在国际收支平衡表的经常项目上；另一类是金融领域的自我循环，如国际直接投资、证券投资以及其他因估值效应引发的跨境资金流动等，体现在国际收支平衡表的资本项目上。这意味着国际金融体系即便缺少了某些经济实力、军事实力或能源实力较为强大的贸易国家，仍然可以顺利运作，相反，这些国家倘若缺少了外部金融支持，尤其是被赶出现行国际货币体系的话，基本上就会失去在现行国际体系内获得贸易、投资和可持续发展的能力。因此，面临着国际贸

易、投资和产业链日益加剧的脱钩风险，进一步加大金融业开放的力度是十分必要的，至少可以使得国际金融资本成为防止"脱钩"的重要力量。

同时，必须强调的是，美元体系在今后相当长时期内是可持续的，对此我们不能有任何的低估或误判。美国经济结构的高度金融化以及美元体系对国际经济关系的一个重要影响，就是跨境资本流动的规模与方向频繁发生改变，严重威胁到全球金融尤其是新兴经济体金融市场的稳定，美联储货币政策调整更是对新兴经济体造成巨大的外部冲击。对此，四十多年来，中国主要靠着雄厚的外汇储备以及较严格的资本项目管制被动地予以应对，但众所周知，成本非常高昂。

2. 金融发展是构建"双循环"新发展格局的重中之重

"双循环"新发展格局的直接动因虽源于外部环境的变化，但其根本动因在于改革开放四十多年来中国经济快速增长与结构调整所带来的一系列矛盾和问题，积累到了必须予以正视和解决的程度。因此，它是中国社会经济发展的内在需求，而非应对外部环境变化的迫不得已的手段。

伴随着居民收入增长、中产阶层规模扩张以及人口结构急剧老龄化，内需拉动对经济增长的重要性大大提升，如何通过提升内外负债的杠杆水平，获取更大的消费和发展动力，成为一项日益紧迫的课题。在此过程中，以银行贷款、财政支持或补贴等主导的实体经济发展模式，必将为以金融市场深化为核心的经济发展所取代，金融发展将成为激励创新、刺激内外需求均衡发展的重要动力。

需要指出的是，目前有一种观点认为，金融发展与实体经济脱节、金融业"脱实向虚"的根源在于实体经济改革的落后。这种观点是不全面甚至是偏颇的，金融市场发展的落后同样是造成这一现象的重要原因。目前，中国的系统性金融风险主要集中在房地产、地方政府债务和中小金融机构，同时存在中小企业融资难、融资贵的现象，其根本原因在于金融结构过度依赖银行间接融资，因为银行融资本质上偏向于信用记录更长、更能提供足额抵押品的大企业；而且，目前公共部门债务远超私人部门债务这种有违全球债务市场特征的现实本身，就说明金融市场发展落后是导致金融业"脱实向虚"的一个重要原因。因此，为提升经济增长的质量与效率，打造一个开放、规范、透明、高效和富有弹性的金融市场是十分必要的。

3. 深化金融发展将确保中国的可持续性崛起

由于经济发展模式与中国特色的改革进程，相当长时期以来，我们格外关注离岸金融中心的建设与发展，以隔绝外部金融冲击或规则、制度异质性的负面影响。但是问题在于，一方面，以人民币升值预期和政策补贴推动的离岸金融市场的发展，遭遇到日益增多的阻力；另一方面，国内外经济、政治环境的变化也使得这种隔离或者试错式发展模式失去了可持续发展的动力。包括金融改革在内的一系列制度改革推动的金融市场发展和开放的金融中心建设，将成为今后中国经济增长的重要支撑。倘若金融业发展的核心竞争力和现代化水平无法得到快速提升，中国经济可持续增长的潜力或可能性将大打折扣。经济史告诉我们，近代世界上成功崛起的国家无一不是通过金融革命，利用国内外资源尤其是他国的资源实现的。

所以，我们可以得出这样一个结论：应该将中美大国博弈当作一个历史性机遇，以"硬改革"应对"硬脱钩"。

　　相较前四十年的制造业发展与对外开放，金融业发展与开放的难度更大。金融业作为无数跨期交易合约的集合，其背后发挥根本支撑作用的是信用，而信用的基础在于以法治为核心的制度安排，包括产权保护、信息公开透明与权力制衡，等等。我们必须思考，对于未来中国经济的可持续发展与崛起而言，不能让金融问题成为"阿喀琉斯之踵"。

　　我曾多次强调，双循环新发展格局下高水平对外开放的本质，是从"门槛式"开放走向"规则式"开放，这是更为主动的以规则、制度调整和改革为核心的对外开放；与此同时，以国内大循环为主体的经济增长同样对金融发展提出了更高的要求。面对新的国内外形势，中国必须以"历史闯关"的决心，调整单向度的"以开放促改革"或"以开放倒逼改革"的模式，通过"以改革促开放"这样一种"硬改革"姿态，走出一条符合新时代中国发展的改革之路。这是抓住历史机遇、实现中国可持续性崛起和中华民族伟大复兴的重要途径。

| 第十八讲 |

以高水平的金融业开放和
发展推进人民币国际化

——兼论人民币国际化研究的几个问题[⊖]

导 读 〉〉〉

　　自 2009 年起，人民币国际化总体上取得了显著进展，在经历 2016 年以来的短暂低谷之后，2018 年以来已经进入一个稳定的平台期。但迄今为止，有关人民币国际化问题的研究思路、逻辑尚未得到及时的反思和调整，一些重要的理论问题仍未得到清晰的解答，为了国际化而研究人民币国际化，将手段当作目的、重外而不重内、重供给而轻需求等反常现象不但未得到缓解，反而仍在强化。

　　理论和经验证明，货币国际化并非一定需要"跨境"才能实现，它不仅是一国货币在境外被非居民大量使用，在境内被非居民大量持有同样十分重要，一国对外负债与对外资产的本币化本身，就是一国货币国际化的重要表现。所以，货币国际化本质上取决于国内金融市场的发展，人民币国际化的路径不能本末倒置，应以金融业的高水平开放与发展实现人民币的国际化。

⊖　本文为作者于 2020 年 12 月 6 日在由横琴智慧金融研究院/吉林大学横琴金融研究院、横琴人寿保险有限公司和广发基金管理有限公司联合主办的"2020 年度第四届横琴金融论坛"上的发言，本书收录时略有删改。

借这个机会，我想谈谈关于人民币国际化问题的一些思考，在此基础上分析新形势下中国实施高水平的金融业开放与发展的必要性。所述内容大概涉及六个方面的问题。

第一个问题：人民币国际化的发展阶段、现状与面临的课题

人民币国际化的起步很大程度上是 2008 年全球金融危机的结果。自 2009 年推行跨境人民币结算开始到 2015 年，人民币国际化经历了一个政府推动的快速发展时期。2016 年以后，人民币国际化陷入低谷，2018 年之后进入到一个较为平稳的发展阶段。

2020 年下半年，国内经济学界有关人民币国际化的研究热情再度高涨，其背景主要有以下几个方面：一是中国的疫情得到严格控制，经济社会秩序较早回归正轨，而且成为 2020 年全球主要经济体中唯一实现正增长的大国，极大地增强了投资者对中国经济和人民币的信心；二是在新冠肺炎疫情对国际金融市场造成严重冲击和深刻影响的同时，人民币资产相对稳定，中国金融市场甚至一时成为某些全球资本的避风港；三是 2020 年人民币汇率对美元先抑后扬，在岸即期汇率累积升值 5.67%；四是 2020 年 11 月 15 日 RCEP 历时 8 年的艰苦谈判，最终得以签署，不仅为中国突破美国极限打压、构建对华包围网具有重大的政治经济意义，也为促进人民币国际化带来新的机遇。

总体而言，经过十几年的快速发展，人民币国际化取得了不小的成就，目前人民币已经成为全球第五大国际储备货币和第六大国际支付货币，并形成了覆盖中国香港地区、新加坡和伦敦等各具特色的离岸人民币市场。但同时存在的一些问题也不容回避，比如，人民币升值则国

际化水平提升，人民币贬值便导致国际化水平收缩，这显示出境外人民币持有者具有明显的单向投机特征；此外，人民币在 SDR 货币篮子中的权重高达 10.92%，远远高于人民币各项货币职能在全球金融市场的占比。2020 年第二季度人民币在全球外汇储备中占比为 2.05%（美元为 61.26%，欧元为 20.27%），在外汇交易中占比为 4.30%（全球排名第 8 位，远远落后于美元、欧元、英镑和日元等），2019 年人民币在国际支付清算中占比约为 2%（美元和欧元占 75%）。

以上内容都说明人民币国际化水平仍然不高，是一种有限的国际化，而且其市场地位远远落后于官方国际地位，更多是政府推动的后果而非市场功能的真实提升，这同以往大国货币国际化的经验相悖：历史地看，货币国际化的典型模式是，首先被私人部门采用，之后再被公共部门采用。这些问题归结为一点，说明人民币国际化主要是政策推动的，而国内金融市场开放程度不高、发展比较落后，不仅无法形成足够的金融产品及其规模对境外人民币需求进行风险对冲，也无法使人民币国际化的市场功能得到更充分地发挥。

实事求是地讲，现阶段人民币国际化主要面临两个方面的问题。一是在外部环境方面，存在着相当大的不确定性：全球抗疫进程的下半场究竟如何？这在很大程度上制约着中国经济复苏和增长的前景，一旦海外疫情的反复长期化，导致全球经济衰退甚至引发金融、经济危机，中国无法独善其身；二是在理论上，迄今为止有关人民币国际化问题的研究思路、逻辑尚未得到及时的反思和调整，一些重要的理论问题仍未得到清晰的解答，为了国际化而研究人民币国际化，将手段当成目的的现象不但未得到缓解，反而仍在强化。

因此，有必要对迄今为止国内有关人民币国际化的研究进行必要的反思，甚至需要回归到一些基本的理论层面。我认为，关于人民币国际化的研究，至少需要弄清楚以下四个方面的问题：

第一，人民币国际化的目标究竟是什么？是经济的（利益）还是政治的（权力），或者两者兼具？

第二，人民币国际化与现行国际货币体系即美元体系究竟是什么关系？人民币国际化是为了摆脱甚至颠覆美元体系，还是在美元体系内实现地位提升，减少在美元体系内的成本或风险？

第三，人民币国际化的风险与成本究竟是什么？人民币国际化可能会给中国经济增长、社会发展以及宏观调控带来哪些影响？将给中国的对外关系和战略带来哪些负担？

第四，人民币国际化的战略路径，包括技术路径和地缘政治关系应该怎样实现？

我认为，在这四个问题没有得到清晰解答的情况下，贸然推进人民币国际化蕴含着很大的风险。下面，我试图就这些问题做些粗浅的分析。

第二个问题：人民币国际化的目标是什么

首先需要指出的是，货币是经济问题，也是政治问题。货币问题涉及的不只有利益，更有权力，即为其他国家的行为设定标准，让其他国家的行为承担更多的体系成本。这说明，货币地位本身意味着一种权力状态，这是国际货币协调、合作的难度远大于贸易、产业合作的重要原因。理论和经验表明，一国货币能否成为国际货币，主要取决于经济因素和政治因素两个方面。

就经济因素而言，对货币的国际需求大体上由三个方面的因素决定：一是价值稳定并形成较清晰的预期；二是交易便利，拥有具有广度、深度和弹性的开放且发达的金融市场；三是具有广泛的交易网络，意味着该经济体的绝对规模较大，且高度融入世界市场体系。

从政治因素来看，包括国内和国际两个方面。就国内政治因素而言，货币发行国的政治稳定和有效治理最为重要。这意味着政府对经济、社会的有效治理，对财产权利的充分保护和对法治原则的充分尊重，信息公开透明，忠实地履行各种契约义务，等等。总之，政治稳定、法治和负责任政府这三点是一国货币具有吸引力的重要的政治基础。这些因素对那些时刻面临各种风险的国际市场参与者而言，足以影响其做出理性选择。同时，从国际政治领域来看，安全性是相当重要的因素。在私人层面，军力强大的国家可以为紧张不安的投资者提供避风港；在官方层面，各国政府对不同货币的偏好，可能会受到更广泛的对外政策和对外关系的影响，包括正式的或非正式的同盟关系，等等。总之，货币发行国在国际社会展现国力及其影响的能力越强，友邦和盟国便可以越加放心地使用该国货币。

因此，人民币国际化问题不只是经济学问题，更是国际政治经济学问题，不能忽视货币的权力特征与政治内涵。否则，就会导致过于重视货币权力的表现和结果，而非货币权力的来源。

从这个意义上看，人民币国际化的中短期目标，就是减少中国在美元体系内的风险和成本，长期目标则是支撑中国经济的可持续增长与国家的可持续性崛起。

第三个问题：人民币国际化与现行
国际货币体系即美元体系是什么关系

人民币国际化不是要摆脱甚至是颠覆美元体系，摆脱美元体系的人民币国际化是无法实现自身目标的。

研究人民币国际化的一个重要前提，就是对现行国际货币体系及其趋势进行严肃、深入的研究。关于现行美元体系的特征、逻辑与权力，我已在多篇文章和多个场合谈过，这里不再多言。简单地说，就是通过将金融逻辑由"债权人逻辑"更改为"债务人逻辑"，美元体系使得美国拥有了控制全球资本流动方向、规模的巨大权力，继而成为美国霸权的核心，或者说，美国是凭借美元体系操控着当今世界，并因而成为综合实力（权力）远超传统帝国的新兴超级帝国主义国家。

经验证明，所有货币的崛起都是与在位货币的竞争而非脱钩过程中实现的。人民币国际化同美元体系的关系，始终是国内有关研究的盲区或者误区：在2015年之前，不少人认为人民币国际化就是要摆脱甚至是取代美元体系，此后特别是2018年以来，在中美关系急剧恶化的背景下，部分研究者认为仅仅依靠国内巨大的循环空间和"一带一路"就可以促进人民币国际化的发展。我认为，这两种看法本质上并无二致。国内商品和服务市场的扩张与"一带一路"建设，的确在短期内有助于人民币部分职能的国际地位提升，但中长期来看，人民币国际化有赖于中国国内金融市场的开放和发展。无论是按照货币国际化理论还是大国货币崛起的经验，如果我们将人民币国际化的地理空间集中在"一带一路"，尤其是俄罗斯、伊朗、中亚各国或其他发展中国家和地区，将永远处于美元体系的外围或边缘，断无成功之希望。

　　从根本上讲，人民币国际化是人民币在美元体系内成为国际货币的过程，而不是相反，更不是在美元体系外另辟蹊径。货币史证明，任何新兴货币都必须通过与在位货币进行竞争方能胜出，而且这种竞争过程不是国家行为能够决定的，主要是市场自发搜寻的结果。这意味着挑战货币的各种必备要素须明显超过在位货币，至少要在经济和政治属性上与现有的国际货币不相上下，甚至更优，能为使用者带来某些特殊的好处，才有可能促使人们甘愿承受高昂的转换成本来使用它。因为在位货币的惯性力量（网络外部性）天然地对挑战货币的地位提升形成巨大障碍。

　　当前，国际货币体系的结构性变化之一，就是随着金融危机频发，央行货币互换频繁，促使全球储备货币日趋多元化，但相比较而言，计价、结算货币尤其是外汇交易仍是以美元为主。从整体货币格局上看，美元是关键货币或顶级货币，欧元、英镑、日元是主要货币，这四种货币的市场份额大体为90%，其余货币不仅所占的市场份额小，而且与上述四种货币相比不在一个量级，顶多算得上是"初级货币"。而且，这些"初级货币"基本上都是美元流动性的最大需求者，它们的货币由于不能自由兑换，不得不面临国际清偿能力的硬性约束，一旦面临金融、经济不景气或者危机，都将被迫增加外汇储备（美元资产，主要是美债），而且它们极其担忧外汇储备的流失；即便一些国家通过央行本币互换等措施构建了局部安全网，但本质上也是以某个国家的巨额美元储备为信用基础。

　　人民币的未来应该是在美元体系当中发挥出符合中国经济实力与地位的国际货币功能，这里的关键问题在于，国内金融市场的制度建设与发展，无论在广度还是深度上，都需要有质的飞跃，方能实现人民币的自由兑换，获得与其他主要货币同等的地位。在此，有两个问题需要注意：一是人民币资本项目自由兑换必须是国内金融市场高度发达的结果；二是试图仅仅依靠技术进步如数字货币等跨越或绕开制度障碍，凭借技术手段实现人民币国际化不仅不可能成功，反将误入歧途，货币的核心问题是信用，一国货币的国际化首先是通过制度调整、改革增强国际信用的过程。这一点，无论相关技术层面获得怎样的进步、突破，都是无法替代或逾越的。

第四个问题：人民币国际化将面临哪些主要的风险与成本

人民币国际化不只有利益，还有风险和成本。关于人民币国际化问题的既有研究，有一个显著特点，就是过于关注货币国际化的收益，很少考虑中国作为货币大国所应该承担的成本与责任。

货币国际化是一把双刃剑。一国货币在成为国际货币的过程中，不仅可以获得巨大的收益和权力，也要付出必要的代价。在货币国际化的早期阶段，货币发行国可以获得可观的收益，然而随着时间的推移，沉重的负担将会超过这些收益。例如，伴随着境外流动性负债的增多，将为货币发行国的经济自主性带来巨大的外在约束。按照金德尔伯格对霸权稳定论的分析，一个国家的货币成为国际货币后，作为货币领导权的拥有者，必须在他国或全球发生经济危机或陷入经济困境时采取更大规模的市场开放、确保资本流动和投资增长，以及贴现票据、提供流动性甚至是承担最后贷款人的责任。也就是说，作为货币体系的领导者至少要在以下三个领域中做出贡献（三个功能）：一是维系一个相对开放的进口市场；二是提供反周期的长期贷款；三是在危机时刻提供短期融资。

同时，货币国际化的风险主要包括：货币过度升值，对国内货币当局不利的外部约束，各种投机套利以及与货币领导地位相关的政治责任，等等。

从这个意义上看，货币国际化可以增强国家实力的观点不一定是正确的，它是有条件的。人民币国际化在今后中国整体社会经济发展中的地位与作用，值得我们认真研究，以避免急于推进人民币国际化造成与现行国内经济、社会和政治体制的巨大冲突。

第五个问题：人民币国际化的战略路径是什么

关于人民币国际化的路径选择，不能本末倒置。中国不是为了实现人民币国际化而推进国内金融改革和开放，恰恰相反，应该以金融业的高水平开放与发展实现人民币国际化。这是我想着重强调的问题。

今天，学术界有一个非常普遍的观点，认为伴随着中国经济崛起、经济规模日益扩大，必须有与之相匹配的国际货币地位。这种将一国经济规模与货币国际地位简单联系起来的观点存在许多问题：一方面，经济规模与货币地位关系的关键点在哪里？两者是否具有直接的因果关系？除了经济规模之外，一国货币成为国际货币还需要哪些条件？另一方面，一国经济规模即便成为世界第一，其货币就可以立即成为国际货币吗？我们应如何认识两者之间的"时滞"？美元是在美国 GDP 总量超过英国以后的半个多世纪，而且是在经历了两次世界大战、世界格局和秩序发生巨变的情况下才成为国际货币的。另外，不应该将经济规模简单地等同于实力，经济规模充其量是一国货币成为国际货币的充分条件，而非必要条件。

相应地，现阶段国内有关人民币国际化问题的研究存在着三个方面的理论误区：一是主要从供给侧来研究人民币国际化问题，缺少从需求侧视角的研究，大家都在研究如何让非居民"能够"持有人民币及其资产，而不重视如何使其"愿意"持有；二是重外而不重内：注重人民币的贸易计价结算、外汇交易和储备等货币功能在国际金融市场上的提升，轻视甚至忽视国内金融市场的建设和发展，或者说是过于关注技术性问题而忽视规则、制度问题；三是认为中国只有成为规模巨大的商品进口国，才能满足海外对人民币的需求，由于持有这种观点的人是如此之多，进而成为一种颇为流行的"观念"。

然而，一个国家经常账户的状况与其货币国际使用程度的提升之间不存在必然联系。在现实当中，即便经常账户处于平衡或盈余状态，该国仍然可以通过金融市场运作即资本账户的调剂如短借长贷来实现货币的国际化，即通过短期的或更容易在金融市场上交易的负债，为非居民提供流动性，或者通过国内金融市场运作将这些借来的资金用于更加长期的对外放贷或海外投资。这正是19世纪末英镑成为世界货币的过程，也是20世纪中叶美元取代英镑登上世界货币顶峰的原因之一。后来，原德国马克、今天的欧元和日元，也走了同样的道路：它们在货币国际化开始时，都伴随着经常账户盈余，而非赤字。因此，一国货币要想成为国际货币，金融市场的开放与发展比商品市场的开放与发展更重要。

货币史表明，货币国际化本质上是一个市场现象，它反映着全球贸易和金融活动中不同参与者的偏好。贸易计价、结算功能只是货币国际化的初级阶段，一种货币首先要成为投资货币即具有投资功能，其后才会具有储备功能。无论是19世纪的英镑，还是后来的美元，走的都是这条路径。由于伦敦作为金融中心的突出地位，英镑首先成为一种国际货币，其后各国央行才开始持有英镑；美元也是如此，在美元作为储备资产超过英镑之前，首先是凭借纽约在对外借款竞争中胜过伦敦而崛起的。

近半个世纪以来，对美元体系最具威胁的一次挑战来自欧元。然而欧元自诞生后经历了近 10 年的快速发展，在 2010 年便达到了自己的极限。欧元"超越美元或与美元平起平坐"的话题再也无从谈起，目前大家关注的只是如何遏制其衰落。无论是原来的德国马克、后来的欧元还是日元，它们的国际货币地位都是在达到一个相当的高度后陷入停滞甚至是消退的。究其根源，有很多共性。其中最重要的，就是国内金融市场过于封闭或发展滞后。

欧元的国际货币地位无法持续提升的核心问题在于，由于欧洲内部大市场的功能，其国际收支基本处于平衡状态，外部世界获取欧元的主要途径更多地依靠金融渠道，如借款或发行欧元债券，但是由于欧洲金融市场一体化程度偏低，流动性也远不及美国债券市场，从而限制了人们积累或增加欧元资产的积极性。这种状况反过来又阻碍了欧元资产国际化交易水平的提升，甚至连欧洲金融机构都不得不将大部分资产配置在美元资产上，以致 2008 年金融危机爆发后损失惨重。正是由于金融市场不发达，欧洲无法提供可与美国金融市场匹敌的通用金融工具，即便美元的吸引力或地位被其长期巨额的对外赤字所侵蚀，欧元仍然无法取代美元的地位。

另外，货币国际化并非一定需要"跨境"才能实现，它不仅表现为一国货币在境外被非居民大量使用，在境内被非居民大量持有同样十分重要，尤其是持有以该国货币标价的资产，因而对外负债与对外资产的本币化，本身就是一国货币国际化的重要表现。目前，中国对外负债中刨除 FDI 的以人民币标价的金融负债占比已达到 40% 左右，这本身就是人民币国际化的重要表现。事实上，货币的贸易功能（计价、结算职能）的提升在很大程度上与国内金融业发展水平无关（出口融资只占金融业发展的很小一部分），若要促进非居民对本币及其资产的长期持有，即提升本币的投资功能和储备功能，必须具有开放的、广度与深度兼具的金融市场，不仅为各国官方也为私人投资者提供更多的交易便利和稳定的市场预期。如果没有高水平的金融发展，一国货币难以拥有巨大的货币权力。

迄今为止，重外而不重内、重供给而轻需求的人民币国际化思路，不仅出现了将国内金融业的改革发展服务于人民币国际化的反常现象，而且人民币国际化在资本项目和外汇管制较为严厉的条件下主要侧重两条路径：一条是致力于培育人民币在对外贸易中的使用，包括官方的互换协议与私人层面的跨境贸易的人民币计价结算；另一条路径是推动人民币在离岸市场的使用，主要是扩大人民币存款以及人民币标价的债券市场，主要侧重于香港等地区"离岸市场"的建设与发展。如此，与贸易路径相比，人民币在金融路径上几乎没有什么进展。这在很大程度上是人民币国际化于 2015 年之后陷于停滞的一个重要原因，即经济规模和广泛的贸易网络无法替代、弥补国内金融发展水平的不足。更重要的是，人民币国际化是中国经济高速增长、金融高度发展与开放的结果，而不是相反。我们的路子走反了。

自 2019 年年中开始，中央决定要进一步扩大中国金融业对外开放，这是支撑中国经济可持续性崛起的重要战略举措。现在，"双循环"新格局的构建需要更高水平的金融业开放，不仅仅是降低准入门槛，而是要在规则、制度等方面与发达国家的金融业发展对标、接轨。高水平金融开放以及发达的国内金融市场的主要特征，就是交易成本和正式或非正式的进入障碍很低，规则、制度更加透明且可预期，具备深度、广度和恢复能力（弹性），使得几乎所有的金融债权都可以有高效率的二级市场交易。

我认为，金融发展落后将成为构建"双循环"新发展格局的重大障碍。不仅在国内无法有效地配置资源，实现生产要素的充分、高效流动，在对外经济关系上，诸如利率限制和外汇管制等也使得中国无法通过积累人民币对外债权来融通自己巨大的储蓄，不得不依赖对外直接投资或购买美国国债的途径，同样也影响非居民对人民币需求偏好的形成。一般而言，对一国货币需求的偏好主要由四种要素塑造：经济规模、金融发展水平、对外政策关系和军事影响力。其中，金融发展水平比经济规模重要。因此，正常的金融发展顺序应该是：金融市场的深度、广度与弹性大幅提升—资本项目开放—人民币国际化。目前，不发达的国内金融市场、缺乏弹性的汇率制度、严格管制的资本项目流动，是人民币国际化的根本障碍，无论人民币在贸易计价、结算或外汇交易中的地位如何提升，其本质上都是边际调整，无法获得质的结构性飞跃。

从国际政治经济学角度来看，许多货币可以成为重要货币，但未必可以成为关键货币或顶级货币，其决定性因素在于构建结构性权力的能力，核心就在于金融市场是否发达。

目前，中国国际收支的双顺差格局已经开始发生变化，伴随着"双循环"新发展格局的形成，经常项目顺差转为逆差可能成为常态，因而对于中国"双循环"新发展格局而言，如何形成和具备必要的国际收支延迟调整能力是十分必要的。其关键因素之一，就是一国的国际流动性状况，即能够支配的流动性越多，就能够将国际收支调整延迟得越久。因此，金融市场的开放与发达程度是至关重要的，它使得该国拥有一种将压力转移到其他国家的能力或权力：一方面，由于可以使用本币为外部赤字融资，弱化传统国际收支平衡的政策约束，国际收支赤字的调整成本更容易被延迟或转移；另一方面，金融市场上通过本币作为节点的交易数量越多、强度越大，外部世界或其他国家对它的依赖性就越大，进而可以提升其国际收支延迟调整的能力。

需要指出的是，在布雷顿森林体系时期，由于私人资本流动受到抑制，国际货币流动性过度集中于黄金，但自20世纪80年代金融全球化得以发展、私人资本流动成为全球资本市场主体以后，流动性的内涵有了很大扩展。除了央行的储备外，外部或私人信贷的获取，融资即外部债权的净减少或者借款的增加，等等，这些都成为弥补国际收支赤字的重要手段。

正是从这个意义上讲，外汇交易的工具货币和对外贸易的计价结算货币，既无法为货币发行国提供延迟调整能力，也无法减少或消除发行国政府面临的各种约束，只有通过金融市场的开放与发展，使得本币成为金融市场投资媒介，货币发行国才能够获得明显的经济和政治收益。所以，高水平的金融开放与发展，既可以更多地利用（借取）大量国外资金，用于国内经济结构与产业结构的转型、升级和发展，也可以改变通过投资美国国债等金融产品来强化与国外金融市场的联系，借以减少摩擦、防止"脱钩"的传统渠道，更有助于促进推动金融体制改革，形成借助外部资金支撑中国可持续性崛起的长期格局。

第六个问题：今后在推进人民币国际化过程中需要注意的几个问题

我认为，有三个问题有必要提出来，供大家思考。

首先，迄今为止，政府推动的货币国际化，或者说"有管理的货币国际化"获得成功的经验十分有限，近代以来登上国际货币舞台的英镑、美元、德国马克、日元和欧元，都是市场需求而非官方努力的结果，甚至它们的政府起初对本币国际化都抱有不同程度的抵触。它们的货币国际化过程、水平及其状态，很大程度上是其国内金融市场发展的直接结果。这表明，政府在本币国际化进程中的作用在内而不在外，注重培育高水平的、开放的和发达的国内金融市场，远比直接推进本币在境外的使用重要。

其次，在诸多有关人民币国际化问题的研究中，人民币与其他货币之间的协调很少被提及，这说明无论是学术界还是货币管理当局都缺乏国际经济协调或货币、金融协调的理念。事实上，每一种国际货币都依赖于一个特定的国际秩序，其地位的稳定很大程度上是大国政治协调、合作的结果。苏珊·斯特兰奇最早从大英帝国控制下的殖民地尤其是英镑区的案例中，寻找到许多支持英镑国际地位的国家大多与英国具有广泛的政治关系尤其是安全关系的证据。今天，虽然美元国际地位面临着一些困境，但其他货币无论是日元、欧元还是人民币，同样面临不少地缘政治难题甚至是困局。相反，美国在当今世界拥有压倒性优势的地缘政治力量，这在很大程度上预示着美元将继续拥有强大的国际地位。所以，只有理解了货币国际化的国际政治基础，方能理解国际金融秩序的运作及其趋势。从这个意义上看，包括东南亚在内的整个东亚地区和欧盟，应该成为人民币国际化重要的地缘政治基础，中国、日本和欧盟作为美元体系中的主要"债权人"，必须通过各种形式的政治协调与合作增强对美国这个世界上最大的"债务人"自利行为的约束，减少在美元体系下的成本和风险。我认为，这正是利用"一带一路"倡议推进人民币国际化的重要内涵。

最后，如今国内学术界对人民币国际化的研究，表面上是基于国力增强的客观需要，但更多地蕴含着中国崛起及获得国际地位、声誉的主观愿望，这也是很少有人认真研究货币崛起的内在规律及其权力来源，理性思考人民币国际化成本的重要根源。

乔纳森·科什纳利用20世纪60年代法国在非洲推行法郎区的例子，证明了在货币领域过于追求国家地位、影响力或声望的代价。他指出，对法国而言，组建法郎区的一个有利因素在于，体系内大多数成员及潜在成员都是国贫民穷，意味着体系内部的不对称性可能进一步扩大，有利于巩固法国的领导者地位。然而问题在于，出于提升大国形象以及国家地位的目的，同如此多的穷国构建货币合作的后果是非常负面的，代价不菲，结果是如今法郎区已销声匿迹。科什纳更是严厉批评了20世纪法国货币外交政策尤其是戴高乐总统贸然挑战美元霸权——向美国兑换并存储黄金的政策措施。在他看来，这个政策失败的重要原因，恰恰在于法国的目标本身。法国所追求的并不是一个具体的目标，而是一个"结构性目标"，即增强法国的权力地位，提升法国的声望，取代美国成为西欧的领导者。

但这一目标路径却不可避免地存在两个重大缺陷：一是法国的目标超出了自己力所能及的范围，法国寻求替代美国，但它无法承受美元体系的崩溃，也无法建立起一个由巴黎运作的替代性货币体系。正是由于意识到这一弱点，法国选择进行"策略性破坏"，而不是"颠覆性破坏"。因此，这一目标本身包含着内在矛盾。二是即便从"策略性破坏"角度来看，法国所追求的也不是一个有形的目标，它只能更多地关注那些虚妄的无形目标，如影响力提升等，因为无论如何，"策略性破坏"也不是一种可行的途径。用科什纳的说法就是，"破坏者们踩在一条钢丝上，一方连着自身的弱点，一方连着体系的存亡"。

当我们看不清未来的时候，只能低调且真诚地回望，向历史讨教。只要我们是理性的，历史会告诉我们一切。

我的结论是，中国需要理性、坚韧地在美元体系下做好自己该做的事情。基本方向就是，努力实现高水平的金融开放、改革与发展，在构建一个发达的具有广度、深度的金融市场的基础上，耐心地等待对方出错或者陷入危机。但无论如何，这将是一个格外漫长、艰巨的长期工程。

金融业高水平对外开放的内涵很多，涉及利率、汇率制度改革，金融产品及其结构设计，以及法治、公平交易、信息公开与透明等许多方面。

最后，想再次强调的是，金融业发展是关系到中国可持续性崛起的大问题，值得中国经济学界进行深入、严肃的讨论和研究。

重外而不重内、重供给而轻需求的人民币国际化思路，出现了将国内金融业改革、发展服务于人民币国际化的反常现象。货币国际化本质上取决于国内金融市场的发展，人民币国际化的路径不能本末倒置，应以金融业的高水平开放与发展实现人民币的国际化。

——李晓

《双重冲击：大国博弈的未来与未来的世界经济》

Double Shock
The Future of Power Games &
The Future of The World Economy

| 第十九讲 |

全球产业链调整与中国参与
东亚区域经济合作的新思路[○]

导 读 〉〉〉

　　全球产业链重构在 21 世纪初业已开始，2008 年全球金融危机后开始加速，是跨国公司应对技术进步、企业组织性质变化以及政府职能调整等一系列综合因素变化的结果，中美大国博弈加速了这一进程，疫情作为一种外部冲击则起到了催化剂的作用。中国应高度重视区域经济合作战略的调整。

　　在现阶段中国参与东亚区域经济合作的进程中，中国与东亚各国、各地区之间贸易、投资协议的谈判大多是针对市场准入壁垒进行的，有关市场规则、制度等领域的交涉很少。相应地，中国参与区域经济合作主要关注贸易、投资或者基础设施等问题，对构建区域产业链视角的合作的相关考量不多。特别需要指出的是，国内学术界对 C6 扩张到 C15 这样一种在全球金融治理领域"去中国化"的新动向重视不够。基于"清迈倡议"长期被搁置的现状，中国必须超越传统的区域合作思维，重新思考深入推进区域货币金融合作的必要性与可行性。

○ 本文为作者于 2020 年 6 月 15 日在由山东大学国际问题研究院举办的"美国'新政'下的亚太、东亚经济与合作"视频会议上的发言，本书收录时略有删改。

进入 21 世纪以来，全球产业链的区域化发展已成基本态势，并形成了三大产业链中心，即以美国为核心的北美地区、以德国为核心的欧洲地区和以中国为核心的东亚地区。对此，我想先从一些基本问题谈起，然后对中国应采取的相关对策或思路做些粗浅的探讨。

第一个问题：影响跨国公司产业链
布局调整的主要因素有哪些

首先需要指出的是，跨国公司产业链的全球重新配置早已开始。这一过程大概起始于 21 世纪初，在 2008 年全球金融危机后开始加速。到 2014 年，中国的外商直接投资占 GDP 的比重在下行中逐渐企稳，而越南、印度尼西亚等东南亚国家和墨西哥等拉丁美洲国家的外商直接投资占 GDP 的比重已超越中国且保持良好的增长势头。这种全球产业链重构是由技术进步、企业组织以及生产方式变化等许多综合性因素所引发的。中美大国博弈，是在上述因素之上的一个重要扰动因素，凸显出大国政治关系对产业链配置的重要影响，而疫情不过是加剧了某种业已存在的趋势或过程，起到了催化剂的作用。所以，当下对全球产业链调整问题的思考，任何单一视角的分析都是不全面的，这里既有技术的、企业组织和消费模式变化等方面的影响，也有经济发展中国家作用的调整等因素。

技术进步的视角

由于产业链的形成与发展，在全球范围内开展资源配置的企业都面临着巨大的到岸成本压力。美国波士顿咨询公司曾预计，在 2016 年到 2020 年的五年间，许多产品在中国沿海地区的生产成本仅比在美国某些地区的生产成本低 10% ～ 15%，如果将运输成本和仓储成本等因素考虑在内，中美两国的生产成本差别将微乎其微。我们知道，现实中从事对外贸易的主要是企业，所以不能只站在国家角度来看待产业链转移问题，必须从企业经营的视角来认识这个问题。对企业而言，以下三个方面的因素对产业链转移的影响很大。

首先，就是技术进步的影响。技术进步导致企业生产方式发生了巨大变化，使得劳动力价格因素在它们全球产业链布局中的地位下降，同时伴随着产品技术密集度的提升、知识产权保护意识的增强，企业对所有权的重视程度也在大大提升，这些都会影响企业生产选址策略的调整。因而，规则、法制和制度环境更为企业所适应、熟悉的本土或周边地区，将成为资本和技术密集型产业重要的布局选择。

其次，技术进步导致的产品消费模式的改变也影响着企业的产业链布局。消费者的个人定制需求、对商品到货时间的要求等因素，都促使企业缩短生产周期并严格控制产品品质，尽可能地将整个生产过程或者产品供应链掌握在自己手中，即便需要外包，也一定是控制在本土或周边地区，这些都将影响全球产业链的长短及其运营模式。可以这样说，伴随着技术进步、智能企业和物联网的高度发达，确保生产经营场所与目标市场之间适当的物理距离，正在成为企业经营管理中的关键问题，新一轮技术革命的发展客观上要求产业链的本土化和区域化。

最后，疫情过后，某些产业的离岸外包生产方式恐怕要被重新思考与定位。汽车、电子等技术密集型企业将更加注重产业链的安全性，其核心策略就是尽力将生产经营活动靠近目标市场。实际上，2011年日本"3·11大地震"引致日本半导体、汽车零部件供应的暂时中断，本身就是一次对于全球产业链的风险提示，但由于当时受影响的产业有限且时间短暂，人们很快就忘记、忽略了这种风险。此次疫情的剧烈冲击将迫使人们思考，离岸外包生产的商品需要在全球范围内多次周转方能到达目标市场，整个过程不仅耗时太久，而且面临各种不确定性冲击的风险巨大。

总之，跨国公司在海外设立工厂不再是向生产据点靠拢的过程，而是以最合适的方式向消费据点靠拢的过程。那种仅仅以低成本因素吸引全球生产的企业将会被淘汰出局，只有那些国内需求潜力巨大、基础设施雄厚以及市场经济规则、制度和法制健全的国家，才有可能吸引到更多的国外资本。

企业组织、社会结构变化的视角

当代产业链的形成与发展，追根溯源是美国跨国公司全球扩张的产物。那么，这里有一个问题：究竟谁在控制着美国的跨国公司？ 20 世纪以来，美国的企业组织模式曾发生过三个阶段的变化。

第一阶段是 20 世纪初期，在并购浪潮的推动下，银行逐渐获得了美国大型公司的经营管理权，为打消民众对卡特尔等垄断组织及其行为的不良印象，华尔街的银行家们开始创建一些福利项目和慈善组织，承诺为大众提供服务。

第二阶段是二战后到 1980 年间，伴随着公司所有权的分散，经营管理层可以不受股东直接监督而按照自己的意愿经营企业，他们为满足公众的期望努力将公司打造成"有灵魂的"实体，通过平等雇佣、产品安全和环境保护等渠道体现企业的"社会责任"。

第三阶段是从 1980 年开始一直持续至今。1982 年，在里根政府新自由主义经济思潮的影响下，美国政府公平委员会的反托拉斯部门颁布了一项新的企业并购指南，大大降低了行业内部企业并购的门槛，由此掀起了美国历史上最大的一次并购浪潮。到 20 世纪 80 年代末，1/3 的美国大型公司作为独立实体消失了，那些大型联合企业首当其冲。由此，制造业行业集中度大大提高，为所谓定点生产（OEM，又被称为代工生产）创造了条件；同时，公司经营管理层更加注重股东价值，所谓的"股东资本主义"经营模式得以产生。在金融市场大发展的推动下，大量分散投资者所持有的股份开始由共同基金进行管理，以现代金融市场运作组织起来的公司，取代以往的大型制造业企业成为美国资本主义的核心。随着经济全球化的发展，公司与国别、雇佣之间的关系发生了根本性改变，企业社会责任的特定土壤消失，随之，企业的社会组织意义逐步丧失，转变成为以金融为导向的资本关系网络。

今天美国的跨国公司与 1960 ～ 1980 年已经有了很大的不同，即企业作为一种金融化的经营组织，而非传统的秉持"社会责任"的社会组织，对美国社会发展进程的改变十分大。一方面，工会组织及其政治影响大大弱化，这也是无助的美国蓝领们将特朗普推上总统宝座的重要社会背景；另一方面，今天是华尔街金融资本的力量在控制着美国的跨国公司，它们不会轻易、简单地屈从政府的引导或压力，但金融资本的本性会让它们更多地考量投资环境的信息透明、市场规则现代化以及市场预期的稳定等因素。

此外，在这样一个高度金融化的社会当中，传统的制造业是无法生存的，若是传统制造业回归美国本土，很大程度上将与高度金融化了的社会组织规则发生抵触。因此，那些劳动密集型、资本密集型产业回归美国本土并非易事，还是要持续进行 OEM 生产，因而美国周边尤其是墨西哥可能会成为这些产业新的布局场所。

从政府职能的变化中寻找产业链转移的深层次背景

政府与市场关系的理论一直是宏观经济学的焦点之一。一般而言，政府的主要职能之一是提供与法律和市场监管规则有关的制度建设，但随着技术进步和经济全球化的发展，企业拥有越来越多的选择权，即可以自由选择在什么地方消费政府提供的这些制度安排。由于美国公司的经营许可是由州政府而非联邦政府颁发的，因而在20世纪美国各个州政府之间围绕相关法律、规则与制度的竞争相当激烈，并成为影响美国联邦政府有关法规调整、变革的重要力量。

伴随着经济全球化的发展，对于美国政府而言，政府的制度竞争从州政府发展到联邦政府，它们都不同程度地成为在全球范围内针对企业兜售法律、规则、制度并提升投资者信心的竞争者。这也是特朗普可以动用联邦政府权限威胁或者鼓励美国企业离开中国的重要背景。

这在很大程度上意味着，跨国公司在间接地参与世界各国的制度建设。那些既可以在岸生产也可以离岸生产的"临界产业"，将对东道国的制度建设和社会文明发展提出更高的要求，各国政府间的制度竞争也会影响企业的选择。

举例来说，即便跨国公司因中国拥有巨大的人口规模和日益增加的国民收入与消费能力将其作为最终目标市场，但倘若其他周边国家和地区的成本、规则、制度等综合条件更适合开展生产活动，那么它们未必一定要将中国作为产业链布局的生产据点，特别是在中国与周边国家和地区已经签署区域贸易协定、进入中国的市场壁垒较低的情况下。

换言之，不论是作为最终消费市场还是作为区域生产集聚中心，都应在相关的制度建设方面做出更大的努力，否则，社会文化、规则、制度对技术与生产活动的反作用将十分大。实事求是地讲，以往我们对这些问题重视不够。区域化产业链的形成和发展将更加激化而非减弱国家之间围绕效率和创新活力的制度竞争。在这方面，越南可能会成为中国的竞争对手。虽然它不可能替代中国，但其在某些领域的影响不容小觑。

第二个问题：中国在区域经济合作中应采取哪些新的举措

综上所述，美国让中美产业链彻底"脱钩"的企图是很难实现的。虽然有些制造业生产回归至美国周边的墨西哥等国是可能的，但跨国公司对消费据点的生产配置需求越来越超过对生产据点的配置需求，使得它们彻底离开中国这个日益扩张的巨大市场是不可能的。尽管如此，针对全球产业链调整的区域化趋势，尤其是面临中美大国博弈的新局面，依据跨国公司全球产业链调整的动因及其可能产生的影响，我们需要对东亚区域经济合作做出一些新的思考。我的看法主要有以下三点。

第一，在现阶段的东亚区域经济合作进程中，中国与东亚各国、各地区之间贸易、投资协议的谈判大多是针对市场准入壁垒进行的，有关市场规则、制度等领域的交涉很少。

目前相关领域的交涉、谈判主要为美国、日本等国所控制，无论是CPTPP，还是2020年9月中上旬开启的东盟与印度的经济一体化谈判，抑或10月6日美日澳印所谓构建"印太战略"的构想，周边正在出现日益不利于中国的区域合作态势，即所谓"亚洲地缘政治的欧洲化"。因此，如何参与区域经济的市场经济规则建设，是今后我们面临的一项新的艰巨任务。没有这方面的突破，我们将在日益高涨的区域经济一体化进程中处于十分不利的地位，不仅无法发挥中国在区域经济规则制定方面的主导作用，在全球经济治理领域中作用的发挥更是空谈。

第二，迄今为止，中国参与的区域经济合作主要关注贸易、投资或者基础设施等问题，从构建区域产业链视角的合作考虑不多。

长期以来，东亚地区产业链的形成与发展在很大程度上是美国主导的，所有东亚国家和地区都依赖美国的科技创新与最终商品市场的提供，这也是该地区经济合作难以自主地深入发展的重要原因之一。目前，东亚地区各种关于经济合作的构想，掺杂着太多的地缘政治因素，基于全球产业链发展特别是区域产业链发展的考量不多。而这恰恰是未来东亚区域经济能否实现稳定、持续发展的重要基础。因此，中国有关未来东亚区域经济合作的构想，应当在现阶段全球产业链发展呈现区域化格局的基础上，以构建区域产业链为核心进行更为长远的布局，这是涉及未来该地区贸易、直接投资和资本流动的核心问题，更是关乎未来世界格局及其秩序的根本问题。

一句话，只有构建由中国主导的区域价值链体系才能够实现该地区更加长远、稳定的发展。这主要涉及以下三个方面的问题。

一是如何使中国真正成为消费大国，成为区域性、世界性的最终商品市场提供者？这一点不仅对中国在世界经济中的地位、人民币国际化进程，而且对中国在新的国际格局与世界秩序中的位置都将产生重大影响。

二是中国要想真正构建自我主导的价值链，仅有国内广阔的消费市场还不够，必须拥有技术创新能力与一系列核心技术，如今美国试图搞的所谓产业链"脱钩"，其核心是要与中国实现"技术脱钩"，即遏制中国的技术创新能力，为此美国甚至从基础研究领域入手，遏制人员交流、制裁中国的有关大学等研究机构。因此，作为一个客观上的"挑战国"，如何在既有霸权国家采取极端遏制、打压措施的情况下确保自身依然拥有灵活、高效的创新力，是摆在中国面前的历史性课题。

三是必须培育以先进的核心技术为支撑的具有国际影响力的跨国公司，使其成为构建区域产业链的重要承载者。企业，尤其民营企业是科技创新的主体。因此，如何切实发展壮大民营企业，提升它们的科技创新能力，在以国有资金、国有企业为主打造的"一带一路"1.0版的基础上，开创出以民营经济作为后续主体的"一带一路"2.0版，是我们应该关注并思考的问题。

第三，加强区域货币金融合作的迫切性大大提升。目前，最大的危险在于全球金融治理体系的分层化或者说"去中国化"。

前不久我曾在南开大学的视频会议上做过一个发言，强调要防止中美"脱钩"从产业领域扩展到货币金融领域，实际上在这个领域美国已经采取了一系列紧锣密鼓的措施。如2008年金融危机爆发后，2013年美联储与欧盟（欧洲央行）、瑞士（瑞士央行）、英国（英国央行）、加拿大（加拿大央行）和日本（日本央行）组建了一个货币联盟，简称C6。目前，C6已将双边美元互换由临时性安排转变为永久性安排，把彼此之间临时性双边流动性互换协议转换成了长期协议，而且任何当事央行都可在自己司法辖区内以另外五种货币中的任何一种提供流动性。

2020年3月19日，美联储宣布与澳大利亚、巴西、韩国、墨西哥、新加坡和瑞典各自达成不超过600亿美元的临时互换安排，与丹麦、挪威和新西兰各自达成300亿美元的临时互换安排。3月20日，美联储宣布，将C6之间的互换操作频率从每周提高到每天。这样，C6已经扩展至C15，或者说以美联储为中心的"C6+C9"货币网络开始形成，美元体系实际上实现了危机之下的"再扩张"。这意味着原先以IMF为中心的全球金融治理体系出现了分裂或被边缘化的迹象，美国事实上在IMF之外创建了一套新的储备货币供给体系，强化了美联储作为全球范围内美元流动性提供者即"最后贷款人"的地位。

目前，国内学术界对美联储于疫情期间采取的无上限QE及其影响高度关注，而对C6扩张到C15这样一种在全球金融治理方面的新动向却重视不够。然而，C15覆盖了几乎所有的主要发达经济体以及一些重要的新兴市场经济体。如果未来这一体系继续扩展并寻求长期化、多边化与制度化的话，就意味着美联储另起炉灶，在 IMF 之外重新建构了一套新的全球流动性供给机制。这无疑会弱化甚至取代以 IMF 为中心的全球多边金融治理体系。

在全球贸易和投资体系也都可以看到类似的安排。这将产生两个方面的影响：一方面，将会继续强化美元体系，尤其是美元的国际储备货币地位；另一方面，也意味着没有被纳入这一机制的国家面临着被边缘化的风险。C15 本质上是一个排他性的美元体系，美国力图在中国之外打造出一个制度化、机制化的经济和金融集团，同时联合一些发展中国家，重建美国主导的国际经济政治新规则、新机制，这在一定程度上也是对 G20 机制的瓦解。如此，美国主导的贸易、投资和货币金融领域的"去中国化"格局基本成型，这是中国需要警惕和面临的巨大挑战。

在目前的 C15 中，亚洲国家有三个即日本、韩国和新加坡，这在很大程度上预示着，东亚区域货币金融合作将面临新的障碍。基于"清迈倡议"长期被搁置的现状，中国必须超越传统的区域合作思维，重新思考深入推进区域货币金融的必要性与可行性。这里有两个方面的课题：一是推进人民币国际化应该以亚洲为核心，货币扩张的地域空间非常重要，基于中国与东亚地区各种经济层面联系的紧密程度及其核心地位和影响，通过区域货币金融合作途径扩张人民币的影响力，要比人民币在全球范围内的"单打独斗"更有条件获得成功；二是营造有利于区域货币金融合作的政治、经济环境，将中、日、韩之间的货币金融合作置于高于传统的三方自贸区谈判的地位，努力将区域货币金融合作扩展到汇率稳定合作等领域，为规避美元体系的成本与风险，谋取区域货币金融稳定和经济可持续发展奠定坚实的基础。

国家命运与个人命运[⊖]

亲爱的经济学院、金融学院的全体毕业生同学，尊敬的毕业生家长，经济学院的各位领导和老师，下午好！

大家可能注意到，与以往不同，今天我准备了个讲话提纲，因为我认真地做了一些准备，权当是给各位同学上的最后一堂课，也包含着对各位同学的嘱托。

今天，我想讲三个方面的问题：第一是中美贸易争端对我们意味着什么？第二是我们应当从中吸取什么样的教训？第三是想借此机会谈几点对同学们未来工作、生活的嘱托和希望。

一、中美贸易争端对我们意味着什么

从 2018 年 3 月一直到今天，世界上最吸引眼球的事件不再是叙利

⊖ 本文是作者作为吉林大学经济学院、金融学院院长于 2018 年 6 月 22 日在毕业典礼上的致辞。尽管部分内容与本书内容有些重复，但考虑到纪实性与完整性，除个别语句外，在收录本书过程中致辞内容基本未做删改。

亚,不再是朝鲜,不再是俄罗斯世界杯,而是中美关系。具体说,就是中美贸易争端真的要开始了。这是我们最不情愿看到的,也是力图避免的事情。但问题是主动权不在我们手里。对于这场贸易争端,我的关注点不在贸易领域,它让我有着更深的忧虑和危机感。

首先,从贸易角度来看,既然是美国发动的贸易争端,那么就按照美国方面的统计来看下面一组数据。2017 年,中国从美国的进口额为 1 300 亿美元。前不久中国自卫性地反击了美国,征收美国 500 亿美元商品的 25% 的关税以后,特朗普又下令加征了我们 2 000 亿美元,然后准备如果中国反击,会再加增 2 000 亿美元。这是个简单的算术问题。

2017 年中国向美国出口约 5 000 亿美元,现在两个 2 000 亿美元加上一个 500 亿美元,他动用了 4 500 亿美元,还剩下 500 亿美元左右的额度。而我们已经动用了 500 亿美元还剩 800 亿美元,美国追加的这 2 000 亿美元,我们跟不上了。如果我们也同额度回击,不仅是将从美国的进口商品清零,而是负进口了,这在理论和实践上都是不现实的。

这是美国对中国做出的最具羞辱性的行为,但是没有办法,因为我们对美国市场依赖太深。

我们知道,由于全球价值链的形成与发展,国家间的分工已经从产业内部分工发展到产品内部的分工。我们称之为生产工序的专业化。因此,一个国家在贸易中实际获得的收益与其实际贸易收支状况未必呈正向关系。再加上在此过程中,中美双方的统计方式不同,如在是否将经中国香港地区的转口贸易统计在内以及是按商品的离岸价格还是到岸价格统计等方面双方存在分歧，所以美方统计的中国对美贸易顺差比我方统计的多出 1 000 亿美元左右。

按照美国商务部的统计，美国对华贸易逆差从 1985 年开始的 6 亿美元增加到 2017 年的 3 752 亿美元，创历史新高。这期间美国对华贸易逆差总额达到 4.7 万亿美元。而 2017 年，美国对华贸易逆差占到整个美国对外贸易逆差的将近一半。再从中国来看，中国对美国的贸易顺差占整个对外贸易顺差的比率，在 2010 年以来的 8 年时间里，平均超过 78%，有四年超过 80%，一年超过 130%。

这些数据说明什么？说明对美贸易顺差成为中国经常项目顺差的最重要部分，没有了对美贸易顺差，我们的经常项目顺差将会大大缩小。

其次，我们对美国制造业及其核心技术的依赖更为严重。“中兴事件”虽然尚未结束，但仅就目前的后果来看，不只是十几亿美元罚金的问题，美国国会已经否决了特朗普总统暂缓中止中兴业务的提案，即便最终通过该项提案，恐怕也要按照美国人的规则来改组中兴的管理层及企业管理机制和运行规则，美国甚至要派出一个监督官到这家中国企业。这起事件足以让我们清醒地看到自己同美国之间巨大的技术差距以及对美国核心技术的严重依赖。

同时，我们对美国农产品的依赖也同样比较严重。2017 年，中国自产大豆 1 528.25 万吨，总进口是 9 553 万吨。大豆生产是非常耗费土地的，平均每生产一吨大豆需要 8 亩土地。这些进口大豆若是换成中国自种，要消耗 7.6 亿亩的土地。而中国的农业耕地红线是 18 亿亩，拿出三分之一多的土地种大豆可能吗？答案很明显。

不进口可以吗？很难。因为人民对高质量生活的向往和需求，使得植物蛋白是不可或缺的。而且这些蛋白加工以后的残渣可以用来喂猪喂牛，保障畜牧业发展。如果不进口，大豆及其附属品的价格都要提高，意味着要出现某些生活必需品的物价上涨。有人说，我们转向从巴西进口吧！问题是，全球大豆生产的相当大部分被几家美国公司控制着。巴西大豆从生产、运营到销售几乎都是美国公司控制的。

更为本质性的，是我们对美元体系的依赖。听过我授课的同学们，一定清楚这个原理。

总体来看，现今的"美元体系"主要靠三个机制来运行。

第一个机制是商品美元还流机制。中国、日本、德国等"贸易国家"向美国出口赚取美元以后，还要将其中相当大部分借给美国。美元是世界清算货币、结算货币和主要的资本市场交易货币，如果不把美元借给美国，美国需要自己满足基础货币发行量的话，它就会印钞，这有可能引发美元贬值。这意味着，一方面我们自身拥有的美元储备缩水，这是我们不愿意看到的；另一方面美元贬值意味着我们的本币升值，对出口非常不利。

所以，作为"贸易国家"的悲剧就在于，我们需要被动地维持美元汇率的稳定，尽量不让美元贬值。也就是说，世界上最大的债权国要维持世界上最大的债务国的货币稳定，这是商品美元还流机制迫使我们承担的被动责任，也是我们大量购买美国国债、公司债的原因。

第二个机制是石油交易的美元计价机制。1971年尼克松关闭"黄金窗口"、美元与黄金脱钩之后，美元面临的最大问题是如何确保自身的储备货币地位。为此，美国迅速找到了石油这种工业血液，联合沙特阿拉伯等国建立了石油交易的美元计价机制。这就意味着其他国家若要进口石油必须用美元支付，因而就必须储备美元。这样，美元在与黄金脱钩之后依然牢固地保持着全球储备货币的地位。

第三个机制是美国对外债务的本币计价机制。美国 80% 以上的对外债务是以自己可以印刷的美元计价的。就此大家不难想象，美国霸权或者说美元霸权达到一种什么样的程度！也就是说，在理论和实践上，针对自己的对外负债美国是可以通过印刷美元解决的。当然，正是由于美元是美国控制世界的最主要工具，现实中美联储、财政部还是格外慎重的，轻易不会乱来。但事实上，美国在 2008 年危机之后已经进行了至少三次量化宽松，释放出大量流动性。

我曾在课堂上说过，学习经济学或研究经济学的人不要轻言"美国衰落"。在我看来，"美国衰落"有一个重要标志，即当美国对外发债的大部分不用美元标价而是用欧元、英镑、日元或者人民币标价的时候，这个国家才真的是衰落了。如果你看不到这一天，请不要轻言"美国衰落"。

正是由于中国处在美元体系当中，不仅使得我们拥有大量的美国国债，而且基础货币发行也对其产生严重依赖。

坦率地说，近十年来，中国 M2 的发行量几乎是世界第一。我们的 M2 对 GDP 之比为 2.1∶1，而美国为 0.9∶1。发了这么多货币，为什么大家感觉不到呢？这里有很多原因，其中两个原因最为重要：一是我们的基础货币发行很大程度是用外汇占款来实现的。也就是央行收购企业和公司个人手中的美元，按照市场汇率再释放出人民币，通过这种方式把流动性释放出来。外汇占款占到央行释放流动性的比例最高时达到

80% 以上，目前也在 60% 左右。也就是说，美元储备是人民币发行的重要的信用基础，这在很大程度上确保了人民币汇率的稳定。当然还有一个重要原因，就是房地产扩张，使得央行释放出来的相当大一部分流动性被房地产套住了。

所以，贸易争端果真继续下去，接下来的影响就会涉及货币金融领域。美国人非常清楚，如果我们的美元储备大幅度减少，那么人民币发行的信用基础就会出问题。还有一点，就是我们赚取外汇的能力也将受到影响。由于中国是典型的"贸易国家"，本币不是世界货币，不得不将货币信用寄托在其他货币比如美元身上，而且国内的经济发展、军队的现代化建设，包括大国外交、"一带一路"建设等都需要大量资金，因而外汇储备规模对中国而言格外重要。

就近几年外汇增长状况来看，2016 年我们在投资领域的外汇净收益出现了 440 多亿美元的负值。2017 年我们加强了外汇管制，勉强恢复到近 130 亿美元的正值。但是 2018 年 1～5 月，我们在投资领域中的外汇收入不足 50 亿美元。

在贸易领域的数据就更难看了。2017 年上半年全口径贸易顺差尚有 540 亿美元左右，但截至 2018 年 5 月全口径的贸易逆差将近 250 亿美元。6 月份的统计还没出来，但一个月扭转不了大局。也就是说，2018 年上半年中国对外贸易的净逆差格局已定。

更为重要的是，我们的外汇储备状况也不容乐观。有学者测算过，截至 2018 年 5 月份，我国的净外汇储备也就是外汇储备减去外币负债，约在 1.19～1.22 万亿美元之间，比 2013 年 2.96 万亿美元的峰值减少了很多。

　　我在给大家授课时曾说过，由外资企业投资所形成的外汇储备相当于赌场的筹码。什么概念呢？赌客进赌场后会将各种货币换成筹码，无论在赌场中玩输了还是赢了，他所拥有的筹码可以再换成自己需要的货币拿走。也就是说，这些投资的所有权归外资企业，理论上外资企业可以随时撤资或者在投资期限到期后撤资。虽然现阶段中美贸易争端的爆发不会导致外资全部撤走，假如撤资 5 000 亿美元，1.22 万亿美元再减去 5 000 亿美元，我们还剩多少？我们还有那么多要做的事情需要钱。

　　所以，特朗普发动贸易争端的目的究竟是什么？我想恐怕不只在贸易领域，还在《中国制造 2025》，更可能是通过贸易争端的方式迫使我们做出更大的让步，而且很可能是迫使中国在货币金融领域加大开放力度。我们知道，美国是一个地地道道的"金融国家"，十几年来我一直研究这个问题。

　　表面上看，特朗普发动贸易争端是在兑现自己的竞选承诺，为"铁锈地带"那几个州的蓝领工人争取更大利益，迄今为止他在这方面做得很不错。但是由于美国经济结构的变化即日益高度金融化，华尔街金融资本的利益是其必须予以重视的。金融资本的目标是要赚取全球金融市场的收益，其前提条件就是世界各国货币金融市场的开放，但迄今为止，中国这块骨头美国始终没有啃下来，因为我们的资本项目没有完全放开。特朗普发动对华贸易争端的核心目标有许多，我想在他的谋划中，不会没有迫使中国更大幅度地开放货币金融市场的目标。

　　当然，美国更为重大的国家战略利益就是遏制中国的崛起。对此，我们不要抱有丝毫幻想，不要以为这是特朗普的个人意愿。在最近的一次研讨会上，一位著名学者讲述了他的一位刚从美国回来的华人朋友在美国"美中关系委员会"的经历。这个委员会的宗旨是促进美中友好关系，在他此前的多次访问中，委员会工作人员都是热情接待，笑脸相迎，但这次却像躲瘟神一样回避他。

现在，美国对中国的恐惧与敌视达到了我们难以想象的程度。所以，在特朗普对华采取强硬的贸易制裁措施之后，他的支持力不降反升，目前达到 40% 以上，而且美国共和党、民主党在这一问题上达成了高度的政治共识。自特朗普上台以来，两党之争非常多，但唯独在"中国问题"上高度一致。

今天，有很多学者试图把中美之间的冲突局限在贸易争端范围，认定它只是场贸易冲突，主张不要把它扩大到其他领域中去；还有一些学者认定这场贸易争端继续下去美国必输，中国必赢。不论他们是怎么测算的，我认为这是一厢情愿或不符合常识的。对一般国家而言，贸易争端在经济学上一定是双输的，但是对于大国而言，关键在于谁输得起。

历史经验证明，大国之间的较量，更多的不是经济行为，不是以经济利益为目的，而是一种国际政治行为，是以国家利益为目标的。国际政治竞争不是"正和游戏"，而是"零和游戏"。经济学与政治学的逻辑有很多不同，一个主要的区别在于，经济学研究的是杀敌一万自损八千还是自损六千的问题，它的逻辑是如何让己方避免自损八千，尽量实现自损六千，即实现资源约束条件下以最小的成本达成最大绩效；与经济行为不同，政治的逻辑是只要我赢，战胜对手，可以不计成本。所谓"不惜一切代价"，体现的正是这个道理。因此，两者的逻辑与行为规则是不同的。

刚才，大家合唱的国歌里有一句话："中华民族到了最危险的时候"。现在，我不敢说是最危险的时候，但可以说，中华民族到了"新的危险的时候"。对于今天的中国而言，最大的危机不是贸易争端，而是世界上最强大的霸权国家已经公开把中国当成了最主要的对手，在和平时期利用经济争端的手段发起了对中国的全面遏制和攻击，同时还利用其超强的全球军事实力对中国进行越来越多的威慑，制造周边冲突乃至危机来干扰我们的和平发展进程。

前不久，美国国务卿蓬佩奥有一个发言，赤裸裸地攻击中国是一个掠夺性的国家，是一个偷取知识产权、盗取别人技术、强迫转移技术、强制猎取别人资源的国家。这种攻击值得我们高度重视，他是在把中美争端上升到一种新的意识形态高度。

最近，美国联邦通信委员会发表公告，于 2018 年 6 月 11 日废止了 2015 年奥巴马政府时期制定的网络中立法案。我们知道，互联网思维、原创技术与技术服务，所有这一切都以美国为核心。当年，美国为了促进国内网络运营商之间的公平竞争，同时也是为了让世界各国放心使用美国技术、拓展全球市场，搞了一个网络中立法案。但是现在这个网络中立法案没有了，意味着互联网服务提供商可以在提前告知消费者的情况下，屏蔽这些网站或者降低这些网站的访问速度，也就是断网。

一旦美国对中国采取这种措施，我们的银行、交通、商业、邮电等系统可能会瘫痪。最近有一则报道，称美国网络军已经得到国会授权，可以对网络攻击和盗取美国知识产权的行为做出攻击，锁定地址后利用美国的网络特权，即根服务器关闭攻击者网站。现在全球的根服务器有 13 个，其中 1 个主根服务器和 9 个辅根服务器在美国，其余的 3 个分别在瑞典、荷兰和日本。所以，我们必须认识到，美国正在做更多、更充分的准备。

最近，大家都看到一张 G7 首脑会议上的照片，场面类似"最后的晚餐"，特朗普与德国总理默克尔等其他国家首脑冷峻对视，似乎不共戴天。但是要知道，正是在这次会议上特朗普提出了一个计划，叫"G7 国家经济一体化"，主张七个发达国家相互之间实现零关税、零补贴、零壁垒，据说已经得到德国的同意。也许德国的这种首肯是表面的，由于涉及市场份额等复杂因素，其他发达国家的立场很可能与美国不一致，因为美国市场份额太大，竞争力太强，所以七国间的经济一体化肯定不会顺利。

但是，美国的这种行为意味着一个严峻现实，即它已经下定决心废除 WTO 的全球多边贸易规则，也就是我们坚持倡导的全球多边贸易规则。这个规则曾经是美国人创立并坚持实施的。今天他们不想再按此规则做下去了，要搞一套新的、更高标准的规则。在这方面，我们千万不要以为特朗普对欧盟、日本和其他发达国家的贸易保护主义行为，将会促使这些国家同中国坚定地站在一起，抵制美国的所谓"逆全球化"行动。事实上，这些国家在知识产权问题、强制性技术转让、企业并购等方面对中国的指责、攻击同美国并无二致，立场完全一致。

所以，我们不能把中美贸易争端仅仅局限于贸易领域，这本质上是一场国运之战。我们更不能将这一场争端视为短期内可以解决的。仅就贸易争端而言，从 20 世纪 60 年代一直到 80 年代末，美国和日本曾经发生过一场漫长的贸易争端，这场争端或贸易战打了 30 年，结果是日本泡沫经济崩溃，陷入"失去的二十年"。中美之间的冲突作为一场大国博弈，恐怕需要至少 50 年甚至更长时间。今天的一切，不过是一场历史大戏的序幕。

二、就迄今为止的中美贸易争端而言，
我们需要吸取哪些教训

我想从两个方面来谈。首先，就眼前的教训看，主要有以下两点。

第一，是大国的豪迈之情。一百多年来我们被西方侵略、压迫得太久，心中的大国情怀不仅强烈也更为迫切。必须承认，改革开放四十多年来中国经济发展取得了非凡的成就，令世界瞩目，在某些领域的进步与发展甚至走到了世界前列。但也正因为如此，人们往往会产生日益强烈的自豪感，同时也伴随着些许的自负。

中美贸易争端尤其是"中兴事件"，不啻为一剂强烈的清醒剂，让我们意识到自己与美国之间存在的巨大技术差距。事实上，我们在许多核心技术领域与国外的差距巨大。马航370事件发生后，很多人才知道罗尔斯－罗伊斯公司对自己生产的发动机的运转状况，包括在什么地方运转，在哪个高度运转，在什么时间运转，是完全可以掌握的。前不久，一家汽车零配件公司的总经理跟我讲，世界上有两三家公司的汽车喷油技术做得最好，但是我们军车的喷油嘴一定不能用外国的，即便国产喷油嘴质量不高也要用自产的，因为国外厂家可以对喷油嘴进行控制，关键时刻可以操纵停止发动机喷油。

我们知道，网络技术有三个层次，最核心的是原发性的技术理念或范式的创新，其次是原发性的技术进步及其产业化，如芯片，再次才是利用互联网思维和互联网技术进行的规模经济的市场开发。我们经常搞"光棍节"购物狂欢，无论是阿里巴巴还是京东等都是利用中国巨大的市场经济规模实现快速扩张，跟原发性的技术理念创新、原发性的技术进步及其产业化毫无关系，只不过是运用别人的技术思维、产业化的技术，利用中国的巨大市场规模迅速推广而成。

第二，这场争端使我们更加清醒地意识到，迄今为止中国的经济增长模式已经难以为继，必须在经济结构、经济运行机制等方面进行更为深刻的改革。以往，我们通过以市场换技术、以资金买技术、以挖人才造技术等方式取得了一些技术进步，但今后这些途径恐怕都难以行得通了。今后中国经济发展的核心动力唯有自主创新，不仅要有技术领域的创新，更要有体制和制度上的创新。

其次，再来谈谈更深层次的教训，此次中美贸易争端爆发值得我们深思的问题主要有以下三个。

第一，忽视对美国整体性、综合性、系统性的深入研究

自 2016 年美国大选开始到 2018 年 3 月份特朗普发动对华贸易争端，直到今天，我们对美国的判断屡屡失误。更为重要的是，面对这样一场大国博弈，除了一些贸易专业、经济领域的专家出来发声以外，那些研究美国政治、社会、文化的专家少有声音。这是极不正常的。说明作为世界上第二大经济体，我们对自己必须直面的霸权国家系统、深入的研究是非常不够的，因而很少可以对美国做出可持续性的、理性的研判。这是非常危险的，不仅容易出现误判，甚至极易出现错判。

其后果主要有两个：一是情感胜于理性，整体性的非理性思维经常占上风。大多数人很少能够理性地认识世界，更习惯基于情感来判断世界。当年，骆家辉被美国派驻中国担任驻华大使，很多人欢欣鼓舞，甚至认为美国终于派了个"中国人"，中美关系因此将走得更好。但正因为骆家辉是华裔美国人，他更需要证明自己代表美国利益，所以对中国的态度、立场也更加强硬。在现阶段和今后的中美关系中，我们必须努力克服这种感性认知，更加理性地认知美国，处理好同美国的关系。

二是相应地，我们出现了当年所谓的"智识上的义和团"的倾向。在目前有关中美贸易争端的探讨中，有些学者和专家提出我们"要不惜一切代价！"，这种提法在应对贸易争端的过程中匪夷所思。这实质上是用政治的逻辑替代经济的逻辑。在当今的经济全球化时代，在一个经济发展、改革不断深化的时代，何谓"要不惜一切代价"？难道要回到改革开放之前的时代？

"智识上的义和团"的另一个表现，是我们很少认真地研究特朗普本人。特朗普自传的中文版早在 2016 年 4 月就在上海出版发行了。那本小册子很薄，中文书名叫《永不放弃》。我看了三遍，感受是特朗普这个人非同一般。迄今为止，我们对这位美国总统的认知主要有两个特点：一是我们经常小看他，当然全世界都小看了他；二是认为他"善变"，但事实上是因为我们自己看不懂，没有认真研究他。他是一个搞建筑出身的人，这类人的思维方式是，首先要基础夯实，其次是思维、设计缜密，逻辑清晰，否则大楼一定会盖歪，卖不出去的。

作为一个商人，他的特点是：当对手信心十足的时候，他特别善于抓住对方的漏洞并戳破对方的底线，给对手带来巨大威慑，进而达到目的；而当对手全力进攻的时候，他又突然能够化干戈为玉帛，以实现自己利益最大化。在自传中，他曾提及自己咸鱼翻身的辉煌经历，其中也多次谈及他与不同对手之间的博弈经历。我建议在座的各位同学看一看这本书。大致就会知晓，所谓的"特朗普善变"很大程度上是因为我们没有把他研究明白。

我现在经常思考一个问题，这场争端会给中国带来什么？理论上的挑战、实践上的挑战无疑是巨大的，甚至对迄今为止帮助我们获得成功的好多理论都需要做认真的反思。同时，对我们的很多对策也需要认真反省。

过去四十多年中国经济发展的辉煌成就，根本上讲是邓小平领导的改革开放实现的。开放的本质是什么？是我们对美国主导的全球市场经济体系开放，或者说是我们主动地加入美国主导的全球政治、经济体系中，并因此成为该体系的获益者。

但是发展到今天，美国人认为在这个体系中自己吃了很大的亏。因此，当今时代不存在什么"逆全球化"，全球化是不可逆的，所有问题的根源在于全球化进程出现了大分裂。全球化分裂的本质是什么？是世界主要大国之间关于全球化的共识破裂或没有了，这是当今世界最危险的一件事情，意味着今后美国不再愿意同我们分享它所主导的全球规则和制度安排，这必然对我们今后所有的经济理论与实践带来巨大挑战。

但是我认为，更为重要的挑战恐怕是思想上的，即在这场争端很可能演变成为旷日持久的大国冲突的过程中，我们是继续冷静地认识我们与美国的巨大差距，坚持虚心地向美国学习，还是由此坚定地走向民粹主义的反美道路，甚至以一种"玉碎精神"抵制美国的一切。这些政治、经济、思想等领域的严峻挑战，关乎今后中国改革开放的进程、方向，是个大问题。

第二，忽视对美国经济结构变化的研究

忽视对美国经济结构变化的研究，进而对美国社会结构的变化及其主流意识形态的变化研究很少，缺乏对美国国内政治结构变化的深入理解。特朗普为什么拿中国开刀？对华贸易逆差问题只是个借口。事实

上，不是特朗普上台造成了美国分裂，而是美国社会分裂导致了特朗普上台。美国社会由于经济结构金融化被严重撕裂了，富人越来越富，穷人越来越多，中产阶级在破产。美国"铁锈地带"主要的三个州过去全是支持民主党、支持希拉里的，但这次它们的反转却成为促使特朗普获胜的关键因素。特朗普上台后，必定要兑现竞选承诺。但事情并非仅仅如此，他上台后面临的一个重要挑战，就是如何利用自己的政治行为尽快弥合分裂的美国社会。迄今为止，他做得比较成功。因为他非常聪明地捕捉到了一个目标，这就是中国。

"中国威胁"是美国近些年来的焦点话题，而且实际上也成为西方发达国家的共识。特朗普巧妙地利用了这样一个契机，"中国问题"或"中国威胁"成为特朗普手中的一张王牌。所以，如果深入地研究美国从经济结构、社会结构到政治结构的变化，我们可能不会出现很多误判。

我认为，马克思在一百多年前的一些关于资本主义发展的具体结论有些时空上的局限性，但马克思主义的基本原理是正确的，那就是生产力决定生产关系，经济基础决定上层建筑。美国经济结构的变化决定社会结构变化，也一定决定着美国政治利益、国家核心利益的变化。从这个意义上讲，即便特朗普两年或者六年后下台，美国也不会因为更换总统而在战略上改变对中国的基本立场。这是我的一个基本看法。

第三，忽视对美国控制世界的手段也就是霸权方式、机制等问题的研究

这导致我们经常以工业化国家的视角去认识后工业化的美国，以"贸易国家"的立场去对待"金融国家"的美国。相应地，在此过程中又出现了以发展中国家制造业的成就来定义自身国际地位的一种幻想。

　　我自己的多年研究得出一个结论：中国崛起的性质是"美元体系内的地位提升"。我认为这是很冷静、理性的一个结论。一些人认为人民币国际化的目标是取代美元，我反对这种观点。我的研究结论是，人民币国际化的目标不是取代美元，美元体系在短期内是无法被替代的，人民币国际化的目标是减少我们在美元体系中的风险和成本。

　　说到这里，必须指出的是，我们的某些媒体是极其不负责任、不专业的，经常用一种狭隘的民族主义情绪来忽悠民众情感。四十多年来，正是因为我们加入美元体系当中，我们成为该体系的主要获益者之一，自然成为该体系主要的支撑者之一（如购买大量的美国国债等），也自然会成为该体系风险、成本的主要承担者之一。这是一个正常的逻辑。正所谓福兮祸所伏，这可能是未来我们的问题所在。

　　也就是说，特朗普的撒手锏正在这里，其实他早已露出了獠牙，如对伊朗、俄罗斯的金融制裁，包括前不久美国部分官员提出的对中国购买美国国债的冻结等，虽然是传闻，但这种信号意味着当两国纷争激化的时候难免不会出现这种状况。无论怎样，货币金融一定是美国最后的撒手锏、制胜的法宝，这是它的绝对优势所在。

　　那么，我们的主动权在哪里呢？在国内。改革开放四十多年来，中国认清了亚当·斯密经济学原理指导下的市场经济的重要性，知晓了交易分工的作用，构建了中国特色社会主义市场经济体系；四十多年后的今天，我们终于开始意识到熊彼特式的创新对于经济、社会发展的重要性。习近平总书记在党的十九大报告中提出了构建创新型国家的宏伟蓝图，意义格外重大。

　　围绕创新问题我们需要做些什么？我想从国家和个人两个层面谈谈

自己的看法。在国家层面，我们必须改革、破除一切不利于创新的体制和制度安排。今天，倘若依旧沉迷于炫耀祖先的四大发明，一定是我们这些子孙的耻辱。我们应该更多地思考"李约瑟之谜"，这对我们意义更为重大。经济全球化时代国家间竞争的本质是什么？二十几年前我就提出是制度竞争，即看谁的制度安排更有利于创新、经济增长和发展。因此，改革那些阻碍创新的制度安排，创建更加包容，可以自主经营、自主选择和自由流动的现代市场经济体系是至关重要的。这个问题过于宏大，在此暂且打住。

三、就个人而言，围绕创新我们可以做些什么

借此机会，我想对在座每一位毕业生同学谈谈对你们的希望，权当对你们的临行嘱托。

这里，我主要谈六个方面。

第一，养成并保持学习的能力

我在每一次开学典礼上都要谈一个话题：上大学是为了什么？我认为两件事情最为重要：一是掌握学习的能力；二是养成合作的习惯。掌握了学习的能力和拥有合作的习惯，才能事业顺利，两者缺一不可。在我看来，学习的能力不是指掌握知识和技能，而是指认知世界、理解世界的能力。我们已经知道"知识越多越反动"这句话是错误的，我还要说培根的"知识就是力量"这句话也是有时代局限的。在今天信息爆炸的时代，信息和技能永远在过时的道路上。人的一生只有不断掌握并增强自身的学习能力才能不落后于时代。这也是真正的大学教育的宗旨。

耶鲁大学的前校长理查德·莱文曾经说过一句话：如果一个学生从

耶鲁大学毕业之后居然掌握了某种很专业的知识和技能，那是耶鲁教育的失败。学习的能力不仅仅来自阅读，更多的还有走出去看世界、观察世界、思考世界、品味世界，只有这样才能拥有开阔的视野，体会、了解人类的诸多不同，这会使人更加宽容。宽容是人类最高的智慧之一，它会增进人类的幸福。

第二，独立思考的能力

不具备独立思考能力的个人，无法组成创新型社会。我们都看过电影《阿凡达》，导演卡梅隆在 50 多岁时拍了这部电影，我看后曾说过一句话：这是基于人类的想象达到了人类想象的边界。为什么他可以拍出这部片子？我想一定是由于他幼年时代的幻想、对世界的好奇心在 50 多岁时依然如故，未被泯灭。

好奇心、想象力，今天在座各位还剩下多少？我不太乐观。大家从幼儿园走到今天，基本上是做着标准答案走过来的。在毕业典礼上，本应对大家说些鼓励的话，但是我还是想严肃地跟大家说，在各位今后的生活当中，如果没有好奇心和想象力的话，将是人生的悲剧。好奇心和想象力塑造着一个人的偏好和喜好，没有自身喜好的人生或者说有自己的喜好却被父母和其他人强行改变的人生是非常恐怖的。这样的人多了，组成的社会也一定是恐怖的。所以，学习能力加上独立思考，是形成创新型社会的基本条件。

第三，自主选择的能力

经济学是一门研究资源稀缺条件下行为主体如何选择的学问。在计划经济条件下，我们基本上是不需要选择的。我上小学、中学的时候，感到自己没有什么选择，因为组织上已经替我选好了，不是上山下乡，就是到工厂接班。其实，那时也没有什么痛苦，想起来很快

乐。今天，同学们的选择非常多。早晨起来你会选择是到 A 食堂还是
B 食堂或 C 食堂吃早餐，要选择上李老师的课、赵老师的课还是张老
师的课。选择是有成本的，起码有机会成本，但不论怎样，市场经济
条件下自主选择的成本再多也是必要的，市场经济就是由无数的选择
组成的。

　　今天，在应试教育体制下大家还有多少自主选择能力？近几年经
常遇到大学同学、朋友打来电话，说我孩子或者亲属今年要高考了，请
你跟我说说哪个专业更好？我问他们孩子自己喜欢什么？通常的回答是
"不知道"。在座的各位家长，你们对此可能深有体会。这是很悲哀的
一件事情。在我上课提问时，很多同学不敢正视我的眼睛，目光所到之
处他们基本上都是放下眼帘，好像他们不看我我就看不到他们一样。没
有问题意识，提不出问题，自然也缺乏自主选择的能力，这是个恶性循
环。具有学习能力的人，能够独立思考的人，也一定是拥有自主选择能
力的人，自然是创新能力很强的人。

　　谈及自主选择的能力，我想谈一点个人体会。现在大家都已基本
上选择好了职业，未来还可能有许多新的选择，今天谈这些体会还不
晚，也许对你们有所启发。经济学强调发挥比较优势，但在做出人生选
择的时候，应该注重自己的比较劣势。就是说，你要知道自己的缺点和
不足。什么是理性？理性就是知道自己是无知的，或者说知道自己的不
足。当你深入了解这些之后，比如在选择职业的时候，就要尽力回避因
自身缺陷或不足难以胜任的领域。这样做，不仅避开了自己的不足，实
际上也是选择了你的比较优势，而且会使自己更加快乐、宽容。将来，
你不会见到某同学去金融机构做得很好，便产生为什么我不能去金融机
构、大学时我金融学成绩比他好之类的不正常心态。

冷静地了解自己的比较劣势会让你有一个健康的心态，你会认为那个同学成功是因为他确实很优秀，而在他很优秀的那个方面，你自己却是不足的。所以，了解自己的不足却不回避，一味地同他人比较，盲目跟风，无异于人生的铤而走险。

第四，审美能力

如果展开一幅世界经济地图，你会发现每个国家都有自己的比较优势，如美国出口的是金融服务，日本出口的是制造业技术，中国出口的是劳动力，欧洲出口的是古老的贵族文明积淀下来的审美，几乎所有的奢侈品都来自欧洲。审美是一种历史积淀，前提是一个国家历史、文化的连续性。

这个话题其实是很沉重的，在此我只想谈谈自己的体会。对个人而言，审美是一种品质和修养。一个审美能力不足的民族不仅素养、品格不高，道德水准也会有问题。

我非常高兴地看到，在今天的毕业典礼上，大家都穿着皮鞋，穿着带领子的正装，我跟赵勇书记提出过毕业典礼上同学们的着装要求。为什么？看看我们的校园里，许多男同学穿着一条大短裤、一双拖鞋，身披庄严的毕业礼服满校园逛。你们觉得美吗？

审美是一种尊严意识，既是一种自我尊重也是对别人的尊重。在庄重的场合，一个没有仪式感的人、着装随意的人既是对自己的贬低，也是对他人的大不敬。从更大意义上讲，审美可以让人知晓世界上的美好与丑恶，它告诉每一个人，人类的行为应当是有底线的，有些事情是绝对不可以去碰的，不可以去做的，而不是为达目的不择手段。这样，我们社会的道德水准就能不断提升。

第五，战胜困难的能力

人生中困难是常态，幸福是短暂的。海明威说"勇气就是优雅地面对压力"。人要在一生中成为优雅的人太难了，这也是我自己经常苦恼的问题。有时候，我跟同事说话时会忘乎所以，事后会反思自己的不优雅。但是优雅地面对压力真的是很难的一件事情，一个人在压力面前如果能做到优雅，这本身就说明你真的能够把困境作为常态。这一点对大家未来的人生、工作非常重要，会增进你的幸福感。

第六，要做一个具有使命感的人

我不想在这里空谈使命感，不要把它看作离我们很遥远的神圣之物。一个人做好自己每一个人生阶段中应该做好的事情，把自己喜欢做的事情尽可能地做到极致，甚至像清教徒那样对待自己喜欢的职业并愿意为之努力一生，你就是一个具有使命感的人。所谓工匠精神，本质上与这种对职业的敬畏和使命感的理解与坚守密不可分。工匠精神与功利主义无缘。

在此我还想强调的是，今天的中国已经不是国土沦丧、家破人亡的民族危亡状态，而是处在快速崛起的进程当中。今天的中国面对着前所未有的经济全球化的大环境、面对着如何成为创新型国家的重任，只有我们每一个人、在座的每一位毕业生同学成为真正的具有学习的能力、独立思考的能力、自主选择的能力、审美能力、战胜困难的能力和有使命感的人，你自己的一生才会幸福，我们这个社会才能不断进步，中华民族才真的有希望。

最后，我祝愿大家健康、幸福、事业有成！但是我更想说的是，健康和幸福更为重要！

谢谢各位！